ZHONGGUO TESE CHUANGXIN
ZHILU ZHENGCE YU
JIZHI YANJIU

中国特色创新之路：政策与机制研究

吕 薇◎著

人民出版社

前　言

　　建设中国特色的创新型国家是事关全局的重大战略决策。党的十七大提出,提高自主创新能力,建设创新型国家,是国家发展战略的核心,是提高综合国力的关键。《国家中长期科学和技术发展规划纲要(2006—2020年)》提出了建设创新型国家的目标。

　　改革开放以来,经过多年的持续快速增长,我国进入了转变增长方式的关键时期,低成本竞争优势正在逐步削弱,资源、环境压力不断加大,过度依赖资源消耗的粗放型增长方式面临严峻挑战。特别是2008年爆发的美国金融危机导致世界经济下滑,一些发达的市场经济国家出现了经济衰退,我国的一些劳动密集型出口企业和传统技术企业也受到较大冲击。但同时我们看到,一些具有创新能力的企业和高新技术企业具有较强的抵御风险能力和市场竞争力。创新是促进产业升级和转变增长方式的重要途径,在新的形势下,我们更要依靠技术进步和创新促进结构调整和产业升级。

　　呈献给读者的这本册子是有关创新政策研究的文集,收集了我在1997～2007年期间完成的部分技术创新、知识产权、国产化等方面的研究课题和公开发表的文章。这些研究沿着技术引进消化吸收、国产化,到自主创新、保护知识产权的脉络展开,也反映了我国产业技术进步的路径。

　　本书分为三个部分。第一部分是"创新篇"。一方面,阐述了创新的本质、企业创新的动力和政府在产业技术发展中的作用。创新是将创造技术和知识的能力转变为经济效益的过程,是新技术、新产品实现商业化和产业化的过程。创新不是为了创造技术,而是利用技术创造经济价值,衡量创新成功与否的标准是获得市场上的商业成功;发明创造、研究开发并不等于创新,只是创新链条的一部分。企业创新动力的核心是利益驱动,建立企业为主体的创新体系,是以企业为技术集成和产业化的平台,实行产学研相结合。由于技术的外部性,政府在资助产业技术研究开发时应遵循公共品原则、外部性原则和转移支付原则,并在不同的技术发展阶段发挥不同的作用。另一方面,这部分还系统分析了我国创新体系的特点和政策趋势。我国是一个具有技术吸收能力的发展中国家,创新能力居发展中国家前列,但与发达国家差距较大,主要差距表现在运行机制、管理体制和市场环境等方面。我国创新政策的发展趋势是,从科技政策转向综合政策,把创新政策融合到产业、贸易、教育、财政和金融等各项政策中去,提高创新政策的协调性;在增加科技投入的同时,增加资源配置的均衡性,提高创新效率;从促进技术供给为主转向供给和需求政策相结合,为自主创新技术和产品开辟市场;以制度和机制为保障,建立企业为主体、产学研相结合的技术创新体系;注重人力资本的作用,加强创新人才培养;建立更加开放的创新体系。

第二部分是"知识产权篇"。知识产权是激励创新的重要制度安排,对促进技术引进和鼓励创新具有重要的作用。2002 年,在"知识产权保护制度与市场环境研究"中,我们提出了知识产权制度是提高国家竞争力的工具,要与国家发展阶段相适应。我国实施知识产权制度和保护知识产权,不仅是加入WTO 和解决国际知识产权纠纷的要求,更是我国经济体制转轨,激励创新,提高企业、产业和地区竞争力,增强国家综合实力的需要。知识产权制度不能孤立地发挥作用,要与相关的制度和机制配套才能有效地激励创新,因此,要分层次建立全社会的知识产权战略体系,构建从创造、保护和利用知识产权的政策体系。实施知识产权制度要坚持保护权利人利益与保护公共利益相结合,保护与鼓励创新并举,保护与合理利用、扩散并举,市场选择与重点扶持相结合,普遍性与特殊性相结合。知识产权制度是双刃剑,用得好可以促进创新,反之,可能阻碍创新,必须有相应的法规限制滥用知识产权的行为。在 2005～2006 年进行的"知识产权战略阶段划分与目标研究"中,我们提出我国知识产权发展进入了战略转型期,当务之急是提高企事业单位乃至全社会运用知识产权制度的能力,要实现五个战略性转变:从被动保护转向主动保护;从集中立法转向加强执法、实施和运用知识产权制度;从面上宣传教育转向深入细致、扎实工作;从注重数量转向数量与质量相结合,培育优势知识产权;从管理型政府转向管理与服务相结合。

第三部分是"国产化篇"。国产化是实施追赶战略的国家常采用的一种

策略。日本和韩国的经验表明,实行追赶战略的国家大都是从进口设备、引进
生产能力,逐步转向引进技术消化吸收,最终形成自主创新能力。国产化与创
新是技术进步的两个不同阶段。我国是一个二元结构明显的国家,地区之间、
行业之间发展不平衡,即使在强调自主创新的今天,一些领域也要采取技术引
进和国产化的模式。1997 年,我们进行重大技术装备国产化政策研究,诠释
了开放环境下国产化的内涵,提出国产化的核心是自主化,培育自主研究开发
能力是国产化的关键环节;企业是国产化的主体,政府是扶持者;在经济全球
化和快速技术进步的形势下,我国的国产化政策应实现四个战略性转变。重
大技术装备国产化的特点是需要多家企业和研究机构联合研究开发,政府应
重点支持重要共性产业技术的联合研究开发;企业则以利益为纽带,进行联合
开发。从产业组织的角度出发,分析了四种情况下组织实施国产化时,供应商
与用户的关系。之后,通过装备工业升级政策研究、核电国产化组织实施与政
策、航空工业发展战略等项研究,不断丰富和深化了国产化的研究,并将一些
结论和政策用于具体行业。

　　目前,我国的创新正处于关键的转折时期,把这本书献给读者,是为了与
大家共同探索中国特色的创新之路,深入研究如何提高民族创新能力。对我
来说,既是对一段研究的总结,也是新的研究起点。由于本人的学识有限,加
之文集的时间跨度较大,文中难免有不当之处,诚恳地希望读者提出批评
指正。

　　在这里,我由衷地感谢国务院发展研究中心为其研究人员提供了广阔的
研究舞台,感谢有关部门、专家、学者和同事们对我的研究工作的支持与帮助。

吕　薇

2008 年 12 月于北京

目　录

创　新　篇

提高自主创新能力是一个重大课题 ………………………………（3）

提高自主创新能力必须完善制度建设 ……………………………（8）

我国创新体系的特点分析 …………………………………………（14）

塑造企业创新环境 …………………………………………………（23）

建设创新型国家的政策措施与趋势 ………………………………（27）

加强知识创新在创新体系中的基础地位 …………………………（47）

从机制和制度建设入手,完善技术创新服务体系 ………………（55）

政府在产业技术研究开发中的作用 ………………………………（70）

从制度建设入手,促进技术利用和扩散 …………………………（84）

技术创新服务机构运行机制和制度安排的有益经验 ……………（95）

外国政府对研究开发联合体的资助 ………………………………（104）

外国政府科技资助项目的管理体系和机制分析 …………………（109）

美国政府在计算机技术发展中的作用及启示 ……………………（118）

中国台湾工业技术研究院的作用与运行机制 ……………………（128）

知识产权篇

我国的知识产权发展进入战略转型期 ……………………………（135）

世界知识产权制度的发展趋势 ……………………………………（144）

有效发挥知识产权制度促进创新的作用 …………………………（152）

如何评价我国的知识产权保护水平 ………………………………（161）

全面发挥知识产权制度的作用,提高国家整体竞争力 …………（166）

实施知识产权制度应注意的几个问题 ·················· (176)

完善知识产权制度和市场环境 ······················· (186)

抓紧建立国家知识产权战略体系 ····················· (199)

国家科技计划管理应注意知识产权制度建设 ············ (210)

建立与发展阶段相适应的知识产权保护制度 ············ (215)

加强知识产权保护中的反垄断措施 ··················· (226)

完善知识产权权属政策的国际经验与借鉴 ············· (234)

国 产 化 篇

国产化的核心是自主化 ····························· (249)

装备产业自主化战略的组织实施政策 ················· (252)

以重大技术装备国产化为突破口,加快装备工业发展 ····· (260)

一些国家振兴特定产业的政策导向 ··················· (267)

重大技术装备国产化的战略模式分析 ················· (276)

加大改革力度,提高开放水平,实现重大技术装备国产化战略 ········ (285)

自主化技术引进方式及其主要影响因素 ··············· (293)

装备工业自主化的组织模式 ························· (301)

　　　——以核电产业为例

创 新 篇

提高自主创新能力是一个重大课题[*]

2004 年的中央经济工作会议提出,提高自主创新能力是推进经济结构调整的中心环节。胡锦涛同志在中央政治局第十八次集体学习会上和考察中科院知识创新工程时指出,要坚持把推动自主创新摆在全部科技工作的突出位置,坚持把提高自主创新能力作为推进结构调整和提高国家竞争力的中心环节,加快建设中国特色国家创新体系。这表明,提高自主创新能力正在成为推动我国经济发展、科技进步和增强国家竞争力的重大课题。

一、提高自主创新能力是增强国家竞争力和实现可持续发展的需要

目前,我国已进入加速工业化阶段,这对我国经济和科技发展战略提出了新要求:从技术引进和跟踪研究向自主创新和技术引进相结合转变。在过去的较长一个时期,我国大部分企业的技术来源主要依靠模仿和引进。20 世纪 90 年代末以来,我国的研究与发展(R&D)支出增长速度快于 GDP 的增长。2001 年,我国的 R&D 支出超过 1000 亿元人民币,超过当年 GDP 的 1%;2003 年 R&D 支出达到 1520 亿元人民币,占 GDP 的 1.3%;高技术产业产值为 2.7 万亿元人民币,占工业总产值的 21.4%。同时,涌现了一批自主创新和自主研究开发能力突出的企业。随着我国产业结构升级、高新技术产业发展加快,技术来源也正在从技术跟踪和技术引进为主逐步转向自主创新与技术引进相结合。

经济全球化和知识经济的发展对传统工业化模式提出了挑战。决定产业

* 本文发表于 2005 年 1 月 24 日《人民日报》第 9 版。

竞争优势的主要因素从过去的自然资源条件和廉价劳动力转向创新能力、技术和管理优势。知识产权成为重要的竞争工具,创新能力和知识产权的拥有量成为衡量一个国家综合竞争能力的重要标志。目前,我国已是世界制造业大国,工业增加值居世界第四位,约为美国的1/4、日本的1/2,与德国接近。但是,我国制造业的多数产品和技术水平与发达国家相比还有较大差距,大部分设计和制造技术依靠引进,具有自主知识产权的技术较少,原创性的产品和技术更少,出口中加工贸易、贴牌生产超过了50%。与发达国家相比,我国产业竞争能力的最大差距是缺乏创新能力、缺少具有自主知识产权的核心技术和知名品牌。当今时代,制造中心的特点并不是加工制造本身,而是以自主核心技术为支撑,以产品设计为龙头,通过全球采购进行集成,获取高附加值。没有自主创新能力,没有自主知识产权,就不可能真正成为制造中心。

由于自主创新能力不足,我国的企业和产业正面临新技术和知识产权的严峻挑战。一是在高新技术产业中,外国公司拥有的知识产权占绝对优势。据统计,在通讯、半导体、生物、医药和计算机行业,外国公司获得授权的专利数占60%~90%以上。二是一些加工制造规模较大的行业,因缺乏自主知识产权而竞争力不足。例如,我国的DVD生产规模居世界第一,却没有自己的核心技术,出口受到外国企业知识产权的制约,被征收较高额的专利费,廉价劳动力的优势被削弱。又如,我国的一些重要技术装备制造加工能力并不差,但因为缺乏设计和成套能力,只能进行转包生产和来料加工,赚取少量加工费。跨国公司则通过对总体设计、核心技术、采购和销售环节的控制权,利用各地的廉价资源,保持和增强其竞争优势。三是技术装备的对外依存度较高。越是高技术设备越依靠进口。2001年,我国进口装备制造业产品约1100亿美元,占全国外贸进口总额的48%左右。其中,集成电路芯片制造装备的95%、轿车制造装备、数控机床、纺织机械及胶印设备的70%以上依赖进口。大量的国内需求只能拉动发达国家的GDP增长。四是一些有优势的产品出口受到知识产权和技术壁垒的阻碍。目前,发达国家的新一轮贸易保护主义正在抬头,他们采取新的保护措施,如知识产权、标准,还有反倾销措施等。

目前,我国正处于产业技术升级的关键阶段,一些行业已经接近发达国家的水平,部分优势企业开始走向国际市场。但是,大部分企业的技术来源还是依靠引进和模仿。如果说过去在低端产品层次,我们可以靠引进技术提高技术水平,靠市场换技术,那么,当我们发展到一定程度,能够与外国企业和跨国公司在高端产品形成竞争时,人家是不会把核心技术和高端技术转让给竞争对手的。目前,外国转移到我国的制造企业,大部分核心技术、品牌和销售渠道仍然被外国公司所控制。从国家安全和市场竞争两个角度来看,关键技术和核心技术是买不来的。日本和韩国实施追赶战略的经验表明,在进入高端产品和接近国际市场档次的市场竞争时,必须依靠自主创新来促进产业技术升级,提高国际竞争力。因此,从实现可持续发展的角度出发,我们必须加强研究开发,在战略领域和关键环节形成自主知识产权。

低成本扩张的余地缩小,必须依靠技术进步和创新来促进发展。我国人均资源占有量较低,资源短缺已经成为制约经济增长的重要因素。如果继续走大量消耗资源的低水平粗放型发展道路,我国的资源供应将难以支撑。因此,必须根据我国的实际情况,依靠技术进步提高资源利用效率,转变增长方式。

综上所述,我们只有把先进的技术与资源和劳动力优势结合起来,才能真正形成长期竞争优势。一方面,没有自主研发和创新能力,就不可能引进高水平的技术;另一方面,一些关键技术和敏感技术特别是关系国家安全的技术引进会受到诸多限制。因此,必须清醒地认识到,现代化的中国是买不来的,国家的竞争力也是买不来的。在经济全球化的形势下,不能没有国家意志和战略,不能被动地接受国外的产业转移。我们要从实现国家长期可持续发展的战略高度出发,进一步增强自主创新能力,掌握更多的关键技术的自主知识产权,在战略领域和关键环节形成自主创新能力,形成长期竞争优势,保证国家经济安全。

二、从制度入手提高自主创新能力,建立以企业为主体的自主创新体系

技术创新是一个从研究开发到产业化和商业化的过程。企业最贴近市场,在规模化和产业化方面具有优势,应成为技术创新的主体。目前,我国还没有像发达国家那样能够集应用性基础研究与技术开发于一体的大型企业。因此,在加大鼓励企业自主创新力度的同时,应充分发挥现有研究机构的作

用,建立具有中国特色的技术创新体系。建立产学研结合机制,完善和发展技术市场,促进科研机构、大学与产业的结合。

利用知识产权制度保障和促进自主创新。知识产权制度是实现国家技术发展战略的重要工具,其实质是在保护创新者利益和积极性的同时,促进技术合理、有偿地扩散。知识产权制度不仅是保护知识产权,其最终目的是为了促进创新。知识产权保护渗透在创造、保护、利用和扩散的全过程,知识产权制度不能孤立地发挥作用。应进一步完善配套政策体系和市场环境,把知识产权管理落实到技术、经济、贸易管理等各有关部门的工作中,培养全民的知识产权意识,引导企业提高运用、管理和保护知识产权的能力,建立专业人员可以自由发挥所长的激励机制。自主创新应与产业化和商业化相结合,产业化应与企业的长期发展和提高产业竞争力相结合。企业具有大规模产业化的优势,只有把自主创新成果的产业化与建立产品品牌和企业的商誉结合起来,才能最终形成长期竞争力。

采取多种方式实现自主创新。强调自主创新是针对过度依靠模仿制造和引进技术,防止产业技术空心化。自主创新并不是排斥国外技术,而是在充分利用全球科技资源的基础上,采取多种方式实现自主技术创新。自主创新不一定是自己去研究开发每一个单项技术,可以通过成熟技术的自主集成,获得集成技术的创新;不一定从头做起,可以在已有技术的基础上,进行改进创新。在国力和科技实力有限的情况下,我们应在优势领域进行原始性创新,在追赶领域进行集成创新和引进技术的适应性创新,不断提高自主创新的实力和能力。我国是发展中国家,自主创新应充分发挥后发优势,有效利用国际技术资源,包括吸引人才、技术和管理经验等,广泛开展国际合作。

在增加科技投入、扩大技术供给的同时,大力推动科技成果的转化和促进自主创新技术的利用,提高科技投入的效率。尽管我国的研究开发投入与发达国家相比有一定差距,但在发展中国家是位于前列的。目前,我国仍然存在着科技与经济脱节、研究机构与企业和市场脱节的问题,科技投入的效率不够高。因此,应加快科技管理体制改革,提高科技投入的配置效率;充分利用现有科技机构进行科技资源重组。科技体制改革不是科研机构简单地进入企业或转化为企业,而应根据行业技术经济特征和产业组织特点,分类确定科研机构重组方式和产权结构,分层次建立创新体系。在战略和公共性较强的行业,建立国家级产业技术研究开发机构,实行国家实验室制度。通过政策引导,建立一批具有行业带动作用的各种形式的产业技术研究开发联合体;在一些企业比较分散、规模不大的行业,应充分发挥行业性或区域性科研机构的作用,吸收相关中小企业参与,组成行业性技术中心或联合体,为中小企业服务。鼓励发展集资金筹集、研究开发、技术扩散功能于一身的技术机构。加强技术市场建设,培育科技中介,促进科研成果转化和自主创新技术的利用和扩散,提高财政投入的效率。

提高自主创新能力必须完善制度建设*

《中共中央关于制定国民经济和社会发展第十一个五年规划的建议》中提出,"把增强自主创新能力作为科学技术发展的战略基点和调整产业结构、转变增长方式的中心环节"。《国家中长期科学和技术发展规划纲要(2006—2020年)》提出了建设创新型国家的奋斗目标、科技体制改革与国家创新体系建设的重点任务、重要政策和措施。下一步的工作重点是实施自主创新的战略,走出一条适合中国国情的创新之路。

一、建立适应中国国情的技术创新模式

(一)自主创新的内涵

"自主创新"是针对过多依赖外部技术,防止国内企业技术"空心化"而言。目前,我国大部分企业依靠低劳动力成本和资源价格进行竞争,在技术上靠模仿和引进。虽然我国已成为世界制造大国,但与发达国家相比,我国制造业竞争能力的最大差距是缺乏创新能力,大部分设计和制造技术依靠引进,缺少具有自主知识产权的核心技术,原创性技术更少。没有自主创新能力,没有自主知识产权,就不可能真正成为制造中心,只能是加工中心。因此,要从实现国家长期可持续发展的战略高度出发,增强创新能力,形成长期竞争优势,保证国家经济安全。

自主创新的核心是根据国家发展战略和企业参与国际竞争的需要,掌握技术发展方向和研究开发的主导权。

---

* 本文发表于国务院发展研究中心《调查研究报告》2006年第60号,2006年4月19日,内容有部分删节。

1. 自主创新不是关起门来自己研究开发,而是在开放条件下以我为主导的创新。经济全球化、知识经济和信息技术的发展对传统的技术创新模式提出了挑战,创新模式发生了变化。目前,国际上技术创新活动出现网络化和专业化的趋势。一方面,由于研究开发新技术的难度增加,成本大幅度提高,单个企业往往难以支撑巨大的研究开发费用,需要联合开发。甚至一些竞争者之间结成技术联盟,联合研究开发共享技术。另一方面,为了提高研究开发效率,研究开发的分工细化,出现一些专业技术公司,企业的研究开发外包增加。因此,自主创新是从国家整体利益出发,根据企业竞争需要,充分利用国内外科技资源,以我为主进行研究开发和实现产业化、商业化。

2. 自主创新的主体并不是百分之百本国资本的企业,而是指国内资本对企业发展战略具有控制力。在全球经济一体化的趋势下,资本和技术在世界范围内流动,民族工业的界限不那么明显了。但是,为了防止外国资本流进流出的大起大落对国民经济产生不良影响,以及外国资本通过控制技术形成对全行业的垄断地位,自主创新的主体应是国内资本拥有控制能力的企业。本国资本的控制能力不是指股权份额,而是指本国资本对企业发展战略的控制能力。即能够根据国家利益主动参与国际竞争和分工,而不是作为跨国公司全球战略中的一个棋子,被动服从外国企业的战略。有时,较少的股份也能对企业的发展战略起决定作用。

3. 自主创新不是从头做起,重复人家的工作,而是要拥有自主知识产权。技术获取的方式有多种途径,包括自己研究开发、获得技术许可和联合研究开发等。要根据国力和科技实力选择创新模式,不断提高自主创新能力。在优势领域进行原始性创新;在成熟技术领域,利用创新思维,有机融合相关技术,实现集成创新;在追赶领域,通过对引进技术的消化吸收、再创新,摆脱引进、落后、再引进的局面。要有所为,有所不为,自主创新应分几个层次:在被封锁的战略技术领域,一定要坚持自己开发和创新;在技术被垄断的行业,自己研发,促使垄断方降价,提高社会效益;在一般的技术领域,可以根据成本效益的原则以多种方式来获得技术,可以研发,也可以引进;国产化、引进技术消化吸收应该是以我为主,按我所需,为我所用。

4. 经济全球化,知识经济与信息技术的发展,对传统的技术创新组织模式提出了挑战。过去大部分的创新是在一个企业里面完成。从目前的国际创新趋势看,创新的组织模式已经网络化、专业化。一是创新链条上的各个环节并不是在一个企业内完成的,研究开发外包增加,加大了对创新服务的需求;二是竞争者联合开发。比如,大家比较熟悉的例子就是 DVD 行业,国外有6C、3C,竞争者之间联合开发或交叉许可专利,并共同制定一些标准。

(二)探索适应发展阶段的创新模式

1. 在继续增加创新投入的同时,提高创新效率。我国是发展中大国,R&D 投入与发达的市场经济国家相比有较大差距,但位于发展中国家前列,研究开发的效率有待提高。目前,我国的科技人员和研究开发人员的数量分别居世界第一和第二位;R&D 支出总量居世界第六位,位于美国、日本、德国、法国和英国之后,居发展中国家首位;R&D 支出占 GDP 比例为 1.2% ~ 1.3%,达到中等收入国家以上水平,高于印度、巴西等国。因此,提高自主创新能力不仅仅是增加投入的问题,更重要的是从制度建设入手,优化科技资源配置,提高投入产出效率。

2. 建立以企业为主体的创新体系,促进产学研相结合。技术创新是一个从研究开发到产业化和商业化的过程,企业最贴近市场,在规模化和产业化方面具有优势,理应成为技术创新的主体。但是,以企业为主体并不等于创新链条上的每个环节都要在企业内部完成,而是由企业主导创新过程,进行技术集成,并作为创新技术的产业化平台。目前,我国还缺少像 IBM、微软等那样能够集应用性基础研究与技术开发于一体的大型企业,在基础研究、应用基础研究和共性技术研究开发等方面还要发挥科研院所和大学的作用。建立以企业为主体的创新体系,关键是要克服科技与经济分离、科研与企业需求脱节的问题。因此,在鼓励企业加大创新力度的同时,要充分发挥科研机构和大学的作用,建立产学研结合机制,完善和发展技术市场,促进科研机构、大学与产业的结合。

3. 自主创新与有效利用国际科技资源相结合,实行开放式创新。自主创新并不排斥国外技术,也不是关起门来自己搞研发,而是在充分利用全球技术资源的基础上,采取多种方式实现技术创新。自主创新不一定是自己去研究开发每一个单项技术,可以通过成熟技术的自主集成,获得集成技术的创新。自主创新不是从头做起,而是在学习前人的知识和引进技术的基础上,进行改进创新。我国是发展中国家,自主创新应充分发挥后发优势,有效利用国际资源,包括吸引人才、技术和管理经验等,广泛开展国际合作。

4. 加强公共平台建设,发展专业服务,建立创新网络。提高创新活动的网络化和专业化程度,有利于提高资源利用效率。因此,要集中力量,重点突破,培育权威的产业共性技术研究和转移中心;以促进技术转移为目标,加强全国技术创新信息平台建设;加强中小企业的技术创新服务,扶持区域性和行业性中小企业技术服务中心;加快发展市场化的专业技术服务机构,发展集资金筹措、研究开发、技术扩散功能于一身的专业技术公司;加强技术市场建设,培育科技中介,促进科研成果转化和自主创新技术的利用和扩散;利用信息技术,通过地区、国家甚至国际联网,共享信息、知识和专家资源。

二、从完善制度建设入手提高自主创新能力

我国正处于计划经济向市场经济过渡时期,社会主义市场经济体制尚不完善,政府在为自主创新创造良好的法律、政策和市场环境方面具有不可替代的作用。

1. 利用知识产权制度保障和促进技术创新。知识产权制度是实现国家技术发展战略的重要工具,其实质是在保护创新者利益和积极性的同时,促进技术合理、有偿地扩散和利用。知识产权制度不仅保护知识产权权利人的利益,其最终目的是促进创新。如果知识产权得不到保护,就没有人愿意去创新,会有更多的人靠模仿过日子。因此,要建立平衡的知识产权制度,加强知识产权保护,培育知识产权文化,把知识产权管理落实到技术、经济、贸易管理等各有关部门的工作中;引导企事业单位提高管理、保护和运用知识产权的能力;建立专业人员可以自由发挥所长的激励机制,把科技人才变为创新人才。

2. 坚持以市场为导向、制度为保障,正确发挥政府的作用。市场是检验创新成功与否的最终标准。要明确政府该干什么,企业该干什么。首先,政府要解决制度性和政策性问题,为企业创造良好的制度和市场环境,提供相应的公共服务。其次,政府在市场失灵的领域发挥作用。由于知识的公共性和技术的外部性,单纯依靠市场机制不能完全实现科技资源的优化配置。政府在产业技术研究开发中的作用,不能简单地用竞争和非竞争性领域来划分,政府

应在企业不愿意或无力进行投入的领域发挥积极作用,与企业研究开发形成互补。目前,我国政府的直接研究开发投入约占全社会的30%,要进一步改善政府科技投入管理体制。在增加投入的同时,改进政府科技资源配置机制,调整投入结构,推动政府资助的研究成果的扩散和利用,提高政府支出效率。政府的投入要重视社会效益,重点放在科技基础设施和公共技术平台的建设,加大基础研究投入力度和提高原创技术供应能力,支持共性技术和共享技术的研究开发,培育产学研研究开发联合体,为中小企业提供技术创新服务。在应用技术领域,政府主要在影响国家安全和产业竞争力的重点领域发挥积极作用。

3. 分类对科研机构进行改革和重组,运行机制与功能相适应。科研体制改革不是科研机构简单地进入企业或转化为企业,应根据行业技术经济特征和产业组织特点,分类重组科研机构,优化科技资源配置。在战略和公共性较强的行业,建立国家级产业技术研究开发机构,实行国家实验室制度;加强产业共性技术和共享技术研究力量,扶持一批具有行业带动作用的各种形式的产业技术研究开发联合体;在一些集中度低、小企业多的行业,应充分发挥行业性或区域性科研机构的作用,为中小企业服务。

同时,要建立与科研机构功能相匹配的运行机制和制度安排。目前,有些科研机构的运行机制与其功能错位。比如,一些本应从事共性技术研究的科技机构变成企业后,以赢利为目的,难以实现最初的既定目标。因此,要加强有关法律法规和制度建设,根据科研机构的性质和功能,分类指导科研机构的运行机制设计和制度安排。

4. 在增加科技投入、扩大技术供给的同时,大力推动科技成果转化和促进自主创新技术的利用,提高科技投入效率。要加强技术市场和适应技术创新需要的多层次资本市场建设,促进技术流动、科研成果转化和产业化。特别要重视政府科技计划资助的研究开发成果的转化利用,通过健全法律法规,促进政府资助技术的利用和扩散。

5. 完善市场环境和制度,促进自主创新。一是建立公平竞争的市场环境。竞争是促进创新的重要动力之一,因此,要创造各种所有制企业公平竞争的环境。二是建立有效的激励机制,鼓励发明人和创新者的积极性;转变观念,培育创新文化,容忍失败。三是建立适应创新需求的税收、金融政策,鼓励企业和全社会增加创新投入。四是改进国有企业管理体制和运行机制,促进企业技术创新。民营企业的技术创新主要靠市场环境和普遍性政策。而国有企业除了外部环境和政策外,管理体制和运行机制是影响国有企业技术创新的重要因素之一。因此,要建立有利于企业技术创新的国有资产管理体制。

我国创新体系的特点分析*

一个国家的创新体系由相互作用的创新参与机构,以及金融系统、教育系统、竞争方式和企业运行机制等影响创新行为的外部环境构成,各种要素和机构之间的相互作用决定了国家和地区的创新行为。通常,创新体系不一定是人为设计和建造的系统,并无明确边界。创新体系的外部环境和创新主体之间的相互关系反映了一个国家创新体系的基本特征。

一、我国创新体系的外部环境特点

与国际上主要创新国家相比,我国创新体系的外部环境有以下特征。

(一)经济管理体制不同

我国正处于计划经济向市场经济过渡阶段,政府在各种资源配置中处于重要地位;国有经济比例较高,国有企事业单位的运行机制不同于市场竞争条件下的民营企业;市场机制还不完善,特别是资本市场处于发展初期,创新融资的渠道不健全。尽管国家创新体系对原有的体制具有一定的依赖性,但是,体制改革对创新体系的影响较大,决定了创新动力和创新体系的模式。

(二)经济规模和发展阶段不同

总体来看,我国是经济总量大国,人均小国。我国经济规模和结构有以下特点:一是经济规模总量大国,人均 GDP 处于低中水平。目前,我国的 GDP 总量位居世界第四位,人均收入水平较低,排名 100 位以后。二是国内市场规

＊ 本文发表于国务院发展研究中心《调查研究报告》2006 年第 267 号,2006 年 12 月 3 日。

模大,出口依存度高。我国的商品和投资市场开放程度较高,一方面,我国有13 亿人口,国内市场巨大;另一方面,我国是世界第三大贸易国,进出口贸易依存度超过60%,出口贸易依存度为30% ~40%。同时,我国是世界上外商直接投资流入最多的国家之一。因此,在大部分行业,国际竞争国内化,企业在国内外市场上都面临国际强手竞争。三是地区发展不平衡。目前,我国地区发展和收入差距较大,发达地区、发展中地区和欠发达地区同时存在,因此,技术和产业转移可以在国家内部形成。

(三)产业技术结构不同

我国高、中、低技术产业发展比较均衡,产业技术结构以中等技术为主。2004 年,在规模以上制造业的增加值中,中等技术产业(包括中高技术和中低技术产业)的增加值约占60%,低技术产业接近25%,高技术产业占14%左右。而在国际上,通常发达国家的高技术产业比例较高,发展中国家的中低技术产业比例较高。因此,我国的研究开发投入强度相对于以知识密集型产业为主的发达国家要低一些,但比发展中国家高一些。

(四)技术发展阶段不同

我国正处于加速工业化阶段,技术发展从引进技术和模仿为主转向自主研究开发与引进技术相结合。在过去较长时期内,我国大部分企业的技术来源主要依靠引进技术和模仿制造。20 世纪90 年代末以来,中国的 R&D 支出增长速度快于 GDP 的增长,2005 年超过2000 亿元,占 GDP 的1.34%,达到中等收入国家的平均水平以上;R&D 支出中基础研究和应用研究的比例小幅稳定增长,技术供应能力逐步提高;高技术产业快速增长,1995 ~2004 年期间,高新技术产业总产值的年平均增长速度高达24%,2004 年高技术产品出口额占对外贸易额的28%。同时,涌现了一批依靠自主创新带动发展、参与国际竞争的优势企业。创新以引进新技术、引进消化吸收适应性创新和集成创新为主;货物出口贸易额中出口加工超过50%,高技术产业出口中,外商投资企业占90%以上。

二、我国创新体系的主要特征

(一)政府在创新体系中发挥了重要作用

政府不仅在制度建设和创新政策方面起了主导作用,而且在直接投入方面发挥了重要作用。多年来,财政科技活动投入逐年增加,2004 年的中央财政科技拨款将近 2000 年的两倍;占财政支出的比例比较稳定,在 3.6% ~ 4%之间(见表 1)。地方政府的科技拨款增长趋势与中央政府相近,其支出总量相当于中央政府的 60% 以上,2004 年为 65% 。

表 1   科技活动经费的构成

年份	1999	2000	2001	2002	2003	2004	2005
R&D 经费支出(亿元)	678.9	895.7	1042.5	1287.6	1539.6	1966.3	2450.0
科技活动经费内部支出(亿元)	1284.9	2050.2	2312.5	2671.5	3121.6	4004.9	4836.3
研究开发占科技经费比例(%)	52.8	43.7	45.1	48.2	49.3	49.1	50.6
国家财政科技拨款(亿元)	543.9	575.6	703.3	816.2	944.6	1095.3	1334.9
占全国科技活动经费比例(%)	42.3	28.1	30.4	30.5	30.3	27.3	27.6
占国家财政支出比重(%)	4.1	3.6	3.7	3.7	3.8	3.8	3.9

资料来源:历年《中国科技统计年鉴》。

近些年来随着企业投入的增加,政府对研究开发投入的比例有所下降,从2001 年的 33.4% 减少到 2005 年的 26.3%(见表 2)。目前,我国政府研究开发投入强度低于欧美的水平,高于日本、韩国。2003 年,英国、欧盟 15 国、OECD 国家和美国政府的研究开发投入占全社会研究开发投入比例分别为31.3% 、34.2% 、30.5% 和 31.2%;韩国和日本分别为 23.8% 和 17.7% 。[①] 在一些发展中国家由于企业的能力有限,政府的投入比例更高。如,2000 ~ 2001年度,印度的 R&D 投入占当年 GNP 的 0.94%,其中,中央政府投入占62.5%,地方政府占 8%,私营部门占 21.6%,国营企业占 5% 。2001 年,墨西哥政府的研究开发投入占全社会的 50% 以上。

---

①   数据来自《OECD 科学、技术和工业评估——2005》,为 2003 年统计结果。

表2　我国研究开发经费来源结构

单位:%

年份	政府	企业	其他	国外	总计(亿元)
2001	33.4	57.6	2.7	6.3	895.7
2003	29.9	60.1	10.0		1539.6
2004	26.6	65.7	1.3	6.4	1966.3
2005	26.3	67.0			2450.0

资料来源:历年《中国科技统计年鉴》。

但是,由于我国大部分科研院所是政府所有的公共机构,还有相当一部分国有企业,其自有投入中也有政府投入的成分,因此,政府对研究开发的投入实际上要高于统计数据的比例。

(二)企业在研究开发中的作用越来越重要

一是企业已经成为研究开发投入的主体。20世纪90年代末以来,企业的研究开发投入持续增加。2004年和2005年,企业研究开发投入占全社会研究开发投入的比例已经分别达到65%和67%;同期,企业执行的R&D支出分别占全社会的66.8%和68.3%。二是企业的研究开发支出以企业自筹经费为主。2004年,企业研究开发支出中政府资金占4.5%,大中型企业研究开发支出中企业投入约占97%,政府资金仅占3%。而2003年,OECD国家企业执行研究开发支出的7.2%来自政府,美国为10%,韩国为5%。三是企业在技术交易中日趋活跃。近些年来,企业委托研究开发和购买技术的活动增加,企业购买技术合同金额占全部合同金额的70%以上。但是,企业的数量增加,设立研究开发机构的企业比例却呈下降趋势,目前只有1/3的大中型企业设有研究开发机构。

(三)国有企业的份额较大

与大多数市场经济国家不同的是,我国的国有企业数量较多,特别是在航空航天、医药等高技术领域,以及一些科研院所和大学兴办的科技型企业中,国有企业的比例较高。据2004年的统计,规模以上企业中国有企业数量占8.48%,国有企业的销售收入占12.11%,国有企业科研机构占企业科研机构的11.14%;国有企业科技经费筹集额占科技经费筹集总额的12.68%,研究开发经费支出占12%;在大中型企业的研究开发和科技活动经费支出中,国有企业所占比例分别为13.2%和14.5%。但目前国有企业的考核和激励机制存在较多不利于创新的问题。

(四)科研院所在创新体系中的作用大于其他国家

在长期的计划经济体制下,我国建立了大批独立的科研院所。改革开放以来,为了促进科技与经济结合、科研院所与市场和企业结合,不断对科研体制进行改革,大部分应用技术研究机构实现企业化转制,科研院所的研究开发支出的份额持续下降。但总体来看,我国科研院所的研究开发支出比例仍远高于大学。2005年,在全社会研究开发经费支出中,科研院所占22%以上,大学不到11%(见表3)。

表3　R&D经费执行部门分布

单位:%

年份	1987	1990	1998	1999	2001	2002	2003	2004	2005
科研院所	54.4	50.0	42.6	38.5	27.7	27.3	25.9	22	20.9
大学	15.9	13.0	10.4	9.3	9.8	10.1	10.5	10.2	9.9
企业	29.7	36.8	44.8	49.8	60.4	61.2	62.4	66.8	68.3
其他			2.2	2.6	2.1	1.4	1.2	1.0	

资料来源:历年《中国科技统计年鉴》。

与国际相比,我国科研机构的研究开发支出比例高于世界上大部分国家,仅低于俄罗斯;大学的研究开发比例支出远低于美国、日本、德国等,接近于韩国,高于俄罗斯(见表4)。

表4　各国研究开发经费执行分布(2003年)

单位:%

	中国	美国	日本	英国	德国	法国	韩国	俄罗斯	加拿大
科研院所	22	9.1	9.3	9.6	13.4	17.1	12.6	25.3	10.5
大学	10.2	16.8	13.7	21.4	16.8	19.3	10.1	6.1	38.1
企业	66.8	68.9	75.0	65.7	69.8	62.3	76.1	68.4	51.2
其他	1.0	5.3	2.1	3.2		1.4	1.2	0.2	0.3

注:中国数据为2004年数据,来自《2005年中国科技统计年鉴》。
资料来源:http://www.sts.org.cn/sjkl/kjtjdt/data2005/2005—2.htm。

（五）与科研机构相比，大学与企业的合作相对紧密

尽管我国的大学和科研机构的研究开发支出均以政府投入为主，但大学的研发经费中企业投入的比例远高于科研机构。据 2004 年的统计，大学的研究开发执行经费中，政府投入占 54%，企业经费占 37%；科研机构研究开发经费支出中政府投入占 80% 以上，企业资金仅占 5.1%。根据国际经验，大学主要从事基础性研究，政府投入多一些，企业投入占大学研究开发经费的比例较低。例如，2002 年，OECD 国家大学和政府研究机构的研究开发支出中企业经费仅占 4.9%，较大的 OECD 经济体均不超过 7%，欧盟 25 国为 6.3%，美国只有 3% 左右。

（六）大学和科研院所都偏向于应用研究和试验开发

通常，创新型国家的大学以科学研究为主，基础研究的比例较大。而我国的大学以应用研究为主，试验开发和基础研究支出接近。2004 年，大学的研究开发投入中，基础研究占 24%，应用研究占 54%，试验开发占 22%。[①]

（七）公共教育投入强度低

根据国际比较，我国的研究开发投入强度高于中等收入国家的平均水平，公共教育投入强度低于低收入国家的平均水平。2004 年，我国研究开发投入强度为 1.23%，远高于中等收入国家 2002 年 0.7% 的平均水平；公共教育的投入强度为 2.8%，低于 2002 年低收入国家 3.2% 的平均水平（见表 5）。

表5　公共教育和 R&D 投入占 GDP 的比例比较（2002 年）

	高收入国家	中等收入国家	低收入国家	中国（2004）	印度	巴西	墨西哥	俄罗斯
R&D 比例	2.5	0.7		1.23	0.8	1.0	0.4	1.2
公共教育比例	5.5	4.5	3.2	2.8	4.1	4.3	4.6	3.1

资料来源：外国数据来自国际比较统计，http://www.sts.org.cn/；中国数据根据中国教育统计年鉴计算。

---

① 柳卸林：《大学在中国创新体系中的角色变迁》，《建立有效的国家创新体系研讨会会议材料》，2006 年 8 月 28 日。

　　根据世界银行的统计,我国的平均受教育年限仅为 6.4 年,也低于一些低收入水平的国家和地区。

　　(八)创新服务机构以公益性为主,社会化和市场化程度较低

　　我国的区域创新服务体系是在中央政府引导下,地方政府为主建立的,主要包括各类高新技术园区的孵化器、各级生产力中心、中小企业创新服务中心、技术产权交易所等。目前,大部分创新服务机构是根据各级政府文件精神成立的,具有官办和半官办色彩;有些则是从政府部门剥离出来的外设机构,代行部分政府的职能。因此,这些服务机构对政府的依赖性较强,创新意识和服务意识不足。

三、对分析结论的几点说明

　　(一)关于企业与政府的研究开发投入比例问题

　　根据统计数据,我国研究开发投入来源和支出结构已经接近 OECD 国家,企业研究开发投入占全社会的份额高于欧美发达国家的平均水平,政府投入的比例在逐步下降,其主要原因有以下两个方面:

　　一是企业研究开发投入的比例增长大大快于政府投入的增长。我国政府的投入稳定增长,"十五"时期,政府的研究开发支出从 2000 年的 299.16 亿元增加到 2005 年的 645.4 亿元,平均年增长 17%,远高于 OECD 国家 5% 的平均水平。由此可见,我国企业正在向创新主体转变,处于企业研究开发投入快速增长阶段。政府财政投入的支出范围较宽,包括教育、扶贫等。根据国外经验,在企业研究开发投入增长加快的时期,政府投入相对稳定;在企业研究开发投入较低的时期,政府增加投入起到互补作用。

　　二是政府科技投入的分类问题。"十五"期间,政府财政科技拨款平均年增长率超过 19%,2005 年达 22%。政府财政科技拨款约是研究开发投入的 2 倍。财政科技拨款是通过财政支出直接统计,较执行单位上报的研究开发支出数据要准确。特别是,我国是发展中国家,技术来源以自主研究开发和引进技术相结合,一部分政府科技投入用于成果转化和引进技术消化吸收,而不是研究开发,因此,仅根据研究开发经费支出指标会低估政府的科技投入。

（二）关于企业研究开发费用中政府投入的比例

根据统计数据,我国大中型企业的研究开发支出中政府投入的比例低于
OECD 国家的平均水平。这反映了两方面的问题:一是统计问题。在 OECD
的统计中,非营利的科技机构为企业进行的产品开发和工艺研究服务也计入
企业研究开发支出。而我国企业和科研机构的研究开发投入是分开统计的。
二是对政府能否直接向企业投入的认识问题。加入 WTO 以后,社会普遍认
为,一方面,为了防止政府补贴的纠纷,政府不能直接对企业进行投入;另一方
面,在市场经济中,政府应集中进行公共领域的投入,不应对竞争领域投资。
因此,应减少政府对企业研究开发的直接投入。但实际上,发达的市场经济国
家政府采取多种方式支持企业研究开发投入,除了减免税负外,还对一些特殊
领域和行业进行集中投入。主要以几种方式投入:(1)政府直接投入最多的
领域是国防技术研究开发。如美国具有军民兼容的国防供货系统,政府对国
防产品技术的研究开发投入大部分都进入了企业。因此,通常在国防支出越
高的国家,政府对企业研究开发的直接投入就越高。(2)政府支持企业共性
技术研究开发,并对产学研联合体及其研究项目进行部分投入。(3)在部分
战略行业或公共性较强的行业,政府委托企业或与企业合作开展一些研究开
发项目。如美国能源部与企业合作开展一些节能或清洁能源的研究开发项
目。(4)为了提高本国企业的国际竞争力,政府设计了一些专门针对企业的
资助计划支持企业的研究开发投入。如美国的先进技术计划(ATP)就是针对
中小企业的创新资助计划。

（三）如何发挥研究机构的作用

分析表明,我国政府科研机构的研究开发支出份额远远高于 OECD 国家,
大学的份额较低。大部分市场经济国家的独立科研院所不多,主要靠大学进
行基础性研究。大学从事基础性研究的优势是可以利用研究生,在降低研究
成本的同时,又培养了研究人才。但是,我国已经拥有大批科研院所,不能为
了借鉴国际经验而废除科研院所,应在已有科研院所改革成果的基础上,进一
步深化改革和重组,充分发挥其作用。

一方面,根据行业集中度对应用研究机构进行改革与重组。一是在高度

集中产业,科研院所直接进入企业。如石油、石化行业,企业集团规模大,有能力支撑基础研究和应用研究机构,行业性应用技术研究所应直接进入企业集团,为企业集团服务就相当于为行业服务。二是在生产规模和市场容量较大,集中度不高的行业,如冶金、机床、汽车等行业,应建立行业共性技术和共享技术研究机构,依托这类机构联合企业、大学组织研究开发联盟。三是集中度较低、以中小企业为主的行业,应建立地区性的研究开发机构,为中小企业提供技术服务。

另一方面,根据科研机构的性质和功能,分类进行制度安排和机制设计。如,在战略和公共性较强的行业,建立国家级产业技术研究开发机构,实行国家实验室制度;产业共性技术和共享技术研究机构,以及为中小企业服务的行业性或区域性服务机构采取非营利性组织模式;鼓励发展集融资、研究开发和技术转移于一身的商业性技术机构。

塑造企业创新环境[*]

一、创新不是单纯的技术概念而是经济概念

创新的本质是通过创造和利用知识来创造财富。

1. 创新是将创造技术和知识的能力转变为经济效益的过程,是新技术、新产品实现商业化和产业化的过程。创新不是为了创造技术,而是利用技术创造经济价值。创新链条是从研究开发到成果转化、商品化和商业化的全过程。发明创造、研究开发只是创新的开始,是创新链条的一部分。技术创新的推动者往往是企业家而不是发明家和革新者,市场是检验创新是否成功的标准。国外的一些研究表明,发明者并不一定能够获得新技术和新产品的价值,而那些能够最有效使用新技术和产品的人,才能获得巨大的价值。

2. 对不同发展阶段和技术能力的国家,创新的含义不同。在技术领先国家,保持竞争力意味着有比发展中国家更好的技术、工艺和产品;而在发展中国家,创新还包括学习、传播外国技术和对其进行适应性改造。在发展中国家,创新不一定是创造全世界上最先进的技术、工艺和产品,而是对一个国家和地区来说是新的产品、设计和生产工艺。因此,对发展中国家来说,创新包括学习、利用外国技术资源,如吸引人才、技术和管理经验,广泛开展国际合作等。

3. 创新能够实现市场价值,是企业保持竞争优势的基本条件。企业的核心竞争力是相对于竞争对手的差别优势,是其他企业难以模仿的能力。核心竞争力并不一定是技术创新,还包括经营管理方式、组织模式和观念创新等等。在有一些行业里,组织和制度创新更重要,如一些技术变化比较慢的行

---

   * 本文为作者在 2007 年 3 月 8 日《财经》圆桌会议"创新推动企业成长"上的发言。

业，组织、制度模式上的创新就显得更为重要了。企业的技术能力不仅包括丰富的技术知识，还包括以下三点：一是具有识别专业知识来源的能力。因为不是所有的知识和技术都需要自己去研发，可以从外部获得，还要改进已有的技术。二是识别新的外部信息的价值。有很多人非常会捕捉有用信息，得到一个信息后，很快就会想到能不能用到我这里。三是开发应用新技术的商业模式。因此，创新并不仅仅是技术创新，还包括经营管理方式、组织模式、组织结构和观念创新等，特别是开发应用新技术的商业模式创新。

4. 在不同的行业，创新的含义是不同的。新产品和先进技术是创新，降低成本也是创新，为市场提供物美价廉的产品也是创新。不是所有的企业都能做创新型企业，有些排头兵企业的创新可以起到带动行业技术进步的作用。

二、企业创新动力的核心是利益驱动

1. 我国企业还没有成为真正的创新主体。主要表现在几个方面：企业研究开发投入比例较低，大中型企业平均 R&D 占销售收入 0.7%，规模以上工业企业不到 0.6%；有研究开发机构的企业数量所占比例较低，2006 年仅占 23%；缺少自主知识产权，将近 99% 的企业没有申请专利，60% 以上的企业没有自己的商标；企业与大学和研究机构的合作相对薄弱。没有自主创新能力，没有自主知识产权，只能是加工中心，不可能成为真正的制造中心；没有自主技术和品牌，生产规模再大，只能是无根的产业，经不起"风浪"。

2. 企业创新的目的和动力是获得超额利润。企业技术创新动力来源于对创新的预期收益，与收益、风险和成本有关（即预期收益乘以风险概率减去成本）。创新政策要能够提高创新收益，降低风险，使企业从创新中获利的制度和机制就是好制度和好机制。我国的很多项目上马以后，有些政策还不确定，企业无法跟进和创新。

3. 创新企业对市场环境的要求高于普通企业所必需的环境和条件。创新型企业与一般生产型企业的主要区别是，创新型企业要承担更大的成本和风险。首先，要有常规企业能够健康成长发展的环境条件；其次，要提供适应创新企业发展的制度和政策。

4. 在企业创新环境方面，国有企业与民营企业面临不同的问题。国有企业的主要问题是国有资产的管理体制和运行机制不利于创新。民营企业的主要问题是竞争环境不够公平,如优惠政策和市场准入往往惠及不到民营企业。

5. 创新企业需要不同的政策。目前,创新型企业有两类:一类是已经形成一定规模的、成熟行业的企业;另一类是新兴行业的创新创业企业。两类企业需要的政策和环境不尽相同。在市场经济国家,由于市场机制比较完善,第一类企业的创新机制基本解决了,所以,这些国家的创新政策重点是解决第二类创新型企业的创新与发展问题,主要政策是风险投资、孵化器等。然而,我国的市场经济体系还不完善,第一类企业的创新机制尚未解决。因此,我们现在要解决两类企业的创新机制问题。

三、创新政策取向应从"要企业创新" 转向"企业要创新"

1. 增加政策的协调性,把创新政策融合到产业、贸易、教育、财政和金融等各项政策中去。创新政策不仅仅是科技政策,而是各项政策的综合作用结果,要防止政策之间的相互抵消。目前,国际上的主要创新型国家,都非常注意创新政策的融合性。我国的政策协调首先应是加强部门之间的协调。

2. 从投资和规模导向转向创新导向。目前,政府掌控大量资源,如税收、土地、部分重要资源价格等。许多地方的政策以鼓励投资为主,过度采取投资激励措施,使得企业倾向于从各种优惠政策中获利,而不是从创新中获得效益。创新有风险,如果不需要创新就能获得支持和超额利润,企业为什么要费力去创新呢。因此,政策要向创新倾斜,增加企业的创新动力。

3. 从促进技术供给为主转向供需结合,拓宽创新的市场需求。目前,国内创新产品和技术缺乏市场出口。国内有一种倾向,即宁愿花高价购买外国技术、产品,甚至宁愿使用国外不成熟的技术,也不愿意用国内企业开发的技术和产品。解决这个问题,除了要提高国内产品质量外,还要有鼓励使用本国创新产品的政策。国外常使用的办法是,政府采购;为重大技术装备提供买方或卖方信贷;利用标准推广新技术;通过财政补贴或减免税负等措施鼓励使用节能降耗设备或产品等。我们现在进口高技术设备可以减免增值税,购买进口设备有外国政府或机构的优惠买方信贷,而购买国内设备就不能享受这些政策。因此,许多企事业单位就不愿意买国内的设备。

4. 加大知识产权保护。知识产权得不到保护,创新者的利益得不到保障,就没有人愿意创新。保护知识产权对鼓励创新有着非常积极的作用。但是,知识产权是柄双刃剑,使用不当也会阻碍创新。要注意建立平衡的知识产权制度,既要鼓励创新,又要防止因滥用知识产权而阻碍创新。专利制度的实质是在保护创新者利益的同时,促进技术的公开和扩散。

5. 充分调动人的创新积极性。对技术创新来说,起决定作用的是人力资本的素质和能力,创新积极性最终要落实到调动人的创新积极性。技术创新不仅是科技人员的事情,企业家、销售人员的作用都很重要。因此,要建立专业技术人员可以自由发挥所长的激励机制。一方面,完善职务发明的权属政策和激励机制;另一方面,企业内部也要建立人才激励机制。

6. 建立公平竞争的市场环境。首先是建立公平的市场准入环境,其次是增加政府资源配置的公平性,调动各方面的创新积极性。目前,我国各级政府的资源和社会资源倾向于国有企业。国有企业的数量占全国企业总数不到5%,却获得银行企业贷款的70%左右。在资源配置方面,应以创新为标准,为企业创新提供资源。

7. 建立创新文化。允许失败,不仅仅是停留在口头上,而要体现在政策和体制上。我们现在的体制是若失败了就没有出路。比如,人们常常说福利社会不利于创新,但是它也有有利于创新的一面。有一次,我们在访问瑞典驻中国使馆的时候,曾经提过一个问题:瑞典的福利那么高,假期那么长,生活比较安逸,为什么人们还要创新,使瑞典能够进入创新型国家前列? 当时,瑞典大使解释说,瑞典的福利较好,使人们创新没有后顾之忧,失败了可以从头再来,不需要担心生计;另外,度假可以使人放松思考;瑞典的冬季白昼短,人们认真读书思考的时间长。大使先生的话有一定的道理,创新需要一个宽松、宽容的环境。

建设创新型国家的政策措施与趋势*

一、中国的科技发展与创新进入新阶段

（一）科技投入不断提高，R&D 支出进入快速增加阶段，R&D 投入强度达到中等收入国家的水平

20 世纪 90 年代末以来，我国的 R&D 支出增长快于 GDP 的增长速度。2000～2006 年，R&D 支出平均年增长 22.4%。我国科技投入呈现以下特点。

1. 研究开发投入总量进入世界前列，研究开发强度达到中等收入国家水平。中国是经济总量大国，GDP 居世界第四位，是世界第三大贸易国。2006 年，中国 R&D 总投入接近 3003.1 亿元，居世界第五位，R&D 支出占 GDP 的比例超过 1.4%，达到中等收入国家的水平；按人口平均的 R&D 投入较低，约 228 元人民币／人，如图 1 所示。

2. 企业 R&D 投入增长快于政府的 R&D 支出增加，企业成为 R&D 活动的主体。2001～2006 年，政府研究开发投入占全社会研究开发投入的比例从 33.4% 减少到 24.7%；企业的 R&D 支出占全社会的比例从 57% 上升到 69%。目前，企业研究开发投入份额高于欧美国家的水平，但低于日本、韩国。

科技体制改革促进了研究开发执行主体多元化，R&D 支出结构发生较大变化。企业不仅在 R&D 投入上占大头，而且是 R&D 支出的主要执行者。2006 年，企业 R&D 经费支出额占全社会 R&D 经费总额的 71.1%。科研机构 R&D 支出比例大幅下降，从 1987 年的 55% 降至 2006 年的 18.83%（见图 2），但占全社会的份额仍大于大部分市场经济国家；大学研究开发支出的总量大幅度提

---

* 本文发表于《中国高新技术产业导报》2008 年 4 月 21 日和 4 月 28 日。

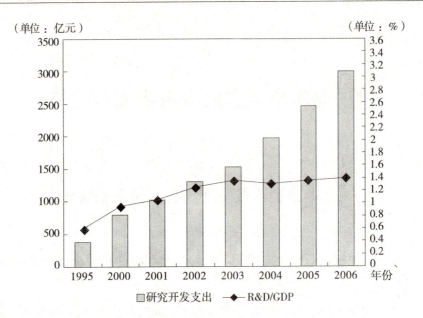

图1 研究开发支出与研究开发强度

资料来源:历年《中国科技统计年鉴》。

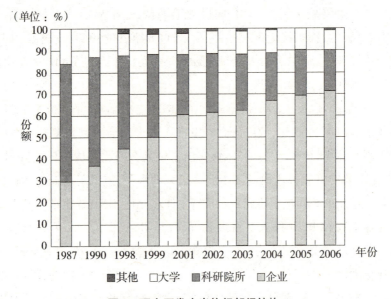

图2 研究开发支出执行部门结构

资料来源:历年《中国科技统计年鉴》。

高,从 2000 年的 76.7 亿元增加到 2006 年的 276.8 亿元,2005 年和 2006 年占全社会 R&D 的比例为 10% 和 9.2%,低于多数发达的市场经济国家。

3. R&D 以试验开发为主,技术储备不足。科学研究支出总量在增加,但占研究开发(R&D)的比例在下降,基础研究支出比例较低。"九五"以来,我国的科学研究支出(包括基础研究和应用研究)份额经历了先降后升的过程,但未恢复到"九五"初期的水平。"十五"期间,我国科学研究总支出增长较快,从 2000 年的 198.6 亿元增加到 2005 年的 572.65 亿元,增加了将近两倍;基础研究支出平均年增长速度为 24.5%,略高于 R&D 支出 22.3% 的增长速度,其占 R&D 支出的比例基本保持在 5.3%～5.9% 之间(见图 3)。但是,随着试验开发投入的不断提高,科学研究支出占 R&D 的比例明显下降,从"九五"初期的 33% 降至"十五"末的 26%,2006 年,基础研究、应用研究和试验开发的比例分别为 5.19%、16.8% 和 78.01%。

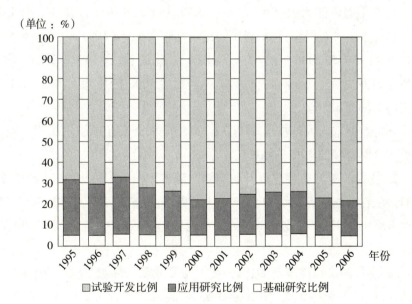

（单位：%）

图3　全国 R&D 支出结构

资料来源:历年《中国科技统计年鉴》。

大学和科研院所都偏向于应用研究和试验开发。我国的大学以应用研究为主,试验开发和基础研究支出接近。2006 年,在大学的研究开发投入中,基础研究占 25%,应用研究占 49.56%,试验开发占 24.63%。各级政府所属研

发机构(不包括转制科研院所)的 R&D 支出中试验开发支出为 53.45%,应用
研究占 34.59%,基础研究支出仅占 11.96%。

4. 科技人员总量大国,人均小国,缺乏科研和创新领军人才。2005 年,中
国从事科技活动的人员为 413.15 万人,科学家和工程师为 279.78 万人,分别
居世界的第一位和第二位。但按经济活动人口平均的每万人拥有的科技人
员、科学家和工程师仅为 53 人/万人和 36 人/万人;按全国人口平均的科技人
员、科学家和工程师数量仅为 31.4 人/万人和 21 人/万人。2006 年,高校毕业
生人数为 377.47 万人,其中工科毕业生约为 130.12 万人。近些年,海外留学生
回流加快。但是,其中缺少科学研究的领军人才以及具有创新精神的企业家。

(二)技术发展正在从引进技术和模仿为主转向自主研究开发和
引进技术相结合

1. 随着技术能力的增加,我国技术引进的重点从进口设备转向引进技
术。在技术引进合同中,技术费用的比例逐年增加,从 1991 年的 14% 增加到
1999 年的 45% 和 2006 年的 67%(见图 4)。据统计,在 1999~2005 年期间,
共签订引进技术合同 50000 项,合同金额超过 1000 亿美元。其中,技术费用
的平均比例为 57.6%。

外资企业带入大量技术。2000~2005 年间,外商企业引进技术金额占全
部引进合同金额的 40%~45%。

2. 技术的对外依赖程度开始下降。随着国内 R&D 支出的快速增加,技
术对外依存度指标①较大幅度下降,从 1999 年的 67%,降至 2006 年的 37%。
国内 R&D 支出与引进技术合同的技术费用比例从 1999 年的 1.06 倍增加到
2006 年的 2.5 倍。

3. 技术需求和供应增加,国内技术交易活跃。随着 R&D 和创新活动的
活跃,我国技术交易合同金额快速增加,从 2000 年的 650 亿元增加到 2006 年
的 1818.2 亿元,平均年增长 35%(见图 5)。企业已经成为交易的重要主体。
2006 年,企业购买技术成交额占总成交额的 83.9%,内资企业占企业购买技
术交易额的 77%。交易的技术档次提高,单项合同技术价值提高;交易合同

---

① 技术对外依存度 = 技术引进合同金额/(技术引进合同金额 + R&D 支出额)。

（单位：亿美元）　　　　　　　　　　　　　　　　　　（单位：％）

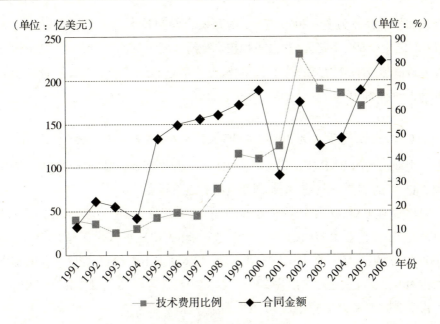

图 4　引进技术的变化趋势

资料来源:根据历年《中国科技统计年鉴》整理。

（单位：亿元）

图 5　技术交易的增长趋势

资料来源:历年《中国科技统计年鉴》。

数量下降,平均每份技术合同成交金额大幅增加,从 2000 年的 27 万元增加到 2006 年的 88.3 万元。技术研究开发外包和创新服务增加,技术交易以技术

开发和技术服务为主。2006 年,技术开发合同和技术服务合同金额分别为
717.1 亿元和 695.1 亿元,共占各种技术交易合同金额的 77.67%。电子信息
和先进制造技术成为交易的热门领域,电子信息和先进制造业技术合同金额
分别占 36% 和 16%。

（三）企业逐步成为 R&D 支出的主体,以改进创新为主

企业执行的 R&D 支出占全社会 R&D 支出的比例从 1987 年的 30% 增加
到 2006 年的 71%。目前,企业创新活动有以下特点。

1. 企业 R&D 支出中,大中型企业为主,企业自筹为主。据统计,"十五"
以来,在工业企业 R&D 投入中,大中型企业的 R&D 投入份额超过 70%;到
2006 年,达到 76%。在大中型工业企业的 R&D 支出中,国有控股企业的支出
约占 48%,三资企业的支出占 27%。在大中型企业科技活动支出中,政府投
入占 3.2%,企业自筹资金占 87.6%,金融机构贷款占 7.7%。

2. 企业技术条件提升较快,部分企业已具备较好的创新基础。少数企业
掌握了自主创新的核心技术,但大部分企业还处于引进技术消化吸收改进创
新和集成创新的阶段,多数行业的关键和领先技术仍掌握在外国企业手中。
不少行业的领先企业从引进技术或生产线开始,经过较长时期消化、积累,已
具备基本的改进创新能力。涌现出一批依靠创新提高竞争力的企业,如华为、
中兴、海尔和中星微等。

3. 初步形成了以市场为导向的企业创新机制。随着企业所有制形式的
多样化,民营企业数量增加,国有企业治理结构不断健全,以市场为导向的企
业发展机制已基本形成。企业的创新行为在很大程度上受市场引导,企业的
创新目的和动力来源于对创新的预期收益。然而,由于政策的不确定性影响
企业对未来市场和收益的预期,从而影响和制约了企业的创新活动。

4. 制度创新改善了企业的激励机制。总体来看,企业创新的外部环境逐
步改善,内部管理不断加强,部分企业形成了有利于创新的企业文化。例如,
国资体制改革后加强了绩效考核与薪酬管理制度,改善了企业激励机制。但
国有企业和民营企业面临着不同的创新环境问题。国有企业的主要问题是国
有资产的管理体制和运行机制存在不利于创新的方面。民营企业的主要问题
是如何获得公平竞争环境。如银行资金的获得和市场准入等往往惠及不到民

营企业。

（四）知识产权发展进入战略转型期

目前,我国的知识产权数量居发展中国家之首,但与主要知识产权国家仍有较大差距;知识产权保护水平虽已达到中等收入国家以上,但执法中存在一定程度的地方保护等问题。总体来看,我国的知识产权立法相对先进,但管理和执法水平不高,实施和运用知识产权制度的能力薄弱,政策和机构的协调性亟待提高,地区和产业的知识产权发展不平衡。

我国进入知识产权发展的战略转型期。其主要特征是：

1. 知识产权的主动保护期。我国技术发展阶段正在从以仿制和引进技术为主,转向引进技术与自主研发相结合。部分行业的产品结构从低端产品向中高端产品转移,企业和产业发展正面临激烈的知识产权挑战。维权成本高,侵权成本低,假冒、侵权的主要受害者是国内企业。因此,实施知识产权制度和保护知识产权,不仅是加入 WTO 和解决国际知识产权纠纷的要求,更是我国经济体制转轨,激励创新,提高企业、产业和地区竞争力,增强国家综合国力的需要。

2. 实施知识产权制度的能力建设期。由于我国的知识产权制度起步较晚,从政府到企事业单位都缺乏灵活运用知识产权制度的能力,在与外国企业和国家的知识产权竞争中,往往处于被动地位。因此,需要加强全社会运用知识产权制度的能力建设。

3. 知识产权活动进入活跃期。我国知识产权数量快速增长,但质量有待提高。2002~2007 年,国内专利申请平均年增长 20% 以上,授权专利从 2001年的 99271 件增加到 2007 年的 301632 件,发明专利的比例从 5.42% 增加到10.59%。我国受理的发明专利申请量位居世界第五位,PCT 专利申请进入世界前十位;各类商标申请总量连续四年位居世界第一,商标国际注册申请量进入世界前八位。企业维权意识增加,国内外知识产权诉讼案增多。

与外国专利相比,我国的知识产权质量仍有差距。尽管我国国际专利申请量在 2005 年进入世界前十位,但我国在美国、日本和欧洲注册的专利数不到世界的 1%,中国公民申请国际专利不到世界的 2%;我国虽然已经成为商标数量大国,但是世界知名品牌很少。

4. 投入和贸易对知识产权数量的拉动期。一方面,我国的专利数量与研究开发投入的关系密切,研究开发投入越多,知识产权的数量越多;另一方面,外国专利申请数量与进出口贸易相关性强,特别是与高技术产品进出口密切相关。

5. 步入实施知识产权制度的高投入期。适用人才严重短缺和相关基础设施不完善,成为制约我国运用知识产权能力的重要因素。在短期内建立较完善的知识产权实施体系,加强对知识产权的保护,政府和企业都需要大量投入。

6. 外部高压期。在知识经济和经济全球化的形势下,知识产权成为发达国家与具有劳动力成本优势的发展中国家竞争的重要工具。我国是具有技术创新能力的发展中国家,知识产权保护问题成为发达国家的关注焦点。国外政府和企业纷纷对我国政府施加压力,有些要求超出政府职能范围,外界压力与国内需求不平衡。

(五)科研体制改革取得突破性进展

1. 改革开放以来,以科技与经济结合、科研机构与企业结合为目标,我国不断进行科研机构体制改革。20 世纪 80 年代中期至 90 年代中期,改革重点是减少财政补贴,促进科研院所与市场和企业结合,鼓励科研人员创业。一是通过削减大批冗员,淘汰不合格的科研机构,精简了国家科研力量,减轻了政府财政负担,节约了有限的公共资源;二是将大量本应专门为企业服务的科研机构与政府脱钩并入企业,增强了企业研发力量;三是激发了科研机构和科研人员的市场意识,研究效率有所提高,研发的市场导向增强;四是造就了一批有一定竞争力的科技型企业。

2. 20 世纪 90 年代末以来,对科研院所实行分类改革。根据隶属关系和功能,科研机构分为三类,不同类型的科研机构采取不同体制。一是从事基础研究、前沿技术研究的研究机构,如中国科学院。二是公益性研究机构。主要根据隶属部门划分,包括医疗卫生、交通、气象、农业等行业的一批科研机构。三是产业技术应用研究机构。第一类和第二类科研机构保留事业单位体制,国家财政给予相对稳定支持;一大批隶属于产业部门和地方政府的产业应用技术研究机构转制为企业化经营或变为企业。

（六）发挥地方政府的作用，区域创新体系框架基本建立

在中央政府引导下，以地方为主建立区域创新服务体系。主要采取以下措施。

1. 建立各类科技企业孵化器。"十五"期间科技企业孵化器实现快速发展。从1999年的110家增加到2005年的534家；在孵企业40639家，在孵企业人数达71.7万人，累计毕业企业15931家。

2. 建立以政府为主导的生产力促进中心。生产力促进中心主要从事咨询服务、信息服务、技术服务、培训服务、人才和技术中介以及培育科技型企业等工作。2006年，全国共有生产力促进中心1331家，国家级示范生产力促进中心达到128家。全国生产力促进中心总投入为12.34亿元，其中各级政府投入9.57亿元，占总投入的77.6%。根据2006年的统计，1327家生产力促进中心共服务企业103167家，为企业增加销售额752.07亿元，为社会增加就业人数108.9万人。

3. 促进技术转移机构的发展。一方面，国家科技部与教育部、科学院在大学和科研院所设立国家技术转移中心，以加速技术转移、促进利用先进技术改造和提升传统产业、加快发展高新技术产业、优化和调整产业结构为目标，推动高校和科研院所的科技、人才、信息等资源与重点行业、重点企业结合。国家技术转移中心的主要任务是开展共性技术的开发和扩散、推动和完善企业技术中心建设、促进高校科技成果转化和技术转移。另一方面，以地方为主建立技术交易市场。常设技术交易机构的主要形式有技术交易所、技术产权交易市场等，为促进技术转移和科技成果产业化发挥了重要作用。2006年，根据对19家不同类型的常设技术交易市场调查统计，共促成技术交易31500项，成交总金额982亿元，其中包括技术成果交易350亿元，技术产权交易442亿元。

4. 发展风险投资，建立中小企业股票市场。截至2005年年底，我国共有风险投资机构和创业投资机构319家，管理资金631.6亿元。自2004年，深圳证券交易所开设中小企业板以来，至2007年年底，已有202家中小企业在深圳证券交易所上市。

（七）中国已成为研究开发国际化的重点地区

经济全球化和现代信息技术的发展促进了科技资源的全球流动和组合，研究开发国际化的速度加快，范围扩大。以大型跨国公司为主力的研究开发国际化速度加快。1993~2002年，全球外国子公司的研究开发（R&D）支出从300亿元美元增加到670亿美元，占全球工商业R&D的份额从10%增加到16%。跨国公司研究开发国际化的主要动因，一是使新产品和新工艺适应东道国市场需求为主；二是降低研究开发成本；三是扩大专业技术人才资源。跨国公司R&D活动向成本较低、专业技术人员素质较高、具有创新条件的地区流动。

1. 跨国公司的R&D活动向少数快速增长的发展中国家转移，中国成为重点地区。1996~2002年，外国子公司在发展中国家工商界的R&D支出份额从2%上升到18%，主要集中在中国、印度等少数发展中国家和地区。联合国贸易与发展组织于2004~2005年对全球R&D开支最大的公司所做的调查表明，有半数以上的被调查企业在中国、印度和新加坡开展R&D活动；在中国设立研究开发机构的外国公司数量居世界第三位，仅次于美国和英国。这一势头将继续扩大，中国已成为跨国公司未来海外R&D活动的首选地，居美国、印度之前。因此，应有效利用研究开发国际化的机遇，促进我国的技术进步和创新。

2. 外资企业成为我国研究开发投入的重要力量。近些年来，科研、技术服务业的外商直接投资快速上升，外资研发机构的数量大幅增加，外资企业在中国的创新活动日益活跃。2005年，外资企业的R&D支出约占我国大中型企业R&D支出的19%（含港澳台资企业，约为26%）；在高新技术行业大中企业中，外资企业的研究开发投入占44%；科研、技术服务和地质勘探业的外商直接投资实际金额从2003年的2.6亿美元增加到2006年的5亿美元，年增长率约26.7%，位于各行业前列。据国家商务部的数据，至2006年年底，外国公司在我国设立的研发机构近1000家。

3. 跨国公司在中国的研发机构正处于转型阶段。目前，在华外资科研机构有以下的主要特点。一是外资研发机构以独资为主，有些开始与国内大学、科研机构和企业成立合作研发机构。例如，通用汽车中国公司与上海汽车工业集团公司在 1997 年组建了我国第一家中外合资汽车设计和开发中心——泛亚汽车技术中心有限公司。二是一些跨国公司将分散的研发机构整合成研究中心,作为其全球研发基地。如微软、摩托罗拉和爱立信等都在我国成立了研究院。三是在我国的跨国公司研发机构大都进行一些适应国内市场需要的技术开发。近些年来,有些研发机构增加基础性研究,开展具有国际水平的研究项目,将在中国的 R&D 纳入跨国公司全球 R&D 链。四是跨国公司研究机构主要集中在北京、上海等特大城市,少数开始向内地发展。目前,约 90% 的跨国公司在华研发机构设在北京和上海。

二、制约提高国家整体创新能力的主要问题

我国的国家创新能力居发展中国家前列,但与发达国家差距较大。从形式上来看,我国的创新体系框架与大部分国家基本相同。与创新型国家相比,我国创新体系的主要差别表现在运行机制、管理体制和市场环境等方面。

1. 各方面科技力量自成体系,分散重复,整体运行效率不高,社会公益领域科技创新能力尤其薄弱。一是大学、科研院所与企业的合作不够,各自为战,创新链条上的各个环节不够衔接;二是科技资源不能共享,如重大科研基础设施重复购置、闲置和短缺并存;三是研究项目简单重复,浪费有限资源。

2. 科技资源宏观管理条块分割,资源配置方式、评价制度等不能适应创新发展新形势。一是宏观管理条块分割严重,导致科技资源分散使用,机构重复设置和项目重复申请,资金的利用效率不高。国家挂牌的各类研究机构种类繁多,如国家重点实验室、国家工程研究中心、国家工程技术研究中心、重点企业技术研究中心、高技术产业化基地和国家技术转移中心等,业务性质相近。二是政府科技经费分配和管理按创新链条纵向分段管理,存在科技与经济脱节、研究开发与成果产业化脱节、自主研发与引进技术消化吸收脱节、引进技术与消化吸收脱节的现象。三是政府综合部门直接审批和管理项目。在项目管理上,重近期成果,轻长远目标;重立项,轻过程管理。项目立项后到项目验收之前,较少有监督检查,即使有检查也流于形式。科技计划项目的评审和考察主要看发表论文、专利申请,或者短期的经济效益。有些项目申请单位往往是有了成果才去申请项目。由于科技计划涉及的领域较多,技术进步较

快,项目选择和审批的技术性强,加上政府综合管理部门人力有限,很难准确掌握技术和市场的发展趋势。特别是一些工业管理部门撤销后,大部分行业的技术和产业发展趋势无人管,科技经费配置靠企业自己申请,缺少事先的战略规划。四是我国的科技计划项目的筛选、立项和验收主要采取专家评审和决策制,由此产生了一些问题。一方面,由于没有责权利统一的机制,专家并不对评议结果负责。例如,目前有些经过专家评审和鉴定的项目仍有假冒和学术腐败问题。另一方面,专家审查往往偏向于技术因素,缺乏市场信息和判断能力,因此,科技项目立项标准偏重于技术先进性,而市场因素考虑不多或考虑不准。这是我国科技项目成果实施率低的原因之一。

3. 创新技术和产品的市场出口不畅。现行政策大都是支持技术供应方,重点鼓励增加科技投入,对创新技术和产品的市场培育明显不足。企业和政府都不愿为创新承担风险,宁愿花高价购买外国技术和产品,甚至宁愿使用国外不成熟的技术,也不愿意使用国内企业开发的技术和产品,国内创新产品和技术缺乏市场出口。比如,进口高技术设备可以减免增值税,购买进口设备可用外国政府的优惠买方信贷,而购买国产设备却不能享受这些政策。在一定程度上,国产装备不能与进口装备公平竞争。另外,政府采购政策也没有充分体现鼓励自主创新的原则等。

4. 培养和激励创新人才、鼓励创新创业的机制不完善,缺乏创新文化环境。首先,缺乏有效的发现、使用和激励人才的机制,没有充分调动人的创新积极性。比如,职务发明人的激励政策不到位,企业家的激励和约束制度不健全。其次,许多现行制度不允许失败,尚未建立保障创新文化的体制和机制,失败了缺少退路。例如,社会保障制度不健全,科研人员创业失败以后没有保障;科技项目评价机制只许成功不许失败等等。再次,教育体系和人才结构不能满足建设创新型国家的需要。中小学以应试教育为主,学生缺乏创新思维;大学缺少实践性教学,课程和专业设置不能根据需求及时调整,大学毕业生的就业适应性不强;在职培训针对性不够、质量不高,专业技术工人的供应差距较大。海外留学人员回国参加建设的人数增加,但是高层领军人物不多。

5. 企业创新能力较弱,尚未真正成为创新主体。目前企业创新存在如下主要问题。一是研究开发强度较低。大中型工业企业平均 R&D 占销售收入0.7%,规模以上工业企业不到 0.6%;拥有研究开发机构的企业数量较少,

2006 年大中型工业企业中设立研发机构的仅占 23%。二是企业缺少拥有知识产权的核心技术。目前,将近 99% 的企业没有申请专利,60% 以上的企业没有自己的商标。三是资金实力仍然很弱,现有融资体系难以满足高技术公司融资需求。特别是在一些低价竞争的行业,企业缺乏研究开发和创新的投入积累。竞争可以促进创新,但恶性低价竞争导致企业丧失创新能力。四是人才有一定基础,但仍有较大缺口。内资企业与事业单位、公务员和外企的工资和社会福利差距较大,导致高质量的科技人员不愿意进入内资企业。五是企业与大学和研究机构的合作相对薄弱。

6. 部分科研机构和大学的运行机制与功能不协调,难以发挥应有的作用。一是一些共性技术研究开发机构转制为企业化经营,成为营利性机构,其科研成果倾向在内部产业化,而不是向外转移和扩散,难以发挥技术扩散的平台作用,企业也不愿与其联合研究开发。二是一些独立科研院所实行企业化经营,缺乏研究资金来源,研究的自由度降低。结果是投入不足,研究能力下降,特别是基础研究薄弱,技术储备不足。三是全社会的社会保障体系不健全,使大部分研究院所的人员进得来出不去。大部分研究机构还是靠退休和课题组聘任等方式自我消化。应用技术研究机构进入企业的主要障碍是事业体制与企业体制在工资和社保方面的差别较大,事业单位的科研院所不愿意进入企业。特别是在一些欠发达地区,人员流动更为困难。四是创新服务机构以公益性为主,社会化和市场化程度较低。各类高新技术园区的孵化器、各级生产力中心、中小企业创新服务中心和技术产权交易所等,大部分是根据各级政府文件精神成立的,具有官办和半官办色彩;有些则是从政府部门剥离出来的外设机构,代行部分政府的职能。

7. 市场竞争机制尚不完善,配套制度不健全。一方面,各种所有制企业在资源获得和政策方面尚存在不同的待遇。例如,政府资源和社会资源倾向于国有企业。我国国有企业的数量不到 5%,但获得了银行企业贷款的 70% 左右。在部分领域还存在垄断经营权,缺乏竞争。另一方面,过度采取投资激励措施,使得企业倾向于从优惠政策中获利,缺乏创新动力。目前各级政府掌控资源,如税收和土地等,许多地方的政策以鼓励投资为主。如果不需要创新就能获得支持和超额利润,企业通常是不愿意费力去进行具有风险的创新活动。

8. 资本市场欠发育,企业创新融资渠道比较单一,国内风险投资能力较弱。目前,我国以银行贷款为主的间接融资体系已经不能满足企业创新和创业的需求。虽然我国风险投资总量居世界第二,但以外国机构为主,外资风险投资机构投资规模是国内机构的 3 倍。外国风险投资机构投资的企业容易到海外上市,金融工具较多,具有融资、咨询和市场开拓能力。内资风险机构大都有政府和国有企业背景,不少是以各地区科技部门为主体出资成立的,具有准政府部门特征,缺少科学合理的激励机制、用人机制和监督机制,无法适应风险投资业高度市场化、高度竞争性和快速反应的特点。同时,缺乏风险投资的生成机制,融资渠道少,对风险投资业的税收优惠政策不到位,退出通道不畅。

三、我国创新政策的未来趋势

我国已进入必须更多依靠科技进步和创新推动经济社会发展的历史阶段。国务院发布的《国家中长期科学和技术发展规划纲要》(以下简称《中长期科技规划纲要》)提出了建设创新型国家的战略目标,明确了科技体制改革与国家创新体系建设的重点任务、重要政策和措施。我国今后创新政策的趋势是,在进一步细化优惠政策并落到实处的同时,更注重完善创新体制机制,更多发挥市场配置资源的作用。

(一)提高自主创新能力成为国家的重要战略

2007 年 10 月,党的十七大提出,提高自主创新能力,建设创新型国家,是国家发展战略的核心,是提高综合国力的关键;明确要求坚持走中国特色自主创新道路,把增强自主创新能力贯彻到现代化建设的各个方面。

1. 明确建设创新型国家的目标

《国家中长期科技发展规划纲要》提出建设创新型国家的目标。到 2020 年,R&D 强度达到 2.5%,技术的对外依存度低于 30%,本国公民发明专利和科技论文国际引用数达到世界前五位,全国平均技术进步贡献率达到 60%。从目前的情况看,我们可以提前实现大部分指标。2006 年,我国的 R&D 强度为 1.42%;国际专利申请量居世界前十位,在国际刊物发表的科技论文数量已经进入前五位,但被引用数较低。根据商务部统计的技术进口合同金额计算,技术对外依存度为37%;根据世界银行和国家统计局的测算,全要素生产率(平均技术进步贡献率)为30%~40%,有些地区已经超过40%。由此可见,经过努力,达到创新型国家的指标并不难,关键是要建立有利于创新的制度环境,提高自主创新能力。

2. 发布配套政策措施

2006年2月,国务院印发"实施《国家中长期科学和技术发展规划纲要(2006年—2020年)》若干配套政策"(国发[2006]6号)。从增加科技投入、加强税收激励和金融支持、利用政府采购扶持自主创新、支持引进消化吸收再创新、创造和保护知识产权、加快创新人才队伍培养和建设、发挥教育与科普对创新的促进作用、建设科技创新基地与平台、加强统筹协调等十个方面提出了创新政策框架,共60条基本政策措施。近两年来,有关部门和地方政府正在结合实际,陆续制定相应的实施细则,把国家中长期科技发展规划纲要提出的政策落到实处。

3. 修订科技进步法

2007年12月29日,十届全国人大常委会第三十一次会议审议通过修订后的《中华人民共和国科学技术进步法》(以下简称《科学技术进步法》)。该法于2008年7月1日起施行。修订后的《科学技术进步法》将新时期国家发展科学技术的目标、方针、战略上升为法律,为实施《国家中长期科学和技术发展规划纲要(2006—2020年)》、提高自主创新能力、建设创新型国家提供了重要的法律保障。与1993年的科技进步促进法相比,新修订的《科学技术进步法》强化了科技工作的统筹协调和资源共享,突出了企业的技术创新主体地位,明确了科技创新、知识产权工作的目标和措施,确立了科研诚信和宽容失败的制度,完善了科研机构管理制度和对科技人员的激励机制,从财政、金融、税收和政府采购等各方面构建促进自主创新的制度体系。

(二)在增加科技投入的同时,更加注重提高创新效率

我国是发展中国家,人均GDP刚超过2000美元,R&D投入的总量已经进入世界前5位,R&D支出强度进入中等收入国家的行列。但是,R&D投入产出较低,创新效率亟待提高。因此,创新也要贯彻科学发展观,探索适应发展阶段的创新模式,在继续增加 R&D 投入的同时,努力提高创新效率。

1. 改进政府科技资源的配置机制

一是实施重大科技专项,把国家有限的引导性投入主要用于关键核心技术的攻关。根据国家发展需要和实施条件的成熟程度,国家中长期科技发展规划选择了 16 个重大科技专项,并已逐项论证启动。通过实行重大科技专项,促进国家科技计划与经济社会发展的重大需求相结合,集中力量突破对产业竞争力整体提升具有全局性影响、带动性强的关键共性技术,培育能形成具有核心自主知识产权、对提高企业自主创新能力具有重大推动作用的战略性产业。二是国家科技计划将更多地反映企业重大科技需求,更多吸纳企业参与科技计划项目。在具有明确市场应用前景的领域,建立企业牵头组织、高等院校和科研院所共同参与实施的有效机制。三是提高国家科技计划管理的公开性、透明度和公正性,逐步建立财政科技经费的预算绩效评价体系,建立健全相应的评估和监督管理机制。

2. 促进科技资源的合理流动和有效利用

一是完善国家科技计划的知识产权管理,在调动项目承担单位积极性的同时,明确项目承担单位成果转移、转化和技术扩散的责任。二是加强科技基础设施的公共平台建设,建立大型科学仪器设备共享机制。目前,一些研究实验基地、大型科学设施和仪器装备、科学数据与信息、自然科技资源等科技基础条件平台分散在各个研究机构、大学和企业。为了提高这些设备的利用效率,国家重点实验室、工程(技术研究)中心向企业扩大开放,有些地方建立了大型科技基础设施共享平台。三是围绕地区重点产业群,建立共性技术研究机构和中小企业技术服务机构,从研究开发、成果转化、技术转移和扩散,到产业化创新链条上的各个环节,加强创新服务。四是打破地区分割,促进科技资源在地区间共享和流动。例如,国家科技部组织部分地区联合制定区域科技规划。科技部牵头组织上海市、江苏省和浙江省参加编制长江三角洲地区的"十一五"科技规划,促进三地科技资源流动和共享,主要包括共享科技资源,围绕国家目标开展联合攻关;各地相关政策对接和资质互认;建立长江三角洲地区技术市场网络系统,促进技术跨地区流动和交易,加强国际合作、区域合作等。

3. 支持引进技术的消化、吸收和再创新，制定鼓励自主创新、限制盲目重复引进的政策

政府设立专项资金，支持引进技术的消化、吸收和再创新，支持重大技术装备研制和重大产业关键共性技术的研究开发；采取积极政策措施，多渠道增加投入，支持以企业为主体、产学研联合开展引进技术的消化、吸收和再创新；通过国家重大建设工程的实施，消化吸收引进的先进技术。

（三）从部门政策转向综合政策，更注重创新政策的协调性

随着经济全球化和知识经济时代的到来，创新已经不仅仅是科技部门的事情，而是关系到国家整体竞争力的大局。提高自主创新能力作为国家战略要贯彻到现代化建设的各个方面，贯彻到各个产业、行业和地区。创新政策不仅仅是科技政策，而是各项政策的综合结果，因此，要防止政策之间的相互抵消，加强横向和纵向政策协调。首先，加强横向政策的协调性，即跨部门的政策协调，把创新政策融合到产业、贸易、教育、财政和金融等各项政策中，各部门政策要体现创新目标。其次，加强纵向政策的协调，即中央与地方的政策和行动协调，保证各部门的政策在实施过程中得到地方政府的支持和配合，如建立地区创新产业群，加强地区创新服务等。

（四）从促进技术供给为主转向供给和需求政策相结合，为自主创新技术和产品开辟市场

有效的创新是在市场上获得商业成功。目前，自主创新产品和技术缺乏市场。因此，除了要提高国内技术创新能力和创新产品质量以外，还要扩大创新的市场需求，实行鼓励使用自主创新产品和技术的政策，如政府采购，为国产重大技术装备提供买方或卖方信贷，利用标准推广新技术，利用补贴或减免税鼓励使用节能降耗设备或产品等。《国家中长期科学与技术发展规划纲要》强调政府采购对创新的支持，建立财政性资金采购自主创新产品制度；改进政府采购评审方法，建立本国货物认定制度；建立激励自主创新的政府首购和采购制度，特别要发挥国防采购扶持自主创新的作用等。

（五）以制度和机制为保障,建立企业为主体,产学研相结合的技术创新体系

建立以企业为主体的创新体系的核心是,以企业为技术集成平台,产学研相结合。以企业为主体并不是创新链条上的每个环节都要在企业内部完成,而是由企业主导创新过程,作为创新技术的集成和产业化平台。目前,中国还缺少像发达国家那样能够集应用性基础研究与技术开发于一体的大型企业,在基础研究、应用基础研究和共性技术研究开发等方面还要发挥科研院所和大学的作用。在鼓励企业加大创新力度的同时,要充分发挥科研机构和大学的作用。一是通过税收、金融等政策促进企业增加研究开发投入。二是加快现代企业制度建设,增强企业技术创新的内在动力。一方面,把技术要素参与分配作为企业产权制度改革的重要内容;另一方面,把技术创新能力作为国有企业考核的重要指标。三是以多种方式促进产学研结合。通过鼓励企业参与国家科技计划项目,引导产学研结合;通过利益机制、知识产权分享机制、技术转移机制等,建立促进产学研结合的长效机制;通过发展和规范技术产权交易市场,促进创新主体间的技术流动,加强科研机构、大学与企业结合。四是扶持中小企业的技术创新活动。积极发展支持中小企业的投融资体系和创业风险投资,加快科技中介服务机构建设,为中小企业技术创新提供服务。

（六）继续深化科研体制改革,从整体制度改革为主转向完善发展机制

前一阶段,科研院所的体制改革主要集中在生产关系方面的制度改革。下一阶段的改革目标应转向进一步完善发展机制,在已有改革成果的基础上,进一步深化改革和重组,有效发挥科研机构的作用。一方面,根据行业的集中度对产业技术研究开发机构进行改革。一是在高度集中的产业,如石油、石化行业,企业集团就代表了行业,而且有能力支撑基础研究和应用研究的研究机构。因此,行业性应用技术研究所直接进入企业集团,为企业集团服务,就相当于为行业服务。二是在生产规模和市场容量较大,集中度不高的行业,如冶金、机床、汽车等行业,应建立行业共性技术和共享技术研究机构,依托这类机构联合企业、大学组织研究开发联盟。三是集中度较低、以中小企业为主的行

业,应建立以地区性的研究开发机构,为中小企业提供技术服务。另一方面,根据科研机构的性质和功能,分类进行制度安排和机制设计。例如,在战略和公共性较强的行业,建立国家级产业技术研究开发机构,实行国家实验室制度。产业共性技术和共享技术研究机构,以及为中小企业服务的行业性或区域性服务机构宜采取非营利性组织模式。同时,要鼓励发展集融资、研究开发和技术转移于一身的商业性技术机构。随着创新模式的变化,研究开发外包的发展,技术交易的活跃,对创新服务的需求增加、要求提高,创新服务体系将朝着专业化和商业化的方向发展。

(七)建立更加开放的创新体系

自主创新不是关起门来自己研究开发,而是有效利用全球的科技资源。我国已经是研究开发国际化的重点地区,研究开发国际化的趋势不可逆转。印度、新加坡等其他快速发展的国家和地区都在创造条件积极争取引进外国研发机构。我国如果采取限制措施,不仅会扩大我们与发达国家的差距,而且会扩大与一些发展中国家的技术创新差距。发展中国家要在研究开发国际化中获益,取决于两方面因素,国内企业和科研机构的技术吸收能力,以及外国研发机构的 R&D 活动与本地的科研机构、生产活动融合程度。要坚持对内和对外开放相结合,一是加强产学研联合,加强企业之间的联合开发;二是加强与跨国公司和外商研发机构合作;三是国内企业走出去兴办研究开发机构,利用国际科技资源。

(八)更注重人力资本的作用,加强创新人才培养

教育和培训体系是国家创新能力的基础。创新型国家的一个突出特征是,教育和培训体系能够不断为企业和社会提供具有必要知识和技能的劳动力。对技术创新来说,起决定作用的是人力资本的素质和能力。创新激励最终要落实到调动人的创新积极性。因此,要建立有利于专业技术人员自由发挥所长的激励机制;全社会要形成尊重人才的意识,健全完善人才管理制度和保障机制,积极培育研究开发的领军人才和创新企业家,保护具有创新精神的企业家;要完善职务发明的权属政策和激励机制,建立用人单位内部人才激励机制。我们还要通过改进教育模式、调整教育结构,增加创新人才的供给。大

学教育要增加实践教学内容，还要加强专科职业教育。

（九）进一步完善创新的制度环境

一是要完善市场机制，建立公平竞争的市场环境。竞争是促进创新的主要动力之一。我们不仅要建立公平的市场准入环境，还要提高政府资源配置的公平性，调动各方面创新的积极性。在资源配置方面，应以鼓励创新为原则，为企业创新提供优惠政策。

二是实施国家知识产权战略，有效发挥知识产权制度的作用。保护知识产权不仅是为了履行加入WTO的承诺，更是我们激励创新、建设创新型国家的需要。国家制定并实施知识产权战略，以增强国家核心竞争力和建设创新型国家为目标，从激励创新、有效运用、合理保护和科学管理等方面出发，完善知识产权法律体系，协调管理体系，营造良好的法律环境、市场环境和文化环境，提高全社会创造、运用、保护和管理知识产权的能力。

三是充分利用多层次的资本市场。除了继续鼓励发展风险投资以外，还将鼓励发展多种形式的适合创新的融资渠道。例如，加强对中小企业信用担保，特别是允许通过知识产权质押为创新小企业提供融资；设立中小企业股票市场，并开展私募股票交易试点；开展非上市股份公司代办股份报价试点，为私募股份上市交易打基础。

加强知识创新在创新体系中的基础地位*

一、知识创新是国家创新体系的重要组成部分

知识创新是指通过科学研究(包括基础研究和应用研究)获得新的自然科学和技术知识的过程。知识创新的目的是追求新发现、探索新规律、创立新学说、创造新方法、积累新知识。知识创新系统是由与知识的生产、扩散、转移相关的机构和组织,以及起支撑作用的基础设施构成的系统工程,执行主体是公共科研机构和研究型大学,以及其他高等教育机构、企业科研机构和政府部门等。知识创新是创新链条的重要环节,知识创新系统是国家创新体系的重要组成部分。

1. 科学研究,特别是基础研究的周期长、不确定性强、风险大,但其公共性强,外部效益大,受益面广。在这个领域,通常市场失效。因此,世界上主要创新型国家的政府都在基础研究领域有较大投入。基础研究可以分为两大类:一类是以兴趣为导向的自由探索研究,并不一定马上要有市场和商业效果,但可能带来突破性的新发现,形成全新的领域;另一类是以项目为导向的定向研究,基础研究与大项目结合具有明确的应用目标,能够较快地形成生产力。

2. 随着技术快速进步和深度发展,创新模式变化,基础研究与应用研究的区别缩小,科学研究对技术创新的贡献更加直接。科学研究与技术创新体系的结合获得了更大的社会效益,当今许多重要创新和具有深远意义的高技术领域的商业成功都得益于有关国家政府对基础研究的公共投资。如全球范围的宽带网络、网络浏览器,以及计算机分时工作、内部联网、计算机工作站等

---

* 本文发表于国务院发展研究中心《调查研究报告》2007年第36号,2007年4月19日。

一些重要的信息通信技术等，都是美国联邦政府在国防 R&D 中产生的一些未可预见的发现而带动形成的。

3. 基础研究不仅可以提高原始创新能力，而且有利于提高继承创新和引进消化吸收再创新的能力。基础研究为企业集成创新提供基础技术。例如，MP3 技术的开发表明了基础研究对新技术发展的推动效果。其中应用的磁性存储、锂电池、液晶显示等多项技术源于 20 世纪 60 年代至 80 年代美国国防部、能源部、国家科学基金、国家健康研究所和技术标准研究所资助的基础研究项目的成果或技术突破。

4. 开展基础研究可以培养和吸引优秀的研究人员。从各国的经验来看，基础研究的另一个重要作用是建立集聚高水平研究人员的平台，维持一支有志于从事研究事业的人才队伍。美国大学的基础研究吸引和集聚了来自全世界最优秀的研究人才，培养了一大批本科生、研究生、博士以及博士后，源源不断地为美国企业提供创新人才。

二、我国科学研究投入现状与主要问题

我国政府历来重视基础研究，并采取相应措施确保基础研究投入。一是发展研究型大学。1985 年，中共中央发布的《关于教育体制改革的决定》赋予高等学校"培养高级专门人才和发展科学技术文化的重大任务"，提出"高等学校和中国科学院在基础研究和应用研究方面担负着重要任务"，"基础研究、应用研究应当同人才培养密切结合"。目前，在 1000 多所大学中，经过国家认定的研究型大学有 38 所。实际上，一些未经国家认定的大学也正在向研究型大学的方向努力。

二是实施知识创新工程。1998 年 6 月，国家科技教育领导小组决定由中国科学院作为国家创新体系建设的试点，率先启动知识创新工程。知识创新工程的总体目标是，到 2010 年前后，把中国科学院建设成为瞄准国家战略目标和国际科技前沿，具有强大和持续创新能力的国家自然科学和高技术的知识创新中心，具有国际先进水平的科学研究基地，培养造就高级人才的基地和促进我国高技术产业发展的基地，具有国际影响的国家科技知识库、科学思想库和科技人才库。

三是增设基础研究拨款计划和加大旨在提高基础研究能力的基础设施投资。例如,在已有自然科学基金的基础上,又增加了国家重点基础研究发展规划(即"973"项目)和基础研究重大项目前期研究专项计划等;加强国家重点实验室建设,提高大学重点学科建设和世界一流研究型大学的基础条件平台建设等。

(一)我国科学研究投入的基本特点

1. 科学研究支出总量大幅增加,占研究开发(R&D)的比例下降,基础研究支出比例较低。"十五"期间,我国科学研究总支出增长较快,从 2000 年的198.6 亿元增加到 2005 年的 572.65 亿元,增加了将近两倍。但是,随着社会上试验开发投入不断提高,科学研究支出占 R&D 的比例明显下降,从"九五"初期的 33% 降至"十五"末的 26%。

"九五"以来,我国应用研究支出比重经历了先降后升的过程,但没有恢复到"九五"初期的水平;基础研究支出与 R&D 支出基本保持同步增长。"十五"期间,基础研究支出平均年增长 24.5%,略高于 R&D 支出 22.3% 的增长速度,其占 R&D 支出的比例基本保持在 5.3% ~ 5.9% 之间(见表6)。

表6　我国 R&D 支出结构变化

年份	R&D 支出 (亿元)	基础研究比重 (%)	应用研究比重 (%)	实验开发比重 (%)	R&D/GDP
1995	348.69	5.18	26.39	68.43	0.60
1997	481.90	5.70	27.20	67.10	0.60
1998	551.10	5.30	22.60	72.10	0.69
1999	678.90	5.00	22.30	72.70	0.83
2000	895.66	5.22	16.96	77.82	1.00
2001	1042.49	5.33	17.73	76.93	1.07
2002	1287.64	5.73	19.16	75.12	1.23
2003	1539.63	5.69	20.23	74.08	1.31
2004	1966.30	5.96	20.37	73.67	1.23
2005	2450.00	5.40	17.70	76.90	1.34

资料来源:根据历年《中国科技统计年鉴》整理。

　　与国际相比,我国的应用研究比例接近创新型国家的平均水平,但基础研究的比例不仅远低于发达国家的水平,还低于追赶国家的水平(见表7)。例如,韩国在1983年R&D占GDP的比例为1.1%,基础研究投入占R&D的比例为18.2%;1985年R&D占GDP的比例为1.58%,基础研究支出占R&D的16.9%,应用研究占29.2%。① 1999年,印度的R&D占GDP的比例为0.86%,基础研究占R&D的17.6%,应用研究占39.9%。

表7　有关国家R&D支出结构比较

国　　家	R&D强度	基础研究	应用研究	试验开发
美国(2003)	2.60	19.1	23.1	57.1
法国(2002)	2.19	23.4	35.7	40.9
日本(2002)	3.15	13.4	22.2	64.4
韩国(2003)	2.64	14.5	20.8	64.7
俄罗斯(2003)	1.29	15.1	15.6	69.4
中国(2004)	1.23	6.1	20.4	73.5
印度(1999)	0.86	17.6	39.9	43.3

资料来源:国家统计局网站各年科技统计。

　　2. 基础研究以政府投入为主。据估计,目前基础研究投入的80%~90%来自政府,80%以上是中央政府的科技拨款。由于我国政府财政预算没有设置独立的R&D科目,政府财政科技拨款是按照科学事业费、科技三项费、科研基建费及其他科研事业费进行预算和管理,难以准确测算政府基础研究和应用研究投入。与基础研究相关的国家科技计划和专项资金主要包括自然科学基金、重点基础研究发展规划("973"计划)、基础研究重大项目前期研究专项、知识创新工程,以及提高基础研究和教学能力的"211"工程、建设世界一流大学和高水平研究型大学基础条件的"985"工程等。

　　3. 大学和政府科研机构是基础研究的主体。2004年,我国基础研究支出中政府科研机构、大学和企业分别占43.9%、40.7%和13.3%,其中包括转制的科研院所。若扣除转制科研院所,该比例低于10%。近些年来,大学在基

---

　　① http://www.cce365.com/wenzhang-detail,"韩国技术创新概况"。

础研究中的作用不断增加,其基础研究支出从 1999 年的 11.4 亿元增至 2004 年的 48 亿元。在国家自然科学基金中,大学获得的面上项目占 70%;大学教授担任"973"项目首席科学家的占 50% 以上。但与其他主要创新国家相比,我国大学的 R&D 支出比例仍然较低,大学总的 R&D 支出不到政府科研机构的一半。

4. 大学和科研机构以应用研究和试验开发为主。尽管大学和科研机构是基础研究的主力军,但从其 R&D 支出结构看,大学以应用研究为主,政府科研机构以试验开发为主。2004 年,在大学的 R&D 支出中,基础研究占 24%,应用研究占 54%,试验开发占 22%;政府科研机构(不包括转制科研院所)的 R&D 支出中试验开发费超过 51%,应用研究约占 37%,基础研究支出占 12%。根据美国 40 多年的统计数据,美国大学执行的 R&D 经费中基础研究占 60% 以上,到 2002 年超过了 70%;非营利机构的基础研究经费大体在 35% ~ 55%;联邦政府研究机构为 10% ~20%;工业界大体在 3% ~6% 之间。

5. 我国的国际科技论文总量居世界第四位,但引用率远低于欧美国家。科学研究取得较大成果,按照国际论文数量排序,我国科技论文在 2005 年排世界第四位,超过德国,位居美国、英国和日本之后。然而,《科学引文索引》(SCI)、《工程索引》(EI)和《科学技术会议录索引》(ISTP)收录的,在作者机构中含有"中华人民共和国"的论文占世界论文总数的 6.9%。

(二)科学研究资源配置中存在的主要问题

1. 政府科技投入中基础研究比重偏低。"十五"期间,政府财政科技拨款合计为 4925 亿元,平均年增长率超过 16%。但政府财政科技投入的相当一部分用于试验开发和产业化。按照基础研究支出中政府投入占 80% ~90% 估算,政府基础研究投入占财政拨款的比例不超过 8.5%,占政府 R&D 支出的比例不到 17%。而欧美日等国政府的基础研究投入占其 R&D 投入的 20% 以上,有时达到 30%。

2. 追求短期效益,缺乏适应基础研究的管理和评价机制。这主要表现为,一是项目经费中人员经费太少。在中科院的知识创新工程项目经费中,人头费不能超过 10%。结果一些基础研究实验室,只有设备费,缺少人头费,不得不找挣钱的项目养人。二是经费管理不符合基础研究规律。基础研究有许多不确定性,研究项目经费要在整个周期中进行调整。目前,国家科技计划项目管理大都要求每年必须把计划的钱花完。这不利于在整个研究周期内调配和安排资金。三是利用管理工程项目和市场经济的办法管理基础研究。频繁的进度、报奖、专利、效益等指标考核,以及项目考核与个人利益挂钩,导致急功近利的浮躁心理,引导研究人员追求短期见效快的项目,缺乏长期积累和基础研究。

3. 资源分割,低水平重复。一方面,国家财政缺少 R&D 预算科目,基础研究经费分在不同的科目管理,不仅实际投入数量难以把握,而且投入方向上重复和缺位并存,基础研究与应用研究和试验开发相分离;另一方面,机构设置重叠,大学和科研院所的定位交叉,存在资源分散和重复研究的现象。大学普遍存在各自为战,研究项目小型化的倾向;科研院所则存在大而全小而全,自成体系的问题。结果导致资源分割,基础研究资源和成果不能共享。

4. 大学和科研机构拥有较多知识产权资源,但利用率较低。目前,大学和科研院所是基础研究的主体,拥有大量的科技资源,在某种程度上仍存在科技与经济脱节,科研与企业脱节的现象。一方面,大学和科研机构的功能与运行机制不匹配,不能很好地发挥公共平台的作用。通常,国际上公共研究机构(根据 OECD 的定义,在 R&D 经费中,以政府投入为主的研究机构为公共研究机构,包括专业科研院所、国家实验室和大学)的主要职能是为社会提供基础技术知识,公开研究成果和进行技术转移。与市场经济国家不同的是,由于科研体制改革过程中为解决收入和经费等种种原因,我国科研机构和大学等科学研究主体自己办企业,其科研成果内部产业化率较高。例如,目前中科院持股企业的销售收入为 1231 亿元,利税 48 亿元;2004 年大学办企业 2355 家,销售收入 80 亿元。特别是,一些共性技术和共享技术研究为主的研究机构实行企业化运行,在某种程度上与企业形成了竞争关系,导致企业与科研院所的联系薄弱。另一方面,技术扩散和转移机制不畅,大学和科研院所的研究成果利用率较低。据统计,截至 2006 年 10 月,大学和科研院所拥有的有效知识产权的数量占全社会的份额为 18.7% 和 12.2%。但是,有调查表明,大学研究成果进行专利许可或产权转让的占 21.5%,自办企业进行产业化的占 17%;科研院所的成果进行专利许可和产权转让的占 15.8%,自行产业化的占 39.5%。

三、发挥科学研究在创新体系中的基础作用

目前,我国的技术发展正处于以引进技术和仿制为主转向以自主创新和引进技术相结合的阶段。没有基础研究和技术储备,就不可能消化吸收先进技术和形成具有突破性的创新能力。因此,应适度增加基础研究投入,提升基础研究在创新体系中的地位和作用。

1. 加强科学研究与国家战略目标的联系,集中力量突破重点领域。加强以重大项目为导向的基础研究,适度发展兴趣导向的自由探索研究。政府应重点支持公共领域和战略产业的基础研究,如健康、环境、能源和战略高技术等。

2. 加强政府科技预算管理,调整政府财政科技拨款的支出结构,提高基础研究投入份额。目前,我国大部分企业缺乏基础研究的人力和资金实力,在一段时间内,基础研究投入仍将主要依靠政府。在企业具有科技活动投入积极性的情况下,要调整政府科技支出结构,增加基础研究的投入比例,特别要增加中央政府科技投入中基础研究的比例。建立政府财政 R&D 预算科目,确保政府财政科技拨款中基础研究的比例,加强基础研究、应用研究和试验开发投入的衔接。

3. 根据国情构筑科学研究的组织框架,分清大学和科研院所的功能,加强跨学科团队建设。在企业科学研究能力薄弱的情况下,要充分发挥大学和科研院所在基础研究、共性技术研究方面的作用。与大部分创新型国家不同的是,目前我国的科研机构在 R&D 中的作用大于大学。政府在科技经费配置时,要注意区分大学和科研机构的作用,充分发挥各自的优势。

大学在兴趣和探索为导向的基础研究方面有优势,应加强以重点学科建设为主的大学基础研究。政府科研机构和专业应用研究机构则应作为科学研究的集成平台,重点从事以项目为导向的基础研究和应用研究的系统集成。要加强大学和科研院所以及科研院所之间的合作,通过一些重大项目导向的基础研究计划打破部门、机构和学科界限,合理组织分工,促进跨学科、跨机构的基础研究团队建设。特别是,目前我国企业的研究开发能力有限,大学的研究成果难以直接满足企业产业化的需要,科研院所可以填补大学与企业之间

的空白,发挥研究成果转化的桥梁作用。

4. 建立适应基础研究特点的项目评估体系和项目管理办法,实行同行学术评价与长期社会效果跟踪相结合的评价机制。一方面,要改进基础研究项目的决策机制和管理办法。基础研究规划要紧密结合国家发展战略规划和重大项目需要;项目管理不能做过细的"安排"和频繁考核,以形成允许科学家自由发挥和允许失败的宽松研究环境;建立科学家的信誉和能力跟踪与评价体系,把研究项目交给有信誉、有能力的团队。另一方面,建立以社会效益为主要目标的基础研究项目评价机制。通常,基础研究项目的效益并不直接体现在项目本身的经济效益,而是其应用和扩散效益。基础研究结果不确定性强、研究周期较长、成果应用范围不明确,需要长期跟踪。因此,要建立同行学术评价和长期社会效果相结合的基础研究评价机制。

5. 完善公共机构的技术扩散机制,加强产学研结合,提高基础研究的效率。科学研究的目的是为企业创新提供基础知识和技术。公共研究机构的作用并不是要实行自身的经济效益,而是以为社会提供知识和扩散技术为主要目标,通过技术转移和扩散来实现其社会效益。要建立与公共研究机构职能相配套的运行机制和制度安排,发挥其公共技术平台的作用,提高公共机构投入产出的社会效益。一方面,通过知识产权制度安排调动公共机构转移技术的积极性,建立鼓励技术转移的奖励政策,加强对政府资助研究成果的转化和技术转移执行情况的监督检查;另一方面,加强科学研究领域的产学研结合,提高科学研究的预见性和成果的利用率。建立企业参与的产学研联合体,根据产业发展需要确定研究项目,调动企业参与和支持基础研究的积极性。

6. 充分发挥基础研究吸引、集聚和培养人才的作用。增加基础研究项目中的人员费用,提高基础研究对人才的吸引力,确保研究人员集中精力进行研究工作,稳定基础研究队伍;开放公共机构的实验室,鼓励与企业联合研究,在合作中为企业培养研究人才,增强企业基础性研究能力,提高基础研究投入的效率;完善社会保障制度等配套措施,促进人才在大学、研究机构和企业之间的流动。

从机制和制度建设入手，
完善技术创新服务体系*

技术创新服务体系是国家创新体系的重要组成部分。国际上没有专门提出技术创新服务的概念，技术创新服务涵盖在创新体系中。由于技术创新服务在创新体系中具有重要作用，并具有特殊性，为了使政策更具针对性，我国科技主管部门提出应建立技术创新服务体系。

本文定义的技术创新服务是指为技术创新主体提供知识、技术、经验、资金、人才、信息、基础设施和实验场地等服务，以及协调和沟通各技术创新主体间的联系与交流，促成合作，实现技术创新的活动。其中包括评估咨询、成果转化、知识传播、风险投资、技术服务、技术转移、教育培训、知识产权代理等服务活动。技术创新服务的载体是各类孵化器、生产力促进中心、科技评估与咨询机构、职业培训机构、科技信息中心、大学、研究开发机构、专利代理机构和风险投资机构等，简称为"创新服务机构"。本文重点讨论与科技服务有关的创新服务。

一、技术创新服务的特点与变化趋势

（一）技术创新服务的基本特征

技术创新服务是服务业的一部分，具有服务业的一般性质，又有创新活动的特征。按照服务业的定义，研究开发、技术服务、咨询服务等都属于服务业的范畴。从技术创新的定义出发，技术创新本身就是产生和形成可商业化的

* 本文发表于国务院发展研究中心《调查研究报告》2005 年第 211 号和 212 号，2005 年 12月 14 日。

技术。只有那些为创新主体提供中间投入的研究开发、技术服务、专业咨询等服务活动才被视为技术创新服务。技术创新服务将促进创新主体间的联系与互动,有助于技术资源的流动和合理配置,降低技术创新过程中信息、技术、管理和融资的壁垒与交易成本。技术创新服务有以下特点:

第一,提供中间服务。技术创新服务为创新主体、特别是为制造业提供包括知识、技术、信息、经验和资金等中间投入,主要服务形式是研发、评估、咨询、设计、介绍、测试和交易等。第二,专业化程度高。技术创新服务是知识密集型和技术密集型服务,从业人员素质决定了服务质量,因此,需要高素质人才。第三,由于知识、技术和信息具有准公共品的特征,技术创新服务具有外部性。第四,收益具有滞后性和较强不确定性,相当一部分技术创新服务的经济效益通常在一段时期后才能显现出来。例如,技术转移的效益要在技术利用方取得成效后才能确定,因此,技术创新服务往往难以事先准确定价。第五,服务的效果取决于供求双方。有时用户的能力直接影响服务效果,如技术转移的效果在很大程度上取决于技术吸收方的能力,服务效果的责任难以确定。第六,进入门槛低,较难做大规模。创新服务业的发展依赖于技术创新主体的创新积极性,需要培育技术创新服务的需求市场。

(二)技术创新模式与创新服务的发展趋势

经济全球化,知识经济和信息技术的发展对传统的技术创新组织模式提出了挑战,创新模式发生了变化。一是从纵向一体化向网络化发展,由过去少数企业内的线性创新模式,变为合作和众多参与者的网络式创新,加强了竞争者之间的合作。二是竞争促进 R&D 投入增加,技术创新活跃,加大了对创新服务的需求。三是专业化程度增加。为了有效利用全球的科技资源,研究开发的外包增加,促进创新过程各个环节的专业化分工,技术创新服务的分工也进一步细化。

创新过程的网络化和专业化发展促进了创新服务方式的变化,技术创新服务出现了新的趋势和特点。

一是创新服务的网络化和专业化发展。随着创新模式的网络化和专业化程度增加,为了有效利用资源,技术创新服务也向网络化和专业化的方向发展。利用信息技术,通过地区、国家甚至国际联网,共享信息、知识和专家资源。

二是经营主体多元化,市场化程度提高。过去一段时间里,各国政府兴办的创新服务机构较多,但由于政府资助的非营利性机构以提供公益性服务为主,难以实现规模发展,不能满足日益增长的多样化需求。随着创新服务的市场需求规模的扩大,民间资本越来越多地进入创新服务领域,商业性创新服务机构增加。为了提高效率,有些政府机构也实行民营化。

三是服务专业化和机构综合化发展。技术创新过程的专业化程度增加,既需要更有针对性的专业服务,又需要多样化的综合服务。因此,一个服务机构很难只提供某一项或几项专业服务,出现了一些兼营科技服务的机构。

四是服务模式不断创新。过去,创新服务机构以提供创新的下游服务为主,例如,成果转化、开拓市场等。现在,创新服务向上游扩展,直接参与大学和科研院所的创新活动,建立长期合作关系。

五是连锁经营和规模化发展。为了实现规模化发展,一些创新服务机构实行连锁经营和跨国经营。

二、我国技术创新服务体系的现状和供求分析

(一)基本现状

国家创新体系的建立促进了技术创新服务体系的发展。在各级政府的积极推动下,目前,我国已经基本形成了以国家计划支持的公共机构为主的共性技术研究平台,以生产力中心、孵化器、中小企业创业服务中心为主的技术转移和创业服务机构,以科技咨询与评估机构、技术交易等专业服务为代表的科技中介机构,以及地方政府资助的区域性技术创新服务网络,构成了分层次的技术创新服务体系。

据不完全统计,2003 年年底,全国共有生产力促进中心 1070 家,就业人员 14074 人,各级政府投资 30 亿元,资产总额 67 亿元。[1] 我国大中城市共有

---

① 中机生产力促进中心:《中国生产力促进服务体系建设与政策研究》,2004 年 4 月。

各类科技中介机构 6 万多个,从业人员 110 余万人。① 中国创业中心的孵化场地面积超过 1900 万平方米,达到一定规模的各类创业中心和孵化器达到 489 家,数量仅次于美国,居世界第二;在孵企业 3 万多家。② 2000 年起原国家经贸委、教育部、中科院共同开展国家技术转移中心试点工作。2004 年 5 月,在深圳开通了中小企业股票市场,为以技术创新为基础的中小企业发展开辟了新的融资渠道。

近些年来,我国的技术市场发展较快,技术合同成交额逐年增长。2003 年,全国共签订技术合同 26.8 万项,成交技术合同总金额 1084.67 亿元。从结构上看,技术交易以开发合同和技术服务为主,其中,技术开发合同占 39.3%,技术服务占 31.4%、技术转让合同占 22%,技术咨询占 6.6%。交易的卖方以企业和科研院所为主。其中,企业占 47.8%、科研机构占 17.6%、技术贸易机构为 13.5%,大专院校占 9.8%,个体经营户占 0.71%,其他占 10.5%。与 2002 年相比,2003 年的技术交易额有较大幅度的增加,增加近 20%;各种交易的份额基本持平,其中,技术服务和技术咨询有所增长。企业技术交易占总交易的份额大幅增加,大专院校的份额有小幅增长,科研院所和技术贸易单位的份额下降。

(二)技术创新服务的供求分析

1. 技术创新服务在整个服务业的地位

20 世纪 90 年代末以来,我国科研活动和技术服务业增长较快,但科研和技术服务业的增加值占服务业总增加值的比例较低。20 世纪 90 年代末,科研和技术服务的增加值增长快于服务业;2000～2001 年,科研和技术服务的增长速度有所下降,低于服务业的增长。同期,科研和技术服务的增加值仅占服务业的 2%左右(见表 8)。

在全国研究开发投入中,政府的研究开发投入占 1/3 左右;相当一部分技术服务机构是由政府资助的。由此可见,我国的技术创新服务业还处于发展

---

① "科技中介机构:呼唤依法发展",http://www.tt91.com/。
② 火炬高技术产业开发中心副主任巫英坚在"国家高新区创新创业环境建设经验交流会暨全国高新技术创业中心工作会议"上的讲话。

初期,市场化程度较低,没有真正形成产业化和规模化。

表8   我国科研与技术服务在服务业中的地位

单位:%

年 份	2001		2000		1999		1998	
	增长	比例	增长	比例	增长	比例	增长	比例
服务业增加值	8.4	100	8.1	100	7.7	100	8.3	100
科研和技术服务业	7.4	2.1	6.9	2.1	10.5	2.1	10.8	1.9

资料来源:王萍、陈奕:《国内外专业技术服务现状分析》。

2. 企业需求分析

(1)科技型中小企业调查结果。2003年对1000多家科技型中小企业技术创新基金立项企业的问卷调查结果①表明:从需求看,按企业需求的应答率排序,排在前5位的服务项目依次是财务咨询、管理咨询、融资咨询、建立与其他企业之间的联系、介绍融资渠道。从供应能力来看,财务咨询、管理咨询等服务相对充足,而市场分析、信用咨询等服务比较薄弱。

对服务机构的质量评价是,政府委托机构提供的服务多一些,企业满意程度高一些;社会中介机构提供服务的领域和使用率不如政府委托机构,企业的满意程度也明显低于政府委托机构。在走访调查中,企业认为社会中介机构的收费较高,有些服务能力和质量不高。

综合供需双方的调查结果可以发现:一是中小企业创新服务应加强网络服务、市场分析咨询和融资服务;二是从长远来看,中小企业的创新服务应实行专业化服务,不能仅依靠政府委托的机构,应发挥社会中介机构的作用。但是,初创企业没有足够的经费去请一些收费高的商业性服务机构,加上现阶段社会服务机构不发达,信誉度不高,对科技型中小企业的服务又不能完全依靠市场来解决。因此,需要在政府的监督和行业规范下,发挥社会创新服务机构的作用。

(2)中关村高技术企业调查结果。根据国务院发展研究中心技术经济研

---

① 国家科技部委托项目"科技型中小企业技术创新基金评估"的企业调查,由国务院发展研究中心和国家科技评估中心共同完成。

究部 2001 年对 200 多家中关村高技术企业的调查结果①:按企业对各项服务的需求程度评价得分排序,排在前 5 位的服务项目依次是法律咨询、企业融资咨询、人才招聘、财务咨询和管理咨询。从企业利用服务项目的使用率来看,被调查企业经常利用的服务是人才招聘、注册代理和法律咨询,使用率在 47% 以上;使用率在 20% ~30% 之间的服务项目依次是职工社保代理、财务咨询、职工医保代理。使用率低于 20% 的有管理咨询、企业融资咨询、技术咨询、市场营销咨询和信用咨询。通过比较服务使用率和需求程度评价可以看出,目前,法律咨询、人才招聘等企业需要的服务能够得到较好的满足,需求与供应基本平衡。而有些企业需要的服务,如融资咨询、管理咨询和市场营销咨询等却得不到满足,供需相差较大。同时,被调查的企业普遍认为,与提供的服务质量相比,服务收费偏高。

按照被调查企业的所有制形式和组织形式分类,企业对创新服务的需求有以下特点。一是国有企业、中外合资和外资企业以及股份制企业对各项服务的使用率比较高,而私有企业的使用率较低。二是各类企业需要的服务不同。如,外资企业的市场运作能力较强,对于市场活动方面的服务使用不多。它们使用最多的是人才招聘、法律咨询、社保和医保代理等项服务,主要是因为对国内的情况不了解,需要专业机构提供服务。三是内资企业对注册代理、融资咨询、人才招聘等服务项目使用较高。

综上所述,可以得出以下结论。首先,从供求关系来看,人才招聘、法律咨询等通用服务能够基本满足需要;而与企业创新和经营管理结合比较密切的实务咨询服务相对不足。其次,创新服务的质量不能满足需要,与提供的服务质量相比,收费偏高。需要进一步提高队伍素质,开展竞争。再次,一些创业的中小企业支付能力有限,技术创新服务不能完全靠市场定价,一些基本服务需要政府支持。

3. 国际比较

目前,我国的 R&D 投入总量位于世界第六位,R&D 投入占 GDP 的比例居中等收入国家行列,人均 R&D 比例较低。2004 年,我国 R&D 支出为 1843 亿元人民币,占 GDP 的比例 1.35%。但是,科技竞争力不高,特别是技术创新

---

① 北京市科学技术委员会软课题"北京市高技术产业政策跟踪研究的企业调查"。

服务相对滞后。

(1)世界竞争力报告的评价。瑞士洛桑国际管理学院从"科技要素评价"的角度出发对国家和地区的科技竞争力进行评价。根据"2004 年世界竞争力报告"(简称洛桑报告),在所选的 60 个国家和地区中,我国的综合科技竞争力排名第 24 位。其中,我国的研究开发总支出位居世界第 6 位,仅低于美国、日本、德国、法国和英国,远高于印度、巴西;人均 R&D 支出排在第 51 位,低于巴西,高于印度;研究开发总支出占 GDP 的比例位于第 30 位(2002 年的数据);科学基础设施为第 19 位,科技基础设施排名第 20 位。在科技基础设施中,反映企业之间,企业与大学、科研院所合作情况的技术合作指标,以及反映信息服务和技术服务人才的指标排位靠后。如我国的技术合作指标位于第 51 名;我国的人均拥有计算机数量排名第 3 位,但在掌握信息技术技能的人才方面,我国居第 58 位。

(2)全球竞争力报告评价。由《世界经济论坛》和美国哈佛大学国际发展中心合作完成的《全球竞争力报告 2001—2002》(简称《论坛报告》),从体制与政策评价的角度评价了 75 个国家和地区的创新能力。我国的创新能力排名第 43 位,低于巴西(第 33 位),印度(第 38 位)。其中我国的科学家、工程师占人口比重指标列第 46 位,超过巴西(第 48 位)和印度(第 59 位)。在"创新合作"(产、学、研合作和知识纵向流动,以及科技成果转化)方面,我国居第41 位,明显低于印度(第 23 位)。在创新合作和创新服务方面,我国的科学研究机构的总体质量居第 36 位,低于印度(第 21 位),但高于巴西;而我国在促进科技产业化方面的风险投入方面排名第 49 位,落后于印度(第 26 位)和巴西(第 27 位)。在专业化研究和提供培训服务方面,我国排名第 45 位,与印度(第 34 位)和巴西(第 24 位)差距明显;我国的产业群的普遍性和深度列第39 位,落后印度(第 24 位)。

综上所述,我国的研究开发投入和研究人员数量在发展中国家居前位,从我国的发展水平来看科技基础设施建设投入不算低,但是,在创新的专业化、技术合作、创新服务、知识流动和技术转移等方面较弱,特别是适用的技术创新服务人才相对不足。

三、我国创新服务体系建设存在的主要问题

总体来看,我国的技术创新服务机构数量多,规模小,仍处于探索发展阶段。存在的主要问题是,运行机制和管理体制不健全,法律制度和政策环境有待完善。主要表现在以下几个方面:

1. 以政府导向和公益性为主,社会化和市场化程度较低。目前,技术创新服务在较大程度上被视作公益性事业,大部分创新服务机构是根据各级政府文件精神成立的,官办和半官办色彩较浓;对政府的依赖性较强,缺乏创新意识和服务意识。

2. 立法滞后,缺乏法律保障。近些年来,我国的创新服务机构发展较快,但是,立法工作相对滞后,存在无法可依的局面。现行科技进步法比较笼统,主要是基本原则,缺少明确具体的措施。有关创新服务机构的性质、运行机制、税收政策,以及创新服务机构的收费管理等大都是由国家管理部门和地方政府文件来确定的,而不是法律规定。

3. 政出多门和分散管理导致重复建设和市场分割。目前,创新服务机构是根据隶属关系和计划管理部门分类管理,而不是根据服务机构的功能和性质来管理,存在重复建设现象。各类计划和政府管理部门规定创新服务机构性质和业务范围,某种程度上造成了资源、业务和市场分割,限制了技术创新服务业的规模化发展。

4. 运行机制与功能错位。一些服务机构的组织形式和运行机制与其职能不协调,难以发挥应有的作用。政府资助的一些共性技术研究开发机构,大都设在大学和科研院所,有些直接设在企业。而大部分研究机构转制为企业化经营,相当一部分大学自办企业。如果没有特殊的管理办法和保障机制,这类机构难以发挥共性技术研发平台和技术扩散的作用,有违设立的初衷。

5. 功能不全,不能满足需要。目前,大部分地区的孵化器主要是提供实验和生产场所,以及简单的一站式服务;许多风险投资公司都是以金融业务为主,市场开拓和技术咨询等专业能力薄弱;技术产权交易市场主要是提供技术信息、技术报价和集中交易的场所等,缺乏技术评估、市场开拓和融资服务等中间服务。

6. 缺乏高素质的专业人才,相当一部分咨询研究人员的经验和素质不能满足市场需求。一方面,由于各类服务机构发展较快,有些服务机构的工作人员是政府官员转岗的,大部分是从其他领域转行过来的。尽管有些科技服务机构的人员学历和职称较高,但缺乏专业咨询经验和市场观念。如根据《我国生产力促进服务体系建设及政策研究》课题组的报告,影响生产力促进中心的主要因素是政府支持不到位,缺乏高素质管理人才和专业人才,得不到高质量的培训。另一方面,由于许多科技服务机构是事业单位,企业化运作,工资较低,留不住人才。

7. 市场需求相对不足。技术创新服务市场的发展取决于创新主体的积极性和服务质量两个方面。一方面,许多需要创新服务的中小企业缺乏支付能力,加上企业对知识、信息和经验等无形资产的价值认识不足;另一方面,服务质量不高。

8. 知识产权制度不够完善。一是技术市场制度不健全,缺乏规范的知识产权定价和评估机制,技术流动不畅;二是为了鼓励技术转移,我国开始实行科技计划项目的科研成果的知识产权归项目执行单位。但是,由于没有明确的技术转移要求,缺少相应的管理和服务机构,缺乏监督检查机制,结果出现科技成果在研究机构内部产业化的倾向。

9. 缺少普遍适用的整体政策,政策环境不配套。由于部门分散管理,各项政策大都是与国家资助计划联系的,而且是针对某一个领域的,缺乏普遍适用的整体政策。

四、完善技术创新服务体系的目标和基本原则

（一）目标

以加快企业为主体的国家创新体系建设,增强国家和产业竞争力为目标;以促进技术与市场结合,提高自主创新能力为重点;以机制和制度环境建设带动技术创新服务体系的发展;从提高质量与效率,满足日益增加的多样化市场需求出发,有效利用与合理配置科技资源,分层次建立技术创新服务体系,促进技术创新服务专业化、市场化和规模化发展。

"十一五"期间,要加快搭建产业共性技术研究开发平台,提高原创和共

性技术供应能力;完善技术成果转化和技术转移政策与机制,提高技术转化和转移环节的服务能力;加强人才培养,完善执业资格资质认证制度,造就一支具有较高专业素质的技术创新服务队伍;加强部门和政策协调,整合政府资助的服务机构,鼓励发展民间服务机构和兼营机构提供技术创新服务;建立适应于各类技术创新服务机构健康发展的组织制度、运行机制和政策环境,促进技术创新服务专业化、市场化和规模化发展;发挥信息技术的作用,加快技术创新服务体系网络建设。

(二)基本原则

技术创新服务体系建设要实现指导思想和政策上的战略性转变。从支持单一机构为主转向支持网络化发展;从支持兴办独立机构为主转向通过资助服务项目支持各类机构发展;从增加供给为主转向增加供给与鼓励需求相结合;从依靠政府投入为主转向政府推动与鼓励社会投入相结合;从资助特定机构为主转向制定普遍适用的政策,创造公平竞争的市场环境。

1. 市场导向与政府扶持相结合,正确发挥政府在技术创新服务体系中的作用。政府主要在市场失效的环节,在民间资本不愿和不能进入的领域发挥作用。目前,我国的技术创新服务体系还处于建设初期,政府应重点加强科学、技术基础设施和公共平台建设,提高原创和共性技术供给能力;加强创新服务网络建设,充分利用与合理配置信息和人力资源;加强人才培养和制度建设,鼓励民间资金进入科技服务业;加强对中小企业的创新服务;充分发挥行业协会的作用,提高行业的自律能力。

2. 发展与整合相结合,整合政府资源,积极鼓励发展民间服务机构。目前,政府支持的各类服务机构数量较多,存在明显的重复建设,而民间的专业服务机构较少。因此,要打破管理部门界限,整合政府资助的创新服务机构。分类改革和重组,有效利用计划经济体制下长期积累的科技资源。通过普遍性政策,充分发挥社会资源的作用,鼓励发展民间专业技术服务机构和兼营服务机构。

3. 运行机制与功能相结合,完善制度,分类建设,分类管理。加强与技术创新服务有关的法律法规和制度建设,重点加强服务机构的运行机制设计和制度安排,规范管理。服务机构的运行机制和组织模式要与功能相适应,区别公共机构与民间机构，非营利性机构和营利性机构，公益性服务与商业性服务，普遍性服务与个性服务，明确各类机构的法律地位、经营范围和政策，实行分类指导和管理。

4. 增加供给与鼓励需求相结合，扩大技术创新服务的需求市场。技术创新服务的市场发展依赖于创新主体的积极性。我国的创新服务业还处于发展初期，企业的有效需求还不旺盛，要在增加服务供给的同时，通过制度和政策，鼓励企业利用技术创新服务，培育需求市场。

5. 体系建设与市场环境建设相结合，营造良好的技术创新服务市场环境。在加强技术创新服务体系自身建设的同时，制定相应配套政策。加强知识产权管理和保护，鼓励创新，促进技术转移和联合研究开发；完善执业资格认证制度，加强信誉管理，提高服务质量；建立适应创新需要的多层次资本市场，为创新服务提供多种融资渠道；制定普遍性鼓励政策，创造公平竞争的市场环境。

6. 中央与地方相结合，发挥各方面积极性，分层次建立技术创新服务体系。中央政府的主要任务是增加原创技术和共性技术供应能力，加强为全国服务的行业共性技术平台建设。地方政府根据地区特点，充分利用当地的科技资源，建立创新服务公共平台，加强面向中小企业的服务。同时，鼓励社会捐助、投资等各种类型的资金进入技术创新服务领域。

五、技术创服务体系建设的重点任务

（一）集中力量，重点突破，培育权威的国家产业共性技术的研究和转移中心

在改制的基础上，进一步整合国家产业技术研究院所，按大行业分类组建共性技术研究平台，并制定政策促进共性技术转移。借鉴中国台湾工业技术研究院和德国弗朗霍夫学会的模式，建立非营利的、集产业共性技术研究和适用新技术研发、转移于一体的产业技术研究机构。实行政府扶持与合同研究相结合，在一段时间内，政府给予一定比例的经费支持。全国性的行业共性技术研究平台不宜过多，要集中力量培育在各领域中具有权威性的共性技术研究和转移机构。

（二）以促进技术转移为目标,加强全国技术创新信息平台建设

建立以信息和知识服务为主的国家级技术转移中心,推动国家科技计划项目的成果转化和转移。国家技术转移中心的主要功能是建立各级政府科技计划项目的研究成果信息库,吸收公共机构和社会的科技成果信息,提供相应的技术和市场咨询服务。为了方便服务,建议以省、直辖市为单位,整合现有资源,建立全国技术信息网络。同时,与大学和科研院所联网。一方面接受大学和科研院所的技术信息;另一方面建立专家咨询网络。

（三）支持一批重点领域的研究开发联合体,促进产学研、大企业与小企业之间的长期合作

借鉴美国政府支持产业技术研究开发联合体的经验,围绕优势产业群,以资助项目为龙头,长期扶持一些产学研、大中小企业合作的产业技术研究开发联合体,促进技术共享和技术扩散。

（四）加强中小企业的技术创新服务,扶持区域性中小企业技术服务中心

建立一批为具有区域特色的中小企业产业群服务的技术中心。为中小企业服务的机构可以是非营利的或营利的。为了与市场相结合,真正适应地区中小企业的需要,可以采取中小企业入股、会员制等多种形式。政府以补贴或采购服务的形式鼓励为中小企业提供普遍性服务。

（五）利用和重组各级政府的转制科研机构,加快发展市场化的专业技术服务机构

为了解决科技与企业脱离的问题,促进科研成果转化,迫切需要一批从事技术转移的专业服务机构。要充分利用已有科技资源,通过深化改革,改造和重组各级政府的转制专业研究开发机构,建立集融资、成果转化和技术转移为一体的技术公司,实行市场化运作。在创办初期,政府可以对其承担的服务项目提供一定比例的资金支持。

(六)加强人才培养和完善技术创新服务的执业资格认证体系

以执业人员资格和资质认证为龙头,开展专业技术服务人才培训和培养。严格执业资格和资质认证制度,将执业资格认证与市场准入相结合,机构资质认证与业绩和信誉相结合。

(七)加强创新服务网络体系建设,促进信息、人才、知识资源共享和交流

信息技术的发展,使创新服务体系的网络化发展成为可能。一方面,要加强政府资助的公共服务机构的网络建设。在统一规划的基础上,建立分层次的创新服务网络。以地方政府为主建立地区网络,中央政府重点支持跨地区的网络建设。另一方面,要加强公共机构和民营机构之间的合作与网络建设。

六、政策与保障措施

1. 制定有针对性的政策,创造公平竞争的市场环境,促进技术创新服务的市场化发展。把技术创新服务政策纳入国家创新政策统一考虑,加强部门的沟通和协调,保证政策及其实施的协调一致性。制定普遍性政策,鼓励公平竞争。在国家层面上,统一制定科技服务机构的法律地位、技术交易和政府采购规则,以及税收和市场准入等方面的政策。

2. 打破部门分割,加强政府资助计划的协调,改进资助方式。在现行管理体制下,为了防止重复建设,应加强公共服务机构建设和政府资助计划之间的协调。实行统一规划,分部门实施。在开展政府资助计划和政策绩效评估的基础上,改进政府资助方式,加大对技术创新服务的支持力度。把政府扶持创新服务的项目计划管理与机构管理区分开,尽量减少政府挂牌机构。政府的资助项目和政府的服务采购应面向社会公开招标,实行公平竞争,对各类机构一视同仁。

3. 从建立执业资格认证和机构分类管理两方面入手,规范创新服务业的管理。一是建立以执业人员资格和资质认证为主的市场准入制度。根据技术创新服务的特点和需求,对专业技术服务执业资格进行分类,确定资格认证的

管理层次和标准。二是健全服务机构的分类管理机制。根据资金来源、职能，科学划分创新服务机构的类型，进一步明确各类机构的运行机制、收入使用、税收政策和监管办法，健全相关法律法规。三是加强创新服务机构的信誉管理，建立服务机构业绩档案，定期公开业绩信息，加强社会监督。明确供求双方责权利，确定纠纷处理原则，建立激励和惩罚制度。四是发挥行业协会的作用，建立行业规则和职业道德，加强自律。

4. 加强人才培养，制定适应创新服务的就业政策，增加人才可得性。技术创新服务是知识密集型行业，扩大其规模和提高服务质量的关键是人才。一要加强人才培养，有计划地培训和培养创新服务需要的人才。二要通过完善执业资格认证和资质评价体系，规范市场准入，提高执业人员的水平和素质。既要严格标准，又要防止标准过严而导致进入障碍。三要制定相应的工资税收政策，吸引适用人才进入创新服务业。

5. 制定鼓励需求的政策，促进企业利用已有的研究开发成果。建立以企业为主体的创新体系，并不是说创新链条上的每个环节都要在企业内部完成。以企业为主体的核心是以企业为创新技术的产业化平台。特别是在技术与市场相分离、企业创新能力不强的情况下，通过专业机构提供成果转化和技术转移，有助于企业从外部获得技术，促进技术与市场的结合，提高企业运用创新成果的能力。为鼓励企业利用已有科技成果，加强产学研的结合，企业外包的研究开发费用、采购国内研究成果支出（专利许可费等），以及购买创新服务的支出应视作 R&D 支出，享受与企业内部 R&D 支出同等的税收政策。

6. 加强配套政策和外部环境建设。实施知识产权制度，促进知识产权创造、保护和利用。打破行政垄断和地区分割，促进公平竞争。加强要素市场的建设，规范法律法规，促进技术市场、资本市场、风险投资等产权交易和融资服务的发展。尽快制定具有法律保护的非营利科技服务机构管理制度，规范科技机构的运行机制。要建立适应非营利性机构的税收制度和捐助资金管理制度，对捐助非营利创新服务机构的资金应实行税收减免政策，鼓励社会资金进入非营利性服务机构。要制定相应的工资政策，吸引高素质人才进入创新服务业。

7. 健全政府科技计划项目的技术转移与扩散机制。明确国家资助研究开发项目承担单位转移和扩散技术的任务，并将其作为考核承担应用研究项目的重要指标和验收项目的一个重要内容。政府科技计划项目资金中还应配备一定比例的技术转移资金,明确部分可以用于技术转移的可行性研究和前期市场研究。

8. 以知识产权管理为龙头,促进技术创新和技术转移。根据资本来源、技术性质分类制定知识产权权属政策,促进政府科研计划的知识产权利用和转移,鼓励民间技术的利用和扩散。一是鼓励创新者,完善鼓励职务发明人的分配机制;二是公共资金资助的知识产权归属要有利于技术扩散,提高公共资源的社会效益;三是基础性和共性技术的知识产权归属要有利于技术共享,提高利用效率;四是具有公共平台作用的非营利机构(包括大学)的知识产权归属要有利于全社会共享;五是建立技术共享的知识产权权属政策,促进研究开发联合体。

参考文献

1. 国务院发展研究中心技术经济研究部课题组:《规范和完善创新服务体系研究》,2001 年。

2.《世界各国科技中介机构发展概览》,http://www.gzst.net.cn/gzst-web。

3. 秦世俊主编:《技术创新与社会服务体系》,上海科学普及出版社 2001 年版。

4. 吕薇主编:《高新技术产业政策与实践》,中国发展出版社 2003 年版。

政府在产业技术研究开发中的作用 *

政府资助研究开发的政策是公共财政政策和科技政策的一部分。由于科学技术成果价值的特殊性,政府应该在研究开发中发挥什么样的作用,一直是一个在理论与实践中备受关注的问题。政府资助研究开发的主要问题不仅是一个财政能力问题,更重要的是如何选择资助方向,最有效地利用政府资金。

一、政府资助产业技术研究开发的理论依据

政府资助资金主要来源于财政资金,应遵循公共财政支出原则确定政府资助方向。其基本原则如下。

(一)公共品原则

公共品是指那些广大公众都有可能从中获益,但不一定为之付酬的产品。"公共品"有两个基本特征:一是其消费具有非竞争性。公共品可以联合消费,某个人的消费不会减少其他人的消费数量。二是公共品的非排他性。当公共品被提供给某人消费时,不能阻止其他人的消费。纯粹的公共品必须同时存在这两种特性。有些产品和服务只具备其中一个特性,可以视为准公共品。在公共产品领域,价格和竞争市场机制不能起到优化资源配置的作用,因此,需要政府"看得见的手"进行调节。

由于知识是人类共享成果,任何人都可以免费使用,其对社会的价值远远超过对发明人的潜在价值。新知识公之于众后,能够迅速在分享其所有权的

* 本文发表于国务院发展研究中心《调查研究报告》2000 年第 178 号,2000 年 11 月 30 日;2001 年第 35 号,2001 年 2 月 28 日。

人群中间扩散,为许多人带来收益。基础研究创造一般性知识,属于公共品领域。尽管首次使用新知识的成本可能是极为巨大的,但后来使用知识的边际成本几乎为零。因此,企业或个人通常没有能力,也不愿意投资进行基础性研究。

知识可以分为一般性知识和专用技术知识,两类知识的公共性不同。一般性知识,如数学定理、人类基因原理等具有非排他性,是公共品。而针对某一特定需要的专用技术知识,如产品和工艺技术等,由于其特定用途,应用面相对较窄,能够通过专利等政策实现排他性,发明者可以从中得到较多好处。大部分专用技术属于非公共品领域,有些专用技术被用来提供公共品,如国防技术,则随其载体一起被列入公共品。

从公共品原则出发,中央财政科技资助资金应主要用来支持基础研究和部分公共品所需技术的研究开发。① 公共产品并不一定必须由政府来提供,基础研究也不一定都由政府来资助,但是,必须有相应的政策引导民间投入,并保证民间研发的利益。

(二)外部性原则

有些产品和服务不仅形成直接成本和效益,还在生产和使用过程中产生外部成本和效益,也可以称作社会成本和效益。公共品都具有正外部性,但具有正外部性的产品和服务并不一定都是公共品。通常,一项新技术不论是否有竞争性,都为其他人提供了可以利用的知识,因而具有正外部性。由于应用技术成果的行业特点和应用广度不同,各种应用技术的外部效益不同。一般来说,可利用面广和能够带来较高附加值的应用技术的外部效益较大。如,计算机技术的外部效益要比土豆加工技术的外部效益大得多。因此,在美国,计算机技术的研发获得较多政府资助。

政府公共财政资金支出的目标是追求社会福利和社会效益最大化。因此,政府财政资金通常支持那些可利用面广,能够提高国家整体竞争力的应用技术的研究开发和推广。例如节能技术、农业技术、卫生健康技术等。对应用

---

① 公共品使用的技术不一定是公共品,有些既可以用于公共品也可以用于一般竞争性产品。政府可以利用采购的方式来获得这类技术。——作者注

面较窄的应用技术,可以通过专利等措施形成排他性,以及其他政策鼓励企业的研究开发。

由于生产组织和产业链条不同,技术的外部效益和扩散性不同,需要采取不同的政策。如,医药研究开发通常适用于专利保护,而计算机技术一般不采用专利保护,而部分零部件和设计采用专利保护,软件在大部分国家实行版权保护。

(三)转移支付原则

转移支付是公共财政支出的一个重要原则。财政转移支付的目的是提高财政支出的社会边际效益。通常,财政支出政策是从高收入阶层向低收入阶层转移,从发达地区向欠发达地区转移。政府资助的知识传播和技术推广也是一种常用的转移支付方式。如,资助农业技术推广项目是对农民的转移支付,资助贫困地区科技项目是对贫困地区的转移支付,针对中小企业的技术转移项目是对中小企业的转移支付。

总之,政府资助研究开发的方向应与政府的职能和资助资金性质相一致。政府支持研究开发的目的,主要是建立可供私人部门和公共部门各种用户使用的资源贮备。政府资助的研究项目应当是公共性强、外部效益大、边际社会效益高的研究项目。

二、产业技术研究开发的阶段特点及政府的作用

产业技术的形成和发展要经过不同的阶段,每个阶段的研究开发成果的公共性和外部性不同,政府在各个阶段中的作用也不同。

产业技术研究开发过程大致可以分为三个阶段。第一个阶段是基础性研究。基础性研究通常不是以特定方向为目标,主要是认识和发现规律,提供知识。基础研究成果的应用方向不确定,其效益往往要在很长时间内才能显现出来,公共品的特点较强,应用的风险比较大,尤其在产业发展初期,企业没有实力进行这样的研究开发。因此,基础性研究通常是在政府资助下由大学和科学研究机构来进行的。

第二个阶段是应用研究。应用研究是基础性研究与市场化产品技术研究

开发之间的一个阶段，是以实现特定用途为目标进行的研究开发活动，但不是市场化和商业化的产品研究开发。其研究成果是产业基础科学技术，应用面比较广，共用性较强。通常，一个企业无法完全应用其研究成果，又难以阻止其他企业应用这些成果。

应用研究开发是产业共性技术的研究开发，也叫做"竞争前研究开发"。一般来说，企业是在产业基础技术或共性技术的基础上进行产品技术和工艺技术的研究开发。如果基础性和共性技术成果被一个企业控制，可能造成资源配置的浪费。因此，政府应该资助应用研究。从国际经验来看，应用研究大都是由企业与大学和实验室共同进行的，大学和实验室起着重要作用。

第三个阶段是产品和工艺技术开发。这个阶段的研究开发是与某一特定市场需求紧密相关，以赢利为目的的产品和工艺技术研究开发。产品和工艺技术开发是企业层次的研究开发，以企业为主。

这三个阶段的研究和开发对产业技术形成的影响不同。基础性研究和应用研究是产品技术和工艺技术的基础，应用研究则是利用基础性研究成果探索实用技术。随着技术进步的不断深入，特别是在一些高新技术领域，基础性研究和初期应用研究的界限就不那么清楚了，近些年来，理论界出现了将两个阶段合并的提法。

从国际经验来看，技术研究开发有两种基本模式。一种是以基础性研究和应用研究为基础的发现型研究开发，从内部创造新技术。通常，创造技术带来的超额利润大，维持的时间长。美国在许多领域属于发现型研究开发，其技术优势是创造前沿技术，通过新的前沿技术的产业化形成新兴高技术产业，因此，经济发展后劲较强。另一种是以引进技术消化吸收和改进为主的模仿式研究开发。模仿研究开发是根据市场需求引进技术，可以享受"技术搭车"的优势，较快实现追赶。但模仿型研究开发缺乏创新，在技术发展上受人制约。第二次世界大战后的日本通过引进制造技术实施赶超战略，多数产业技术的研究开发以引进国外技术的消化吸收和改进为主，属于模仿型研究开发。其技术优势是将引进技术与市场需求结合，降低成本和提高质量。

由于产业技术发展的三个阶段的性质和研究开发的主体不同，政府在这三个阶段中的作用不同。在三个阶段中，基础性研究的公共性和风险性最大，应用研究次之。很明显，从政府职能和公共财政的性质出发，支持基础性研究和共用性大的产业技术研究开发是政府的一个重要任务；而具体产品和工艺技术的研究开发则是企业的事情。应用研究是产业技术的基础，既有共用性，又有较大潜在商业价值。这一阶段应是政府和企业共同发挥作用，政府重点支持和组织战略产业的应用研究。产品和工艺技术的研究开发则应主要依靠税收、专利等政策鼓励企业增加投入。

三、政府在产业技术研究开发中的作用

市场经济国家政府一般不干预企业的生产经营活动，但为了提高和保持国家战略和优势产业在国际上的竞争优势，却花大力气支持一些单个民间企业难以独立完成的具有战略意义的商业性产业技术研究开发项目。

（一）市场经济国家的实践

欧美等市场经济国家政府为了提高特定产业的竞争力，大力支持其产业技术的研究开发。比较典型的例子是美国政府资助计算机产业技术开发和欧盟有关国家政府共同出资研制"空中客车"飞机。

1. 美国政府资助计算机技术发展的启示

虽然计算机行业是一个收益比较丰厚和高度竞争的产业，但是美国政府投入大量资金资助计算机技术的研究开发。美国联邦政府在计算机产业发展的各个阶段都发挥了重要作用。在计算机产业发展初期，美国政府作为计算机技术的用户直接投资于研究开发项目。当计算机产业逐步趋于成熟时，为提高美国计算机产业的竞争力，在世界保持领先地位，美国政府和产业界联合起来，资助计算机科学和技术研究开发。

政府在产业技术研究开发中的作用是对产业界的补充，而不是代替产业界。尽管美国政府和企业都为计算机技术研究开发提供资金支持，但是其目标和作用不同。美国政府资助计算机技术研究开发的重点，一是培养和维持大学的研究能力。在美国计算机技术的发展过程中，大学起了重要作用。而联邦政府在为大学提供研究基础设施和培养人才方面投入大量资金。二是支持长期基础性研究开发。联邦政府在 20 世纪 60 年代至 70 年代资助的一些项目的研究成果到 90 年代才逐步进入商业应用。三是政府支持早期产业技

术的研究开发。有些产业界提出的研究成果，由于种种原因没有继续投入开发，政府支持其研究开发，推动了成果的产业化。四是支持大型应用系统的研究开发。由于一些大型应用系统需要多方面的合作，学校和企业通常难以组织实施这类大项目。政府通过资助大型应用系统的开发，把大学和企业研究室联系在一起，完成同一个研究项目。

2. 英法德等欧盟国家合资研制"空中客车"

欧盟各国政府认为，大型民用客机制造业是战略性产业，欧洲应该保持其竞争力。由于美国的客机制造企业在军事订货中获得了技术和研发资金，竞争力较强。为了与美国抗衡，英、法、德等国政府联合出资研制"空中客车"。1992 年以前，"空中客车"的研究开发费用几乎 100% 是由政府提供的。由于政府补贴，"空中客车"的市场竞争力增强，市场占有率提高。为了解决欧美民用飞机贸易摩擦，1992 年美国与欧盟的民用飞机贸易协议条款中规定，政府对"空中客车"的研究开发资助不得超过33%。

由此可见，政府是否支持和如何支持与商业直接相关的技术开发，要视产业技术与国家战略和整体利益的关系而定。美国和欧洲一些国家的政府为了使本国的某些战略行业在全球占据和保持领先地位，不仅花大钱资助基础性研究，还在资助重要产品技术研究开发方面投入了大量资金。欧盟各国政府就是直接资助民用客机的研制。

政府资助基础研究和"竞争前"技术研究开发符合国际惯例。尽管 WTO 限制政府补贴，但允许政府对基础性研究和"竞争前"技术研究开发的补贴。

（二）政府的作用是弥补市场不足

由于知识的公共性和技术成果的外部性，单纯依靠竞争性市场机制，不能实现研究开发资源的优化配置。理论和实践经验证明，政府在产业技术研究开发中的作用主要是弥补市场不足。政府应在企业不愿意或无力进行投入的领域发挥积极作用，与企业研究开发形成互补。

1. 政府资助基础性研究的目的是实现社会整体的长期利益最大化

政府资助研究开发是一项长期战略，其目的不是追求项目本身的直接利益，而是实现社会整体效益最大化，不仅仅是为了眼前的短期效益，而是为了带动社会长期发展。因此，政府资助的项目大都是一些基础性、实验性和不确定性较强的研究项目。

政府资助基础性研究，不仅形成可供产业部门利用的知识成果，还有许多间接成果。一是为企业技术研究开发提供人才支持。装备精良的大学是培训年轻科学家与工程师的良好场所，政府对大学的开放性、开发性研究的资助对培养人才起到重要作用，也是对企业进行产业技术开发的重要支持。二是对产业技术开发提供指导作用。基础性科学知识将为实用技术研究提供智力支持，不仅可以为企业的研究提供方向性指导，而且可以为企业研究提供思路和可借鉴的经验教训，使企业研究避免风险。三是提供基础设施支持。政府资助项目，特别是对大学和国家实验室的科学研究设备等研究基础设施的资助，为商业性研究与开发提供了可利用的研究设施。企业可以委托大学和研究室利用这些设备进行应用技术研究开发。

2. 在应用技术研究开发领域，政府应在少数影响国家安全和产业竞争力的重点领域发挥作用

首先，政府是公共品的主要提供者，作为公共品技术的用户，政府要自己研究或采购提供公共品必需的技术，如国防技术、人类生命技术、环境保护技术和人才培养等。

其次，在可竞争性产业技术领域，一是政府应重点资助竞争前的共性技术研究开发；二是在产业选择上，政府应集中力量资助对国家竞争实力有重要影响的行业的关键技术研究开发和产业化，如能源、计算机、生物技术等等；三是在研究开发阶段上，政府应重点资助基础性研究和产业基础技术的研究开发，具有市场竞争价值的新产品的工艺技术研究开发应以企业为主体；四是在产品技术和工艺技术方面，政府应重点支持应用面广、社会效益大的产品和工艺技术研究开发和推广，如节能技术、农业技术等。

再次，在产业发展的不同阶段，政府的作用也在不断变化。在产业发展初期，企业的实力不强，市场不成熟，基础性研究和应用研究的风险都比较大。因此，政府不仅要支持基础研究，还要增加对应用研究和具有商业价值的共性技术研究开发的支持力度，促进应用技术的研究开发。当产业进入成熟期，企业的实力增强，对市场需求的把握能力也增强了，企业也开始根据自己的发展需要进行一些与自身发展目标和产品开发相关的基础性研究。因此，在产业快速发展和成熟期，政府要重点支持有广泛应用前景的基础性研究和共性应用技术的研究开发。政府应更多利用政策来调动企业研究开发的积极性,而不是直接资助企业研究开发。随着技术进步的深入,一些高技术产业的研究开发投入大幅度增加,一个企业或院校难以支撑和组织大规模的研究开发,政府应重点资助大型联合研究开发项目。

3. 政府资助研究开发不等于政府确定技术的发展方向,应充分发挥市场选择技术的作用

除了少数公共品行业,如国防技术的发展方向应由政府确定外,大部分民用产业技术的发展要靠市场选择。如在高清晰度电视技术的发展中,美国和日本采取了两种截然不同的路径,产生了不同的结果。美国是市场选择,政府扶持。当发现数字技术在市场上有较好的应用前景时,政府给予大力的政策扶持。美国政府为了推广数字电视系统技术和发展数字电视产业,由联邦通信委员会(FCC)制定有关规划,公布今后将逐步用数字电视系统代替模拟电视系统,并确定了预测时间表、资助计划和频道安装分配规划,为电视台、制造业、用户等制定相应的优惠政策,给各方面一个充分准备的时间。这一规划首先在公共广播电视台试行。日本是政府选择技术方向,企业跟从。政府把模拟技术作为下一代电视技术来支持。结果,美国的数字技术路线在市场上获得成功,日本的高清晰度电视的技术路线走了弯路。

四、改进我国政府产业技术研究开发经费管理 体制的基本原则与思路

(一)我国政府产业技术研究开发经费管理中存在的主要问题

现行中央财政的产业技术研究开发经费主要是科技三项经费。科技三项经费的设置及其管理体制是从传统的计划经济体制下沿袭和改进而来的。尽管中央科技经费管理体制已经进行了一些相应的改革和调整,但仍然存在一些问题。

1. 政府的职能定位不清,偏重于短期项目和产品技术开发

目前,科技三项经费大部分用来资助企业的产品和工艺技术开发。从全国研究开发的总体投入情况看,R&D总盘子中,产品和工艺技术研究开发投入比重远远高于基础研究和应用研究投入。与发达国家相比,我国的基础研究投入比例偏低。由于基础研究和前期应用研究的投入较少,我国的技术储

备不够,产业技术发展的后劲不足。

2. 分类多头管理,自成体系

中央三项科技经费基本是根据研究开发的阶段,划分部门的管理权限。即使在一个部门内,科技经费分配和项目审批权也分散在不同的司局。这种管理体制人为分割了产业技术研究开发过程中各环节间的有机联系,各部门自成体系,出现研究开发活动断档和重复配置资源的问题。

3. 条块分割,资金使用分散

在分配过程中,由于要照顾各条块的利益,不论什么行业,只要有"庙"就有钱,原本可能集中使用的财力按条块分配,经费分布过散,每个项目只能得到小额资助。一些跨行业的大型研究项目没有一个部门负责总体规划和协调。

4. 战略规划与资助计划衔接不够,缺乏科学决策机制

由于每个科技计划都要涉及各行各业的项目,综合管理部门的工作人员难以很好把握各行各业的技术发展趋势。在某种程度上,科技经费资助计划管理变成了审批项目。由于缺乏长远战略依据,资助计划受人为因素影响较大,随意性较强。

5. 科技经费分类和支出科目设置不尽合理

一是研究开发项目经费与研究机构的日常运行管理费用分工不清;二是研究开发经费中不包括人工费(1996年财政部《科技三项经费管理试行办法》);三是科技基础设施费用与研究机构的运行费相分离;四是产权不清,大多数资助项目的管理办法对政府资助形成的资产归属和处置没有明确规定。

6. 以国有企业为主,覆盖面不够

财政科技经费主要资助国有研究机构和国有企业,只有"火炬计划"、"星火计划"等少数一些面向中小企业的科技计划覆盖了其他所有制形式的企业。1996年财政部颁布的《科技三项经费管理试行办法》中明确规定:科技三项费用主要用于国家各类科研院所、高等院校及国有企业承担的国家和地方重点科技计划项目。

(二)改革中央科技三项经费管理体制的基本原则

随着经济体制改革的不断深入,政府职能转变,财政预算体制也正在向公

共财政的方向转变。中央科技三项经费管理体制要适应这一变化趋势,及时进行必要的调整。

1. 公共财政的角度出发,明确财政科技经费的职能定位

财政科技经费的职能应与政府的职能相吻合。在市场经济中政府的职能主要是弥补市场不足,在市场机制不能充分发挥作用的领域发挥作用;财政支出要遵循公共财政的原则,把资助重点放在企业无力或不愿投入的领域。主要是一些公共性强、社会效益好、不确定性比较大的基础性研究。

目前,我国处于工业化过程和产业技术升级的重要阶段,相当一部分行业的企业研究开发还处于引进技术消化吸收、改进的阶段。提高产业技术水平,增强产业竞争力是当务之急。因此,政府在适当增加基础研究投入的同时,应把国家科技经费的资助重点放在提高国家产业技术能力上。在产业技术领域里,政府应重点资助支持社会效益较大的共性技术研究开发、不影响国内企业公平竞争的竞争前研究开发,以及有助于提高国家整体实力和形成竞争力的战略产业。

2. 有进有退,集中力量突出重点领域和重点环节

政府对研究开发的资助不是代替企业的投入,而是对企业研究开发的补充。因此,不能全面出击,平均分配资源,应该采取有进有退,有所为有所不为的原则,把有限资源集中到重点领域和重点环节。中央财政资助方向要集中力量投向涉及国家安全和国家整体竞争力的领域,减少一般性领域的投入;集中力量投向基础研究和应用研究等企业不愿意或者没有能力进行投入的关键领域,减少对具体产品技术和工艺技术开发的直接投资;集中力量投向受益面大的共性技术研究开发项目和研究开发联合体,减少对单个企业和差别技术的资助。政府应把支出重点放在科技基础设施建设投资上,特别是人才培养上。

从对象来看,政府应重点资助对中小企业的技术转移,以多种形式扶持一批面向中小企业的研究开发中心和技术服务机构。

从产业发展阶段来看,政府要重点支持新兴产业技术的研究开发,主要是那些早期发现的继续研究开发。对成熟产业,政府则重点支持能够带动产业技术升级的共性技术研究开发,主要是联合研究开发。

在突出重点的同时,要注意点面结合。对于一般的研究开发活动,应该主要利用财政金融等政策,以及保护知识产权和公平竞争机制来调动各方面的资源,促进各行各业的企业技术进步和创新能力。

3. 科技三项经费管理体制调整与其他体制改革相结合

一是与科技体制深化改革相结合。科技管理体制改革不是科研机构简单的进入企业或转化为企业,还要根据行业技术经济特征和产业组织特点,确定科研机构重组方式和产权结构。整合现有各种类型的中心,形成一些集资金筹集、研究开发、技术扩散功能于一身的研究开发联合体,采取基金会或协会等非营利性机构的组织形式;战略和公共性较强的行业建立国家级产业技术研究开发机构,实行国家实验室制度;通过政策引导,形成一批具有行业带动作用的各种形式的产业技术研究开发联合体;对一些企业比较分散、规模不大的行业,应充分发挥行业性或区域性科研机构的作用,吸收相关中小企业参与组成行业性技术中心或联合体,为中小企业服务。

二是把科技经费管理体制调整与政府机构改革和职能转变结合起来。1998 年政府机构改革以来,科技经费分配管理难以再维持按行业划分管理权限的办法。产业技术研究开发经费的管理应加强政府的总体规划和预算管理,具体计划和项目管理可以采取委托管理的模式,根据资助计划的性质委托有关政府部门、国家实验室或非营利机构。

三是科技经费管理体制调整与人才制度改革结合。政府资助技术研究开发不仅是为了获得科技成果,而且要培养高素质科技人才。政府科技经费的支出科目设计要体现尊重知识尊重人才的原则,充分调动科技人员的创造性和积极性。如在研究开发项目支出中加大人力资本投入比重;增加对在校研究生的资助和培养项目;在国家研究机构的技术转移过程中,应允许发明人取得合理报酬。

4. 遵循市场原则,支持产业技术研究开发

政府资助产业技术研究开发不等于由政府来确定技术发展方向,产业技术的发展要靠市场选择。要根据市场原则,以企业为主体,处理好政府资助与遵循市场原则的关系。在选择资助方向时,要增加企业参与决策的程度,实行政府与企业相结合。产业技术的应用研究应尽量采取政府与企业合作研究开发的形式,要求企业有一定比例的投入。编制资助计划时,要征集企业的建议方案,充分吸收产业界的意见。在项目管理方面,引入竞争机制,对可竞争的

项目,采取竞争招标的办法;规范政府资助形成的知识产权和资产管理,明确产权关系和扩散责任。

5. **加强科技计划整体协调,与产业结构调整相结合**

目前,我国正处在产业结构调整和产业技术升级的重要时期,政府技术投入的方向将对结构调整和技术升级起重要引导作用。科技经费的分配体制的调整要与产业重组的总体目标相一致;要改变以往定项目的计划方法,加强战略规划;改变过去部门分头独立搞规划的方法,编制国家整体的科技战略规划。

6. **覆盖各种经济成分**

改变过去按所有制划分资助对象的做法,建立公开透明和竞争的经费管理机制,根据研究机构和企业承担项目的实力来选择资助对象,对各种所有制成分的企业和机构一视同仁,保证各种所有制成分的企业和机构参与平等竞争。

(三)改进中央产业技术研究开发经费管理体制的几点建议

1. **建立中央产业技术研究开发经费专户**

为了适应科技体制改革的新形势和规范财政科技经费的管理,建议将科技事业费、科技三项经费和科技基础设施费用合并起来,统一为中央财政研究开发经费。将中央财政研究开发经费分为学术基础研究经费和产业技术研究开发经费两部分,建立中央财政产业技术研究开发经费支出专户。产业技术研究开发经费分为产业技术研究开发项目经费和国家产业技术研究开发机构(或称国家实验室)的运行和管理经费两部分。

2. **按大行业产业领域分类设置资助计划**

为实现从基础性研究、应用研究开发,到产业化的各个环节研究开发活动统筹规划,以及相关行业技术研究开发活动的协调安排,建议按大行业产业领域分类设置资助计划。大行业产业领域是指一些相关性强、共享技术多的行业。如电子信息领域包括计算机和电子工程等行业;能源领域包括煤炭、石油、天然气、核能、电力等;重大装备制造领域是生产用设备制造的行业总和,包括相关材料、电子元器件和加工制造等。

3. **根据产业领域对国家安全和国民经济的影响程度确定资助的优先顺序,分层次设置资助计划**

根据资助项目的性质,采取拨款、合作研究开发、贴息和贷款担保等多种方式,用活财政资金。

第一个层次是国家战略产业技术重点资助计划。主要是战略产业的基础性研究、应用研究开发、竞争前关键技术的研究开发等。

第二个层次是主导产业的关键共性技术资助计划。主要针对一些规模较大、对国民经济整体竞争力有较大影响的主导行业的关键技术研究开发。如重大技术装备、能源、新材料、环境保护、医药等。这类资助计划应采取政府与企业合作的机制运作和管理,根据产业界提出的项目建议或设想,择优资助,政府与企业联合出资。这类资助计划可以委托一些行业性的政府实验室或大型研究开发联合体来进行具体管理。

第三个层次是针对一般行业的资助计划。主要是用于以中小企业为主要对象的技术推广和技术转移项目。可以采取竞争招标的方式委托行业性技术协会、工程中心和研究中心联合体、产业技术开发基金等非营利性机构进行管理。同时,要设计一套合理的运行管理和监督机制,保证其公平、公正和有效性。

4. 加强总体协调,减少审批层次

中央财政产业技术研究开发经费的管理模式应是加强总体战略研究和计划协调,分项计划实施管理分散化。综合部门应加强战略规划和计划协调,具体专业计划的执行管理可以委托专业部门或行业性的大型国家实验室以及有资信的非营利性机构进行,政府加强审查监督。若继续维持现有的科技经费管理分工体系,也要改变目前几个主管部门分头独立进行规划和计划管理的局面,应由一个部门协调各部门的资助计划,或几个部门联席办公,共同协调资助计划。

5. 从制度建设入手,加强资助项目管理

规范资助项目的管理办法。制定详细的资助管理办法,明确资助对象、立项程序、支出和收入管理、产权处理、采购原则等;制定规范的招标程序和项目选择程序;设计合理的支出科目,要体现加强科技基础设施建设和重视人力资源的原则,增加对人力资本的投入。

建立严格的专家评审制度。建立专家评审制度应注意的主要问题,一方面是专家委员会的构成。要克服过去单纯技术专家评审,专家审议委员会应包括产业界的高级经营管理专家、工程技术专家、经济类专家等。另一方面是

工作制度。根据研究开发的性质,建立科学规范的评估原则和方法,建立专家的资信档案制度。

规范合同制管理。根据研究开发项目的性质和支持方式的不同,采取不同的合同管理模式。凡已立项的研究开发项目,由主管部门与项目总承包单位依《合同法》签订项目合同。在合同中要强化约束和激励机制,实行优惠政策与责任相结合。

建立跟踪检查制度。各资助计划管理部门应成立专门的资助管理机构,加强项目执行过程中的跟踪检查和审计。对不同性质的项目采取不同的审计方法,对风险和不确定性较大的研究项目,应采取较灵活的审计办法。

6. 采取多种方式资助企业研究开发

根据研究开发的性质,采取不同资助方式,用活政府财政资金。基础性研究和共性技术研究开发等公用性较强的研究开发项目主要以拨款方式提供资助;对具有比较明显商业价值的研究开发项目,则可以采取无息贷款、贷款担保和低息贷款的方式提供资助。

政府直接资助只能有少数行业和企业受益。对于大部分行业和企业,还要靠政府政策调动其积极性。除了税收和金融政策以外,还要注意建立严格的知识产权制度,保护技术创新者的权益;打破各种人为的垄断,建立各种所有制企业平等竞争的市场秩序。

从制度建设入手,促进技术利用和扩散[*]

技术利用与扩散政策是知识产权制度的一个重要内容。知识和技术具有外部性(即社会效益),若长期被少数人垄断就会影响社会技术进步。知识产权制度是在保护创新者利益和提高社会效益之间选择平衡点,在合理保护产权所有人利益的基础上,促进技术扩散,合理利用和优化配置技术资源。

由于技术持有者的目标和职能不同,其技术转移的运作机制不同。下面分别介绍国外政府技术和民间技术的利用、转移和扩散机制与政策,以资借鉴。

一、政府技术的转移和扩散机制与政策

政府技术主要指国家实验室或政府委托、合作和资助研究开发形成的技术成果。政府财政资源是公共资源,各国都把政府技术的转移和扩散放在技术利用与扩散政策的首位。

美国政府的研究开发投入规模居世界首位,而且其政府技术的转移和扩散取得了明显效果,下面重点介绍美国的做法。

20 世纪 80 年代以前,美国联邦政府一直根据“谁投资,谁所有”的原则处理政府出资形成的发明权,结果导致大量联邦政府控制的技术不能够转化为生产力,造成资源浪费。据估计,截至 1980 年,联邦政府机构约有 3 万项专利,仅有 1% 用于生产新产品或改进产品。自 20 世纪 80 年代起,面对日本的竞争,美国的技术优势正在减弱。为了提高产业技术竞争力,美国政府开始实行放权政策,促进政府科技资源的利用和扩散,并逐步建立了一套行之有效的

---

* 本文发表于国务院发展研究中心《调查研究报告》2003 年第 98 号,2003 年 7 月 21 日。

促进政府技术转移机制。

一是规定转移任务。1986年的《联邦技术转移法》规定了联邦实验室转移技术的任务,要求每个联邦实验室都建立研究与技术应用办公室(RTAO),负责实验室的技术转移、推广信息和支持服务,并将转移技术作为考核国家实验室雇员(科学家和工程师)业绩的一项指标。1982年美国国会通过了《中小企业创新发展法》,中小企业管理局据此制定了"中小企业创新研究计划"(SBIR),要求凡年度研究和开发费用在1亿美元以上的联邦政府机构,按一定比例向SBIR拨出专款;凡联邦研究与开发经费超出2000万美元以上的单位,每年都要为小企业确定科研项目。

二是鼓励研究人员创新和转移技术。为了调动研究人员转移技术的积极性,《联邦技术转移法》规定,允许国家实验室的职务发明人提取一定比例的技术转移收入,一般不低于收入的15%。

三是建立政府技术转移机构,提供相关服务。1980年的《技术创新法》要求联邦实验室在技术合作中发挥积极作用,在一些主要的国家实验室建立技术应用办公室;国防部等部门组建了联邦实验室技术转移联合体;商业部的国家技术信息局还建立了联邦技术应用中心,负责提供联邦技术信息和转移技术的有关事项。

除了美国,许多市场经济国家政府也建立了专门的政府技术转移机构。如日本政府所属科研机构的专利主要通过日本振兴协会向国内企业转让,协会的经费来源于政府拨款和财团资助。该协会一直担当通产省工业技术院向产业界转移科研成果的桥梁。日本科技厅下属的新技术开发事业团也是日本科技厅所属的专门从事新技术开发和转让的特殊法人研究团体,其任务是将部分研究机构及大学的科研成果转移到企业中去。韩国的技术进步公司成立于1974年,其任务是将政府所属研究机构的科技成果商品化,购买政府所属研究机构的科研成果,再将其直接转卖给需要的企业,或利用这些技术成果创建新的公司。

四是本国企业优先的原则。《联邦技术转移法》中规定,在政府技术转移中,在美国本土生产的美国企业具有获得技术的优先权。

二、政府鼓励利用民间技术的政策措施

民间技术的利用主要指大学、非政府科研机构和企业之间的技术转移与扩散。从国际经验看,非营利性的独立研究机构(包括大学)和小型技术创新企业是技术转移和扩散的主力。民间技术转移和扩散主要靠市场机制,但由于技术具有外部性和技术转移的复杂性,一些国家和地区政府采取各种政策措施促进民间技术的利用和扩散。主要有以下措施。

(一)鼓励各种面向社会的技术服务组织

随着技术复杂度越来越高,新技术产业化与创新创业企业的建立越来越复杂,技术中介机构的作用也越来越重要。技术中介主要包括专利服务机构,技术交易与顾问机构、科技园区管理机构、产品质量认证机构、贸易促进机构、创投公司、管理顾问机构,以及产业协会或商会等行业团体组织。

各国政府不仅通过政策支持民间机构推动技术利用和扩散,而且出资兴办技术转移机构。如美国商业部下属的技术信息中心是最早从事联邦政府与私营企业之间技术转移服务的政府机构,其主要职能是传播政府和民间的技术信息,推动民用技术的转移。英国最著名的技术转移机构——英国技术集团(简称"BTG")最初就是专门从事政府技术转移的公司,20 世纪 80 年代逐步实行民营化,转向从事民间技术转移服务。BTG 的主要经营业务是许可证贸易、出版物与文献交流服务、合同研究开发、技术咨询、技术人员转移、投资创办新技术企业、授予技术专有权,以及采购科技成果等。法国的科技创新和转让有限公司是专门从事技术转让和许可证贸易的公司,其股东是一些公共科研机构。该公司的主要工作包括选择与分析项目,寻找转让对象,签订开发合同或许可证贸易。这家公司的技术 90% 来源于公共科研机构,其余来源于欧洲其他国家。日本产业规划中心(简称"JILC")是原国际贸易和产业省(MITI,现为通产省 METI)授权建立的一个基金会组织,主要职能是编制与实施地区发展规划,进行促进投资和技术转移,建立商业孵化器,以及人力资源开发等工作。2002 年,JILC 在改组日本技术交易所(简称"JTM")的基础上,重建技术市场部。其主要任务是通过技术转移促进地区发展,并配合开展技

术转移活动,组织技术交易洽谈会,构建、运作技术转移信息库等。

（二）实施技术推广和转移计划

许多国家政府通过一些科技计划来促进技术引进和技术转移,特别鼓励向中小企业转移技术。美国政府制定了一系列技术转移计划,如"制造技术转移伙伴计划"（The Manufacturing Extension Partnership,简称"MEP"）,其目的是建立面向中小企业服务的区域性制造技术中心,推广技术,提升美国产业和技术竞争力。制造技术中心并不从事任何研究工作,主要工作是提供展示、技术推广,主动转移先进和适用的制造实务方法给中小企业,包括商业系统管理、品质监控、市场开发、人力资源、产品设计发展、计算机辅助和自动化等。制造技术中心需获得商业部国家标准和技术院（NIST）的批准方可成立,由非营利机构负责运作。制造技术中心的主要资金来源分为三部分:一是联邦政府的赞助,如 NIST 和国防部的技术再投资计划;二是州与地方的各种赞助计划;三是收取服务费。

（三）鼓励大学通过技术许可的方式转移和扩散技术

大学是基础研究的主力,为社会提供知识和人才的公共平台。为了调动大学转移和扩散技术的积极性,许多国家把政府资助的发明所有权授予大学。如美国 1980 年的《专利和商标法修正案》在明确大学可以对联邦政府资助形成的发明拥有所有权的同时,要求大学承担向企业转移技术的义务。若大学不能转移技术使其商业化,政府有权决定让其他机构来转移或转化这项技术。有关法律还规定了这部分技术转让收入的用途。实际上,这一政策是一箭双雕,既鼓励大学技术创新和转移技术,又在一定程度上补贴了教育。日本与韩国也于 1997 年允许大学拥有和转移政府资助形成的技术。

（四）鼓励联合研究开发,共享技术资源

通常,政府通过鼓励研究开发联合体,提高研究开发投入的效率,促进民间机构共享技术和资源。美国 1984 年的《合作研究法》放宽了对企业联合开发的限制,允许企业合作研究开发,从而促进企业间共享与扩散共性技术。之后,一些由企业组成的行业性研究开发联合体相继成立。美国政府还资助了一批产、学、研或企业组成的研究开发联合体,如半导体技术研究中心(SE-MATECH)、工程研究中心(ERC)等,促进大学和企业共同研究开发共性技术和关键技术,提高了 R&D 资金的利用效率。

(五)发挥非营利性研究开发机构的作用

非营利性研究开发机构在技术引进、转移和扩散中发挥了重要作用。中国台湾工业技术研究院(简称"工研院")是一个较好的例子。

中国台湾工研院是依法设置的非营利性财团法人,其职能是研究开发产业技术,向企业进行技术转移。工研院早期曾接受政府的大量补贴,其主要任务有四个方面:根据产业界的需求,从事共性技术、关键性和前瞻性技术研发,以加速提升产业技术水平,增强台湾产业的整体竞争力;遵照公开、公平、公正原则,采取多种方式向产业界推广其研究成果和技术;落实政府的中小企业政策和措施,辅导中小企业技术升级;为地区培育产业技术人才。从 20 世纪 70 年代末至 80 年代中期,工研院引进了大规模集成电路制造技术,成立衍生公司,如联华电子公司、台湾积体电路、台湾光罩公司等,创建了台湾地区的半导体工业。

(六)引进技术本地化和自主化的政策

发展中国家和地区在工业化过程中,往往通过引进技术提高产业竞争力,加快工业化。日本、韩国和中国台湾地区就是实现引进技术本地化的典型例子。

1. 日本:在引进技术的基础上开发自主专利网

日本是实施引进技术战略最成功的国家之一。其成功的特点是,在引进技术、消化吸收的过程中,实施"目标工业"政策,以建立产业体系为目标,围绕国产化,形成了以专利技术为主体的"引进—消化吸收—创新—输出"的良性循环机制。20 世纪 50~70 年代,日本实施工业化赶超战略,通过消化与吸收引进技术,提高了产业技术水平和竞争能力。政府鼓励和组织企业消化、吸收、再创新,围绕欧美的基础性关键专利进行应用性开发,抢先申请众多小专利,构筑起严密的专利网,使欧美的基础性关键专利在其专利网中失灵。值得一提的是,在这期间,日本政府推行了机械工业振兴计划、电子振兴计划等,对促进引进技术的消化吸收和国产化发挥了积极作用。

2. 韩国:技术本土化政策

韩国是快速实现工业化的发展中国家的典型之一。其中重要经验之一就是适时地引进国外技术,通过学习、吸收、改进,形成自主技术创新能力和基础。20 世纪 80 年代以后,韩国政府和企业共同围绕几个重点发展行业,如机械和电子行业,采取自主研究开发与吸收引进技术并举的方针,快速实现了技术本地化和自主化。政府主要采取了以下措施。一是放松了对引进技术的限制,使企业能够自由引进所需要的技术。二是继续充实和完善有关法律法规,为产业技术进步提供法律保障。20 世纪 80 年代初期,韩国政府先后制定了《研究组合育成法》、《遗传工程育成法》、《新技术金融支持法》、《电子计算机程序保护法》等;80 年代中期,制定了《产业发展法》取代 7 个特定产业法规,从原来的对特定产业的支持改变为功能型的支持系统,对所有产业实行平等对待的原则,并把激励政策主要集中于研究开发活动和人力资源开发方面。三是政府与企业合作,研究开发关键产业技术。根据《技术开发促进法》,政府重点资助一些核心产业技术的研究开发项目。对于直接关系国家利益的项目,如能源和自然资源等,全部由政府资助,并由公立研究机构承担。对于具有商业价值的项目,政府提供部分资助,与企业合作研究开发。四是健全和完善了国家技术开发资金援助制度,建立了机械工业振兴基金、纤维工业现代化基金、电子工农业振兴基金和中小企业技术开发基金等。在政府投入的带动下,企业也进行了大量研发投入。1981 年至 1986 年,韩国的研究开发投入占国民生产总值的比重由 0.86% 提高到 1.99%,技术引进支出由 1.07 亿美元增加到 4.41 亿美元。

3. 中国台湾:集中消化吸收引进技术

中国台湾地区是根据市场需求对引进技术进行适应性改进和创新。台湾的经验是建立台湾工业技术研究院,以工研院为基地,联合企业、大学的力量,围绕建立新兴产业,集中引进技术,消化吸收,派生新技术公司。如在消化吸收引进集成电路制造技术的基础上,改进创新,形成了中国台湾的集成电路制造业。

三、民间技术转移和扩散的市场机制

民间技术的转移和扩散主要通过市场机制进行。

(一)技术市场的特性

技术交易是技术转移的商业化过程,通常指技术作为独立商品的交易。纯粹的技术交易不同于有形产品或实物产权交易,技术市场除了一般市场的特征以外,还有以下特点。

1. 知识产权保护制度是技术市场的基础。由于技术使用权的非排他性,如果不约束技术的扩散,技术所有者的利益就得不到保障;同时,由于技术的利用需要大量投资,如果不能保证收益,就没有人愿意冒险投资。而知识产权保护制度赋予专利技术一段时间的排他性,没有知识产权保护制度,技术交易无法进行。

2. 技术服务机构是技术市场必不可少的媒介。由于信息的不对称性、市场的不确定性,以及技术交易的复杂性,技术市场比其他市场更需要技术信息、技术评估、技术咨询等项服务。信息服务、技术咨询和市场开发等相关的配套服务是技术市场的组成部分。

3. 多层次的资本市场是技术交易市场的支撑条件。从专利技术(或科研成果)到可以商业化的产品和服务,需要大量的试验和转化资金投入。技术的成熟度不同,需要不同层次的融资渠道,技术越不成熟,其产业化的市场风险就越大。因此,发展多层次的资本市场是促进技术交易的支撑条件。

4. 技术市场需要不同层次的购买者,以形成技术开发和产业化的链条。实验室技术与企业产业化技术之间差距较大,需要中间试验等一系列转化过程。大学和科研机构的成果大部分是不成熟技术,在形成工业化生产能力之前,必须有大量转化投入,转化投资者将要承担失败的风险。而大部分企业希望能获得成熟技术,在短期见效,不愿意进行大量的转化投入。因此,政府应该在市场失效的环节发挥作用,对中间试验环节进行补贴,培育可商业化的技术。

5. 技术市场的竞争性不仅与产品或服务的市场组织结构有关,而且与技术的专用性相关。替代性较弱的技术交易具有垄断性,或者是垄断竞争市场;替代性较强的技术交易是竞争性的买方市场。

(二)促进技术市场健康发展的制度与政策

综上所述,技术市场需要一系列制度和政策保障才能健康持续发展。根据市场经济国家的经验,归纳起来主要有以下几个方面。一是完善知识产权保护制度,加大知识产权保护力度;二是利用反垄断法限制技术交易中的垄断行为;三是加强信用制度建设,增强社会信用程度,降低技术交易成本;四是建立多层次的金融体系,鼓励风险投资,为不同层次的投资者提供融资;五是政府建立孵化器,培育可商业化的技术;六是鼓励和规范技术服务机构的发展和运作等。

下面重点介绍美国政府对技术服务机构的规范与管理。为了保护发明人、企业和消费者的利益,"美国发明人保护法"(简称"AIPA")对不法发明推广者实行行政管理及处罚措施。一是要求发明推广者公开业绩,以便委托人鉴别其能力与真伪。AIPA要求技术推广机构以书面形式公布其5年来作出的有关发明的肯定和否定评估的数量,客户所取得的净财务收益,以及作为发明推广服务直接结果的许可协议等。二是对提供虚假信息和欺诈行为进行处罚。AIPA规定对于由于发明推广者未公布必要信息、提供虚假材料或进行欺骗性陈述等行为造成的损害,客户可以提起民事诉讼,追缴5000美元以下的法定损害赔偿或实际损害赔偿。对于故意或恶意侵害行为,可以处3倍以下的损害赔偿。三是由专门机构负责专利推广机构的申述。AIPA责成美国专利商标局(USPTO)的独立发明人计划办公室受理发明人对发明推广者的申诉,并在公之于众之前给予发明推广者适当的申辩机会。四是USPTO公布"对发明推广者的申诉"的临时规章,建立接受发明人申诉的程序。

四、从制度建设入手,促进我国技术利用和扩散工作

(一)健全政府科技计划项目的技术转移与扩散机制

我国各级政府的科技投入占全国R&D的比例较高,特别是基础研究中政府投入占大头,因此,促进政府科研计划项目的技术转移与扩散,将对形成自

主知识产权产生重要作用。目前,政府科技计划项目的技术利用和扩散中主要存在以下问题。

一是科技计划项目管理实行成果制,缺少严格的知识产权管理制度和有效的激励机制。研究人员追求发表论文和获奖,而不是追求其市场和产业化价值,研究工作与生产实际相脱节,成果难以商业化和产业化。二是科技计划项目管理中产权不明晰,责任不明确,无人负责技术转移和扩散。长期以来,科技计划项目形成的知识产权权属不明晰,名义上归政府所有,实为研究项目承担单位所用。同时,项目管理并未明确技术转移和扩散的任务。三是缺少有组织的技术转移和推广。目前,政府科技计划管理部门和大部分项目承担单位都没有知识产权管理部门和技术转移机构。四是研究成果内部产业化。科技体制改革以来,大部分科研机构实行企业化经营,大学办企业,许多科研成果在大学和科研机构内部产业化,而不是向外转移和扩散。目前,政府资助的一些共性技术研究开发机构设在科研院所和大学。如原国家计委的国家工程中心、行业技术开发基地、科技部的国家工程技术研究中心大都设在科研机构,教育部的国家技术转移中心设在大学。由于大部分研究机构转制为企业化经营,成为营利性机构;相当一部分大学自办企业,如果没有特殊的管理办法和技术保障机制,不能保证技术共享,其他企业也不会愿意与其联合研究开发。因此,这些机构难以发挥技术扩散的平台作用。

2002年科技部和财政部出台了"国家科研计划项目知识产权的管理办法",明确了知识产权归项目承担单位所有,但是并没有明确其转移和扩散技术的义务,也没有建立相应的监督机制和管理机构。为了更好地利用政府科技项目的研究成果,提高财政资金的利用效率,应该借鉴美国的经验,从机制和组织上保证有效利用政府技术和知识产权。(1)根据各类科技计划的目标、资助对象和特点,进一步具体化知识产权权属政策。(2)在实行知识产权放权的同时,明确转移和扩散技术的任务,并将其作为考核的重要指标和验收项目的重要内容。(3)政府科技计划管理部门应建立知识产权和技术转移管理机构,促进科技计划项目的知识产权应用和技术扩散,并进行监督检查。(4)对于国家有关部门设在大学、研究机构和企业的具有行业共性技术研究开发和技术扩散性质的各种研究中心,应借鉴美国能源部委托大学、技术机构和企业管理运行国家实验室的经验,由项目计划主管部门与承包单位签订管理与运作合同,明确承包单位的责权利,建立相对独立的财务、财产和知识产权管理制度,规定转移和扩散技术的责任。(5)对研究成果实行分类管理。奖励制度和论文制度主要用于基础研究领域;产业技术的研究开发主要靠专利制度来保护创新者的利益,通过市场机制来激励研究开发。(6)切实落实职务发明人的报酬和奖励机制,充分发挥研究人员的创新积极性。

(二)实施引进技术本地化战略,提高引进技术的效率

目前,我国技术发展正处于跟踪研究开发为主,重点突破创新的阶段,大部分研究开发是在消化吸收引进技术的基础上,进行适应性改进、创新。但是,我国的技术引进工作存在着低水平分散重复引进,重设备引进轻技术引进,重引进轻消化吸收和扩散的问题,造成技术资源的浪费。因此,要实施引进技术本地化战略,加强引进技术的利用和扩散工作,提高技术引进效率。在新兴产业技术领域,可以借鉴我国台湾地区工业技术研究院集中引进技术和消化吸收,孵化企业,发展新兴行业的经验;在传统产业,可以借鉴日本和韩国的经验,围绕传统产业技术升级,引进制造工艺技术,有组织地消化吸收和扩散,提高行业技术水平和竞争力。

(三)发展技术市场,促进民间技术转移

改革开放以来,科技体制改革促进了我国技术市场的发展。全国不少地区建立了有形的技术交易市场,对促进科技成果的转化和转移发挥了积极作用。目前,制约我国技术市场发展的主要瓶颈是制度性因素,如资本市场不发达,信用制度不健全,地区市场分割,以及缺乏有经验的规范的中介机构等。主要存在以下问题。

一是注重有形交易市场的发展,而忽视技术市场的环境建设。各地成立的技术交易市场大都是由政府所属机构管理,其主要职能是提供交易场所、信息服务,认证和登记服务工作。由于外部市场环境不配套,大部分技术交易市场业务开展不理想。

二是地区分割阻碍了技术交易。我国技术合同认定登记工作遵循统一政策、归口管理、服务基层的原则,实行按地域卖方一次登记的制度。这一制度规定了技术合同的卖方只能在所在地区申请登记,影响了技术跨地区交易。

三是重交易、轻服务。技术转移和技术交易服务除了交易前的评估,更重要的是交易后的转化。现有的技术交易市场大都是提供技术信息,帮助办理合同认定和登记等管理服务,缺少技术咨询、技术评估和技术服务的能力,远远不能满足技术转移和转化的需要。

四是资本市场不发育,缺少必要的资金支持。技术交易需要不同层次的融资渠道,技术交易市场的发育程度与资本市场和投资环境紧密相关。一些发达的市场经济国家不仅资本市场比较发达,而且一些大型技术公司大都具有提供融资的能力。目前,我国的资本市场不发育,特别是风险投资业刚刚起步,没有通畅的退出机制,技术交易之后缺少进一步开发和利用的资金。

五是信用制度不健全,信息不对称,买卖双方的利益都得不到保护。一方面,卖方夸大技术的有用性,买方承担较大的后续投资风险;另一方面,卖方无法监控买方利用技术的收入,买方隐瞒收益,卖方得不到应得的收益。

六是缺少合格的技术服务机构。在计划经济体制下,技术转移和扩散主要由政府行业主管部门负责,技术推广机构大都是政府所属机构。科技体制改革和政府机构改革以后,政府的技术转移和推广机构实行转制,只有少数机构,如农业技术推广体系、生产力中心等仍然承担技术转移和推广的职能。但是,其中一部分也因缺乏资金、人才和相应的机制、手段而名存实亡,不能发挥应有的作用。同时,社会技术服务机构发展慢,不规范。一方面,自身能力有限,缺少高素质的专业技术人员和融资能力;另一方面,有些商业性机构提供虚假信息,使技术买卖双方受损。

因此,应根据技术交易的特点,加强技术市场的制度环境建设。首先,打破地区市场分割,建立全国信息共享的交易网络,形成综合性和多功能的技术交易平台。其次,鼓励和规范技术服务机构发展。现阶段实行政府和民间相结合,健全政府技术转移机构,鼓励发展民间技术公司,为技术交易提供全面服务。借鉴美国的经验,加强对技术服务的规范管理。再次,发展多层次的资本市场,为培育可商业化的技术和促进专利技术产业化提供融资渠道。最后,各级政府的风险创业基金应从上市前的风险投资中退出,投资阶段向前移,发挥"天使"资金的作用,重点兴办技术孵化器,支持产学研联合开发体和面向中小企业服务的联合开发体,扶持和培育对提高国内产业竞争力有重要作用的技术创新项目。

技术创新服务机构运行机制和
制度安排的有益经验[*]

目前,我国科技机构与企业两张皮的问题还没有很好地解决,创新链的纵向链接缺失,大学和科研院所的科技成果与企业应用之间缺少转化的环节,迫切需要经营技术的专业机构或组织,提供产业应用技术,进行技术转化、转移和扩散。

由于各类创新服务机构的功能和性质不同,其运行机制和制度安排有所不同。只有机制设计合理,技术创新服务机构才能很好地实现其职能,发挥应有的作用,反之亦然。在技术创新服务机构的运行机制与职能相结合方面,有许多可以借鉴的成功经验。

一、产业技术研究机构的运行机制

(一)中国台湾工业技术研究院

中国台湾地区的台湾工业技术研究院(简称"工研院")是依法设置的非营利性财团法人,职能是研究开发产业技术,向企业进行技术转移。20 世纪70 年代,中国台湾地区进入了快速发展时期,迫切需要提高产业技术水平。为了将新技术尽快转移给民间企业,提高科技成果商品化和产业化的成功率,推动产业技术升级,工研院于 1973 年成立。工研院早期曾接受政府的大量补贴,其主要任务有四个方面:根据产业界的需求,从事共性技术、关键性和前瞻性技术研发,以加速提升产业技术水平,增强台湾地区的产业整体竞争力;遵照公开、公平、公正原则,采取多种方式向产业界推广其研究成果和技术;落实

---

* 本文发表于国务院发展研究中心《调查研究报告》2005 年第 208 号,2005 年 12 月 8 日。

政府的中小企业政策和措施,辅导中小企业技术升级;为地区培育产业技术人才。从 20 世纪 70 年代末至 80 年代中期,工研院引进了大规模集成电路制造技术,进行集中消化吸收和适应性改进。然后,通过技术入股和专利技术许可等多种方式,与民营企业合资成立衍生公司,如,联华电子公司、台湾积体电路、台湾光罩公司等多家世界先进的集成电路制造公司,建立了中国台湾地区的半导体工业。

同时,为了提高企业的研究开发能力和成功机会,工研院开放实验室,建立企业孵化中心。其主要目的是与现存企业开展联合 R&D,企业可以利用工研院的设备和人员进行研究开发。工研院主要提供研究空间与设备、资金投入、商业计划援助、管理咨询和培训、技术支持、商业网络等服务。企业与工业技术研究院签订合作研究合同,在合同期内按市场价格收取租金。

(二)德国的弗朗霍弗学会

德国的弗朗霍弗应用研究促进学会(简称"弗朗霍弗学会"或"FhG")是全欧最大的从事应用技术研究的非营利机构,包括合同研究、国防研究项目、竞争前研究等,并提供咨询及信息服务。

目前,弗朗霍弗学会已经在 32 个地区设有 58 个研究开发机构,有 13000 名员工。该机构为中小企业、政府部门、国防安全等提供合同科研服务,在世界范围内进行研究开发和技术转移,给德国和欧洲企业提供系统化的技术支持,对提升企业、地区、国家和欧洲的技术竞争能力发挥了重要的作用。弗朗霍弗学会是一个多学科的研究联盟,主要研究领域包括微电子、信息和通讯技术、材料技术、表面技术和光子学、生命科学等。它主要靠技术能力和信誉吸引客户,有许多长期客户。其中大部分是中小企业,就业人数少于 100 人的企业客户约占 28%,500 人以内的中小企业接近 50%。

弗朗霍弗学会的经费来源是企业委托研究开发合同、公共研究项目、联邦政府和地方政府资助经费各占 1/3。政府的固定经费按照每年 3% 的速度增长。进入 21 世纪以来,公共项目的投入增加了。2003 年,其总经费约为 10 亿欧元。

弗朗霍弗学会建立了一套规范的知识产权管理制度。根据政府的有关规定,接受企业委托的合同研究开发成果的知识产权归学会所有,企业拥有无偿使用权,学会有权对外转移技术。但是,通常企业与学会之间有协议,不能把技术转让给企业的竞争对手。如果企业不许协会转让知识产权,就要花钱买断产权。一般情况下,学会在进行多次转让时,大都是将技术转让给中小企业,中小企业市场份额低,不会对持有专利技术的企业构成真正的竞争威胁。对合同金额巨大的研究开发成果,企业可以拥有知识产权。通常,当合同研究开发费用超过 100 万欧元时,政府默认企业可以独有知识产权。

二、研究开发联合体的运行机制和制度安排

研究开发联合体的组织形式因目标和行业特点而异。从成立联合体的目标来看,可以归纳为三种基本类型。

第一类是为了突破某一项关键技术,由一些大企业组成短期战略联合。这种联合体是围绕某一项技术的研究开发而成立的临时联合体,当研究开发任务完成后,联合体解体。如日本为在计算机制造领域赶超美国,1976~1979年,富士通、日立、三菱机电、日本电气和东芝五家公司组成超大规模集成电路技术研究组合,共同研究开发超大规模集成电路技术。在四年内,研究经费总额达 730 多亿日元,政府补助约占总金额的 40%。又如,当美国计算机界面临来自日本的竞争压力时,1987~1992 年间,AT&T、IBM、英特尔、摩托罗拉等大企业成功地联合开发大批量生产 256K 集成电路动态存储器(DRAM)所需的 0.35 微米级半导体加工技术。5 年内研究开发项目总投资 10 亿美元,国会批准政府出资 5 亿美元。

第二类是为了提高行业整体竞争能力,由几家本行业的大型企业与相关中小企业联合组成长期稳定的研究开发联合体或行业技术协会。如美国的半导体技术公司(SEMATECH)。由于 20 世纪 80 年代美国对国外半导体设备供应,特别是对日本设备的依赖度增加,为了抵御来自日本的竞争,一些大型半导体生产厂家愿意提供大额资助,支持半导体制造技术和设备的研究开发。因此,14 个美国半导体公司于 1987 年联合发起的一个非营利组织——SEMATECH。这一联合得到国会的支持。SEMATECH 成员公司利用其自有资金和来自联邦政府的基金来资助半导体制造技术和设备的研究与开发。

第三种是为了提高某个地区部分行业的技术水平,组织综合性的研究开

发联合体,主要是在中小企业较多的行业。有些欧洲国家组织一些专门面向中小企业的研究开发联合体。

三、中小企业技术服务机构的运行机制

(一)以色列政府的技术孵化器计划

以色列政府支持的技术孵化器是非营利性组织,其主要目标是帮助创业者成功地实施和商业化他们的项目。通常一个孵化器能够容纳 10 至 15 个研究开发项目,为孵化项目提供设备和有关服务:帮助创业者分析其创意的技术可行性与市场适应性,起草研究开发计划,帮助获得实施项目需要的资金,帮助组织研究开发队伍,提供专业和行政管理方面的咨询、指导和监管,提供秘书和行政服务,维护、采购、会计和法律咨询,帮助融资和准备开发市场。孵化器是由一个领工资的职业主任、政策制定者和项目委员会共同运作和管理。政策制定者和项目委员会是由产业、商业、科学公司和工业经理,以及高技术企业的研发主管、教授、研究机构的负责人和公共人士组成。他们都是自愿参与这项工作,并且奉献他们有价值的经验、关系,以及所在企业或机构的基础设施。政府对每个孵化项目每年提供 15 万美元,两年共 30 万美元的资助;对每个孵化器每年资助 17.5 万美元,主要用于支付主任工资、行政管理费用,以及项目商业化和开拓市场的研究与组织费用。

(二)德国的技术中心

德国各地大约有 200 多家以中小企业为主要服务对象的技术中心,在创新体系中具有重要作用。这些技术中心是在各级政府支持下,主要由中小企业以股份制形式组建的。

技术中心的主要职能是连接大学、科研机构、工商协会、生产企业和政府的专业技术创新服务机构。其基本目标是促进技术创新项目的实施,为产业界提供研究开发和运用新技术的各种条件,推进先进技术扩散和产业化。技术中心的主要业务包括,进行技术分析,帮助企业制定技术创新目标;协助企业确定技术创新项目和协调组织项目实施;为技术创新项目提供人员培训、资料、试验设备和条件、后勤等全方位服务;为新技术新产品开拓市场提供帮

助等。

技术中心一般采取股份公司的形式,股东大部分是独立法人的小企业。技术中心既有经营性服务,也提供一些公共服务。其一部分经费来自各级政府的资助,用以承担协助推动政府政策、无偿或部分无偿地为企业提供服务。技术中心的主要经营性收入来源是协作服务的报酬、咨询费、办公楼、场地和试验设施租金等(租金较低)。中小企业作为股东对技术中心投资的主要目的不是为了赢利,而是为了获得技术咨询和服务。这种政府与企业共同创办的技术中心,有利于促进服务机构面向市场,根据市场需求确定服务项目。

(三)奥地利研究中心

奥地利研究中心是一个面向中小企业的非营利综合性服务机构。其研究和服务领域较广泛,包括电器研究、信息通讯、机械工程、工艺流程、材料技术、系统工程、环境工程和经济工程等。

奥地利研究中心是一个股份有限公司,共有五十几个股东,其中,政府占50.5%;企业占49.5%。股东不能撤股,只能转让。股东不享受分红权,只是在使用科技成果、进行技术转让时,可享受10%的优惠。中心的资金来源主要有两部分,政府投入占39%(逐年减少),其余主要是通过与企业签订的研究开发合同所得资金。该中心也应单个企业的要求开发一些专项技术,为个别企业提供技术服务。中心的技术转让或从公司所得效益分成的收入,如果再投入作为发展资金,则免纳"赢利"税。中心所属的独资或合资公司按公司法的规定运行。

(四)联合兴办孵化器和科技园区

根据国际经验,一些具有孵化器性质的小型科技园区是政府、企业、大学等联合创办的。通常,一些小型科技园区的公共基础设施是由当地政府提供的,多是政府参股,以企业为主的联合开发机构。如意大利的科技园区联合体是由地方政府、研究机构、企业、大学和金融机构组成的,美国得克萨斯州东南生物科技园是由两家大公司为主、研究机构和大学,以及州和地方政府共同出资组成的共建单位,具有孵化器的性质。

四、技术转移机构的组织与运行机制

从国际经验来看，无论是政府的技术转移机构还是私营的技术公司，尽管其运行机制和制度安排不同，但进行技术转移和实现技术商品化的基本程序是相近的。其中主要包括寻找筛选和获得技术、评估技术成果、进行专利保护、协助进行技术的商业化开发、市场包装、转让技术、监控转让技术进展等环节。

（一）政府或公共技术转移机构

美国1980年的《技术创新法》要求联邦实验室在技术合作中发挥积极作用，在一些主要的国家实验室建立技术应用办公室，国防部等部门组建了联邦实验室技术转移联合体，商业部的国家技术信息局还建立了联邦技术应用中心，负责提供联邦技术信息和转移技术的有关事项。

法国的科技创新和转让有限公司是专门从事技术转让和许可证贸易的公司，其股东是一些公共科研机构。该公司的主要工作包括选择与分析项目，寻找转让对象，签订开发合同或许可证贸易。其科研成果90%来源于公共科研机构，其余来源于欧洲其他国家。

日本产业规划中心（JILC）是国际贸易和产业省（MITI，现为通产省 ME-TI）授权建立的一个基金会组织，主要职能是从事地区发展规划与实施、促进投资、技术转移和建立商业孵化器，以及人力资源开发等工作。2002年，日本产业规划中心在改组日本技术交易所（JTM）的基础上，重建技术市场部。其职能是通过技术转移促进地区发展，提供的主要服务包括配合技术转移活动，组织技术交易洽谈会，构建、运作技术转移信息库等。

（二）商业性技术公司的运行机制

目前，国际上有些私营的商业性技术公司，对技术成果的转化和技术转移发挥了重要作用。通常，这些技术公司是具有融资、技术研究开发、市场开拓能力的专业技术机构，业务相对集中在几个专业领域。政府对这类机构并没有特殊政策，主要依靠公平竞争的市场环境，以及知识产权制度、研究开发投入税收政策等普遍性政策鼓励其发展。

英国的 TTP 公司是一家独立的技术开发和技术许可公司,其主要目标是对领先的新技术进行商业化。TTP 公司具有自己的实验室和预生产设备,雇佣高质量的工程师、科学家和商业开发专家。它不仅自己进行研究开发和技术许可,还孵化企业,从事风险投资和咨询业务等。TTP 集团拥有上千雇员,每一个雇员都是 TTP 集团的股权所有者。TTP 孵化的企业成长后,将一部分股份卖给员工。

五、专业技术服务行业的管理

(一)行业管理

专业技术服务业的特点是知识密集型,执业人员的素质决定了服务质量。因此,在专业技术服务行业,市场准入管理主要是进行执业人员的资格认证,而不是企业资格认证。根据国际经验,在一些专业技术服务行业,为了保证公众的利益,政府建立执业人员资格认证制度。

对专业技术服务执业人员的资格认证管理层次取决于服务对公众利益的影响。在美国,专业执业管理分为联邦政府、州政府不同层次,对公众利益影响越大,管理层次越高,越要实行全国统一标准管理。例如,凡是从事涉及公民健康、安全、福利以及社会公众利益等职业的人员,都必须由政府颁发执业执照。由政府颁发执照,就是由政府向社会公众保证执照持有人确有从事相关业务的能力。对一些重要的专业技术服务执业管理还有专门的法律,并设立专门的政府管理委员会。法律规定执业管理部门的职责、执业许可范围、执照管理及惩罚措施等。执业管理委员会的主要职能是,明确持照执业的经营范围,规定管理执业执照的程序;监督专业准则的执行;审查执照申请人的资格,建议政府发执照;受理投诉案件等。

专业技术服务机构的设立是按照公司法等民法来进行管理的。主要组织形式有合伙制、有限责任制和个人独资制等。机构的性质分为营利性机构、非营利性机构和公共机构。机构的信誉是在竞争中建立起来的。

专业技术服务的行业协会是民间自发组织的行业自律组织,没有任何政府的行政职能。其主要功能是,建立成员单位共同遵守的职业规范和行为准则,维护成员利益,为成员提供信息交流、培训服务等。

(二)非营利机构的管理

在市场经济国家,通常根据资金来源划分科技服务机构的性质。科技机构被分为公共机构、非营利性机构和私营机构,没有公益性机构的概念。由于公共机构、非营利机构和私营机构都可能提供公益性活动,因此,公益性主要是指服务活动的性质而不是指机构的性质。公共研究机构是指大学、国家实验室和其他以接受公共资金为主的研究机构。非营利机构的资金来源主要是捐助资金,收入只能用来发展业务,不能用来支付投资者回报。非营利性机构享受政府税收优惠政策,同时较多接受政府的监管。公共机构和非营利性机构承担了大量的公益性服务职能。

《美国法典》国内税收法中界定了 25 大类非营利机构,其中包括科学机构。美国国内税收事务局(IRS)制定的手册中,对于非营利"科学机构"给出了比较详细的判断标准。一个"科学机构"必须是完全为"科学目标"成立和运作的,同时要具备"非营利"的标准,必须满足下列三个条件之一①:

第一条,服务于公众的而非私人的利益(相当于我们所说的公益目标)。由于对"服务公众"比较难以界定,在实际操作中主要看两条,该机构是否将成果全部免费公开,或者是否以各级政府部门为主要服务对象。

第二条,从事某些特定的研究活动。IRS 手册判断一项"研究活动"是否具有公益性的标准。一是研究活动是否不为任何商业活动服务。在商业活动中附带发生的研究活动,不论其性质如何,都没有公益性。二是研究活动是否服务于公共利益,其条件是:研究活动的成果(专利、版权、工艺、配方)全部公开,无差别地提供给所有公众;或者研究活动是为联邦政府、联邦政府的某个部门或直属机构服务;或者是为某个州政府或更小的政府单位服务;或者研究活动能够为全体大众谋福利。三是符合特定条件的合同研究(包括商业研究)。有些研究活动尽管是在资助合同下进行的,甚至是根据私人企业的商业合同进行的,但只要符合一定条件,也可以被认为是"服务于公众利益的科学研究"。具体包括:所有政府部门(联邦或地方)资助的合同研究;在有利于

---

① 王辉:《美国的公益性独立科研院所》,《全球科技经济瞭望》2000 年第 6 期。

资助方的同时,以其他方式服务于公众利益的研究,如有助于科学教育产生某个新产业或治疗某种疾病;资助方可以保留有关权益(包括申请专利),但必须及时公开研究成果。其中"及时"是指在研究进行过程中或研究完成后马上公开。如果资助方需申请专利,还可以给予一个准备和提交专利文件的缓冲期。

第三条,从事公共安全检测。美国《国内税法》第 501 款规定,所有符合条件的非营利机构都可以享受免税待遇。按照美国法律,联邦政府下属的科研机构是政府机构,本来就享受免税待遇。因此,不需要申请"非营利科研机构"。

参考文献

1. 吕薇、李志军、马名杰:《政府对产业技术研究开发的资助与管理》,中国财政经济出版社 2001 年版。

2. 郭励弘、张承惠、胡静林:《专业技术服务业的比较研究》,国务院发展研究中心《调查研究报告》2001 年第 6 号。

3. 吕薇等:《知识产权制度面临的挑战与对策》,中国发展出版社 2004 年版。

外国政府对研究开发联合体的资助[*]

20多年来,企业研究开发联合体在发达市场经济国家得到长足发展。其主要原因,一是随着经济全球化趋势的发展,全球性的竞争加剧,为了提高国家产业竞争力,一些企业形成战略联盟,以提高行业整体竞争力;二是由于产业技术的快速进步,基础性研究和应用研究开发的比例增加,一些高技术的转化成本很高,导致企业研究开发费用大幅度上升,单个企业难以支撑如此巨大的研究开发费用,需要企业联合起来利用共同资源开发共性技术。因此,企业、大学和政府科研机构之间的联合研究开发成为一些重大技术研究开发的重要趋势。

一、研究开发联合体的主要功能和运行机制

研究开发联合体的组织形式因目标和行业特点而异。从成立联合体的目标来看,可以归纳为三种基本类型。

第一类是为了突破某一项关键技术,由一些大企业组成短期战略联合。这种联合体是围绕某一项技术的研究开发而成立的临时联合体,当研究开发任务完成后,联合体解体。如在 1976~1979 年,日本为在计算机制造领域赶超美国,富士通、日立、三菱机电、日本电气和东芝 5 家公司组成超大规模集成电路技术研究组合,共同研究开发超大规模集成电路技术。政府预算也对其投入了相当的补助。在 4 年内,研究经费总额达 737 亿日元,政府补助 291 亿日元,约占总金额的 40%。结果是,1980 年日本比美国早半年公布研制成 64K 集成电路,1981 年就占领了 70% 的世界市场。1980 年日本电气通信研

---

* 本文发表于国务院发展研究中心《调查研究报告》2001 年第 34 号,2001 年 2 月 28 日。

究所比美国早两年公布研制成功 256K 动态存储器。到 1986 年,日本的半导体产品占世界市场的 45.5%,高于美国的 44%,成为世界最大的半导体生产国。又如,当美国计算机界面临来自日本的竞争压力时,在 1987～1992 年,AT&T、IBM、英特尔和摩托罗拉等大企业成功地联合开发大批量生产 256K 集成电路动态存储器(DRAM)所需的 0.35 微米级半导体加工技术。5 年内研究开发项目总投资 10 亿美元,政府出资 5 亿美元。20 世纪 90 年代,美国企业为了提高其数字技术的竞争力,控制世界市场,共同开发制定数字技术标准。

第二类是为了提高行业整体竞争能力,由几家本行业的大型企业与相关中小企业联合组成的长期稳定的研究开发联合体或行业技术协会。美国的研究开发联合体大都是行业性的研究中心。如美国的半导体技术公司(以下称"SEMATECH")是由 14 个美国半导体公司于 1987 年联合发起的一个非营利组织。由于 20 世纪 80 年代美国对国外半导体设备供应,特别是对日本设备的依赖度增加,一些大型半导体生产厂家产生忧虑,愿意提供大额资助,支持半导体制造技术和设备的研究开发。SEMATECH 的成立是为了提高美国的半导体生产能力,抵御来自日本的竞争。这一联合行动得到国会的支持。SE-MATECH 成员公司利用其自有资金和来自联邦政府的基金来资助半导体制造技术和设备的研究与开发。

又如,组织工程研究中心(以下简称"ERCs")是美国国家科学基金资助计划的一部分。ERCs 是美国国家科学基金资助的由产业界参与的跨学科的研究中心,以研究开发新的工程技术系统为主。ERCs 设在大学,与企业之间有密切的联系。据 1996 年统计,美国约有 20 个 ERCs,参加 ERCs 的企业总数为 556 个,每个中心平均有 35 个成员企业,其中 48% 是中小企业。财富论坛的 500 强中 50% 的企业参加了 ERCs。ERCs 的资助项目要求大学和产业界共同合作研究关系到产业界利益的工程问题。仅 1996 年,18 个中心获得 228 项专利,有 1142 个软件许可发放给成员公司,还有上百项非专利创新用于成员企业。

尽管 ERCs 接受国家科学基金的资助,但还吸收了大量的企业资金。一是成员单位要缴纳会费。会费标准根据行业和企业规模不同而有所不同:一般高收益行业中心的会费高一些,股东企业的会费高一些,小企业的会费少一些。二是企业对专门研究项目的资助。有些企业对自己感兴趣的研究开发项目提供专门资助。ERCs起到技术推广的作用,大部分中心的成员企业具有获得中心出资开发的知识产权的同等权利。一般知识产权归学校所有,而成员企业则获得使用许可。三是为了提高某个地区部分行业的技术水平,组织综合性的研究开发联合体,主要是在中小企业较多的行业。

欧洲国家组织一些专门面向中小企业的研究开发联合体。如奥地利研究中心是奥地利最大的一个面向中小企业的非营利综合性服务机构,采取股份有限公司的组织形式。该公司共有五十几个股东,其中,国家占50.5%,企业占49.5%。股东不能撤股,只能转让。股东不享受分利权,只是在使用科技成果,进行技术转让时,可享受10%的优惠。中心的资金来源主要有政府投入,约占39%(逐年减少);其余则是通过与企业签订的研究开发合同所得到的资金。中心的技术转让或从下属公司所得效益分成的收入,若再投入作为发展资金,则免纳"赢利"税。

从上述研究开发联合体的类型可以看出,研究开发联合体主要适用于竞争前的共性技术研究开发。其主要功能,一是开发共性技术,在成员企业和单位之间扩散;二是提供行业技术普及教育,传播新思想和新成果;三是联合体内成员之间共享人力资源和基础设施资源;四是建立和推行行业标准;五是实现某一技术的共同赶超。通常是企业共同开发一个更高层次的技术平台,在此基础上相互竞争的企业再分别进行差别技术的研究开发。

联合体的资金筹措方式,一是成员间分摊研究开发项目成本;二是实行会员制,联合体的成员根据销售收入等情况,按年或一次性缴纳会费;三是会员制和外部融资相结合。即成员企业要缴纳一部分,同时以贷款和债券等方式筹集一部分资金。有些联合体因采用基金运作方式筹集和管理资金,又叫做基金会。

二、政府对研究开发联合体的资助方式

各国政府资助研究开发联合体的具体做法不同。有的是在一定周期内提供固定的投入,但在大部分情况下,政府对联合体的资助是不固定的。通常,政府是根据联合体(或基金会)的业绩和提交的项目计划,决定是否提供资

助。政府资助的方式也是多样化的,有拨款、贴息和担保贷款,长期稳定资助和一次性资助等。政府资助的方式与联合体的性质及资助项目的性质有关。

（一）资助方式与目标的关系

从政府的资助目的来看,有两种基本情况。一是政府资助研究开发联合体的目的是培养和建立企业之间、企业与大学和国家实验室之间的长期合作关系。这种情况下,政府对联合体给予较长期的稳定资助。如美国国家科学基金资助了一批工程研究中心,其目的是培育企业之间或企业与大学之间的联合,提高行业的技术竞争力。通常,国家科学基金对一个中心的支持不超过11年,到期后,中心将在没有国家科学基金的资助下维持运转。又如,欧洲的一些研究开发中心和基金会也获得政府较长期的资助。

二是政府资助研究开发联合体的目的是为了实现某一应用技术的竞争前研究开发,直接对联合体的某一具体研究开发项目提供资助。如美国政府对SEMATECH 的资助就是根据具体项目而定的。1988 年,国会同意在 5 年内,每年拨款 1 亿美元资助工业界开发半导体制造技术。因为当时的半导体制造被认为是国防技术的基础,政府通过国防部对 SEMATECH 进行拨款和项目管理。在原定的研究开发计划到期之后,国防部继续向 SEMATECH 的项目进行投入。但是到 1995 年,SEMATECH 意识到自己已经完成了预定的大部分目标,并相信自己能够通过工业界的资助自我发展。为了获得更大的自由来制定自己的研究方案,减少政府资助的不确定性,SEMATECH 宣布它将不再需要公共支持。1998 年,SEMATECH 成立 SEMATECH 国际,允许外资公司参加联合开发研究。

（二）资助方式与项目风险的关系

从资助的项目风险来看,当联合体的研究开发项目的风险较大时,政府的资助一般采取拨款方式,即无偿的。当研究开发项目具有明显的商业价值时,政府的资助一般是有偿的,如无息贷款等。日本政府在资助 5 家大型半导体生产企业联合开发"超大规模集成电路技术"时,就采取无息贷款的方式,政府贷款是研究开发预算的 1/3。美国政府在资助大规模集成电路联合开发时,因该项目对工业和经济发展有重要影响而民间企业又不能独立完成其研究开发投资,尽管该项目有明显的商业前景,政府还是采取无偿拨款的方式,其投入占总投入的50%。

(三)政府资源的有效利用

政府资助 R&D 联合体的作用不仅仅在于提供资金支持,还包括提高组织的信用和提供有价值的共用资源。如美国科学基金资助 ERCs。尽管政府每年对一个中心的资助量并不大,但确实发挥了重要作用。一是政府出面提高联合体的组织能力和成功率。因为单个企业很难组织众多企业联合开发,政府的资助增强了企业联合的信心。二是通过资助项目引导企业的研究方向。三是提供一些有价值的政府资源,如信息、数据库和专家资源库等。

外国政府科技资助项目的
管理体系和机制分析*

政府资助研究开发项目属于公共财政的范畴,加强资助项目管理是保证政府资助项目获得预期效果,提高政府资助效率的一个重要环节。因此,项目管理是政府资助经费管理体系的重要部分。本文重点根据欧美日等几个市场经济国家的实践,分析其政府资助项目管理体系和管理机制的特点。

一、政府资助项目管理体系

(一)法律法规先行

各国大都是通过制定一系列相应的法律和规章,明确资助计划的职能和具体管理办法,从而使项目管理从计划到实施都有法可依,有章可循。

1. 项目管理有法可依

从各国的经验来看,政府要设立一项资助计划,首先要制定与其相关的法律法规。各国政府的科技计划大都是经过国会讨论决定,并为此设立专门的法案和预算项目。如美国的"先进技术发展计划"、"制造业合作发展计划",日本的"产业振兴计划",奥地利的"工业研究促进基金会",等等。每个计划都有明确的目标、扶持重点和对象,明确规定了经费管理部门的权利与义务、管理运作程序等,并向社会公开。因此,资助项目管理部门是依法管理项目。

通常,资助计划和预算要经过国会讨论和批准。有些大型资助项目也要直接由国会批准。如美国政府对超大规模集成电路技术的联合研究开发项目的资助预算经过国会辩论。

---

* 本文发表于国务院发展研究中心《调查研究报告》2001 年第 33 号,2001 年 2 月 26 日。

2. 制定规范的经费使用和收入管理办法

由于政府的科技资助属于公共财政支出范围,为保证财政科技经费用到该用的地方,各类政府资助计划都对资助经费允许的支出范围和标准,以及收入的处理做了明确、细致的规定。如美国国家科学基金会编制了基金资助项目的一般条件和资助项目分类,对成本和收入的范围、成本分摊和收入处理原则、采购标准和程序、经费支出计划等,都做了详细的规定。

3. 建立严格的项目评估和审计制度

研究开发项目的评估和审计内容不仅仅是财务方面的,还包括科研目标、科研组织和管理及项目与市场的关系等内容。因各种研究开发项目的性质不同,最终承担的风险和效果不同。比如,基础性研究的成果与产品技术研究开发不同,往往不能形成有形的和直接可以使用的产品。因此,要采取不同的方法对研究开发项目进行分类评估和审计。一般来说,项目研究经费支出的审计是按照合同的预算项目、金额和进度进行。由于基础性研究项目具有不确定性,其最终研究成果往往与预期的结果不同,在项目执行过程中,需要及时调整研究思路和进度。因此,对基础研究项目的管理比较灵活,允许项目负责人根据项目进展情况对研究和支出计划进行一些调整,但必须保证财政经费用于项目研究,并按规定记录支出账目。

由于研究开发项目管理的专业性较强,仅靠政府管理部门的官员是难以进行的。因此,政府资助计划的管理部门大都设置了专门的科技办公室来负责科技资助项目的管理,或者建立内外结合的项目管理机构。科技办公室不仅有内部专家,还有来自大学、研究机构、产业界的专家组成的外部专家组;不仅包括技术专家,还有经济和管理专家。

(二)资助项目管理机构多样化

从国际经验来看,政府对资助计划和项目的管理分为直接管理与委托管理两大类,管理机构可以归纳为四种类型:政府行政管理部门、国家实验室、基金会和专业协会或企业联合体。

1. 政府行政管理部门

政府资助管理机构大部分是政府的行业管理部门。行业管理机构主要负责资助本行业内的研究开发活动。大部分国家的行业管理部门分类比较综合,按大领域分类。美国有航空航天局、能源部、商业部等。有些管理部门内部就有大量的专业技术人员,有些则依靠外部专家委员会。如美国能源部内部就有大量专业工程技术人员负责资助项目计划和实施管理。

2. 国家实验室

有些大型国家实验室自己既搞研究开发,也是资助课题的委托人。如美国的国家卫生研究所(NIH),本身就是一个从事卫生、健康基础研究的世界著名研究机构,卫生和人类服务部还授权其负责全国卫生、健康课题的资助计划及其实施管理。美国商业部也委托国家技术和标准研究所负责先进技术发展计划的编制、组织实施和跟踪评估。

日本的综合研究开发机构是依 1974 年《综合研究开发机构法》,由政府审批成立的著名社会科学研究机构之一,也是日本政府和产业界领导集团依靠的重要智囊机构。该机构设有由政府、产业界及各大企业共同出资的研究基金,并负责管理基金,对外委托研究项目。

3. 基金会

政府建立专门资助 R&D 的基金,委托基金会依法进行运作和管理。如美国的国家科学基金、奥地利工业研究促进基金等。通常,政府出资的基金大多是用来资助基础性研究,资助面较广,具有综合性。

4. 专业协会或企业联合体

一些政府资助的行业协会和技术中心也承担资助研究开发项目的管理任务。美国的工程研究中心就是国家科学基金资助的,由政府和产业界共同出资建立的行业性组织,负责组织产业界联合研究开发,并促进技术在成员单位间扩散。工程研究中心不仅接受国家科学基金的监督管理,也接受成员企业的监督。

二、资助项目管理机制

(一)内外结合的计划形成机制

美国能源部研究开发一揽子计划的管理是政府资助研究开发计划管理的一个典型例子。美国能源部采取内外结合的多层次的项目评估机制。在编制计划阶段,就委托几家外部研究机构提出规划方案。立项阶段要经过初审、正式评审和比较评审三个环节。初审由能源部科技办公室的项目经理对申请项目的科学技术的含量与价值、与能源技术战略任务的相关程度、保证金等进行审查。通过后,进入正式评审和比较评审。正式评审和比较评审是由能源部内部专家和外部专家同时分别进行评审。

美国能源部的科技资助计划形成过程包括三个主要阶段:

第一阶段是研究开发—揽子计划的编制与分析。首先,根据能源发展战略目标确定研究开发活动的优先顺序。有时一个战略目标要涉及多个部门,因此,将研究报告汇总为实现某一战略目标需要进行的各种研究开发活动。其次,能源部委托几家独立的大型外部研究中心或协会提供一揽子研究开发计划方案,再由能源部的专家汇总。

第二阶段是多个专家审议会。能源部组织各方面的专家讨论一揽子计划研究报告。为了便于进行比较和选择,通常提交两个一揽子计划研究报告给专家组讨论。由能源部项目办公室的专家,大学、国家实验室和企业专家组成几个专家组,分头讨论。专家组以国家综合能源战略为导向,评价一揽子研究开发计划是否符合国家整体战略,并确定资助领域的优先顺序和资助强度。

第三阶段是确定研究开发技术路线和项目计划。专家组是在高层次上确定研究开发活动的优先顺序。由于专家组的意见可能不同,能源部采用路线法(或详细计划法)决定满足项目目标需要的研究开发活动。专家们还要专门提出哪些领域是民间企业感兴趣的。

(二)资助方式多样化

政府资助研究开发的方式有多种形式,可以分为直接资助、间接补贴和奖金三大类。

1. 直接资助

直接资助有三种主要形式。一是直接拨款。直接拨款是各国政府资助研究开发的常见形式。政府资助资金的拨付形式主要有两类。一种是由代理部门直接按合同支付给课题组。许多直接招标的课题都是采用这种支付方式。如美国国防部的资助项目大都采取项目负责人制度,经费直接拨付给课题组。另一种是由代理部门先拨付给承担课题研究任务的主要人员所在机构,再由机构按合同向课题组拨付。日本的"经常研究"预算经费就是采取这种方式。

拨款资助通常用于基础性研究和共性技术研究开发项目。

二是合作研究开发,提供可利用资源。在合作研究开发协议中,政府一般不直接给企业拨款,而是为参加合作开发的企业提供可利用资源,如已有科研成果,国家实验室的设备、人员和信息等。政府只给参加合作研究开发的大学或国家实验室拨款。

三是长期无息贷款。有些政府在资助企业产品技术研究开发时,为企业提供"无息贷款"。如欧洲"空中客车"在研制 A300/310 机型时,曾获得政府的长期"无息贷款"。政府与企业达成协议,企业根据飞机销售情况进行偿还。如果飞机销售情况不好,企业不能赢利,就免于偿还,从而大大降低了企业研制新型飞机的风险。这种资助方式主要用于具有商业价值,但风险较大的高技术含量的产品研制,也被称为风险合作。

2. 间接补贴

通常,各国政府对企业层次的产品研究开发项目采取税收减免、贷款担保、贴息等多种方式进行间接补贴。税收减免是一种常用的、有效的鼓励企业进行研究开发的政策工具。其政策覆盖面比较广,是一个普遍性的政策。美国政府对企业研究开发支出减免20%的税收,仅 1998 年一年就补贴企业研究开发 700 多亿美元;1992 年美国税务法庭决定允许公司在计算研究开发税收减免时使用工程师的认股权。日本和韩国企业的技术研究开发大部分是引进技术消化吸收和改进,研究开发风险较小,两国政府则较多地利用低息贷款或无息贷款等方式补贴企业的引进技术和研究开发。

3. 奖金

还有一种形式就是政府向成功的研究开发提供奖金。奖金方式实际上也是政府采购民间研究成果。政府提出具体的技术产品性能要求,"悬赏"企业进行研究开发。奖金的方式可以降低政府资助的风险。如果没有人有发明的话,政府就不必支出;如果奖金额度恰当,会吸引一定数量的企业来进行竞争研究。奖金方式的关键问题是如何事先确定奖金的数量,若奖金数量过低,不能补偿成本,则无人愿意进行研究开发;若奖金过高,可能刺激过多的研究,造成资源浪费。

（三）多种形式的合同机制

政府资助研究开发项目的合同类型与研究开发的性质有关。通常,研究开发项目的不确定性越大,合同的灵活性就越大。

1. 按资助形式分类

根据资助形式的不同,合同可以分为四种类型:拨款合同、管理与运作合同(M&O)、合作开发协议(Cooperative R&D Agreement)和委托研究合同。

拨款合同适用于一些灵活性较大的基础性研究开发项目。由于基础性研究的不确定性较大,在预算期间难以确定具体的支出项目和周期,拨款合同通常采取按年或一次性拨款。

管理与运作合同是政府实验室的委托管理合同。如美国能源部下属20个国家实验室中有17个是委托大学、非营利机构和企业运营管理。政府与受托单位签订管理和运作合同,实验室及其研究设施归能源部所有,能源部按合同拨付运行管理经费,大学、企业和非营利性机构等受托单位根据合同进行管理和运作。

合作开发协议是一种政府与企业联合开发的合同。美国联邦政府在向民间企业转让技术时,通常采用这种合同模式。这种合同是政府与民间部门之间签订的互益的联合研究项目协议,体现了政府向民间企业转移技术,民间机构利用公共资源的新机制。其适用对象为企业、外国机构、非营利性组织和学术机构等。美国联邦政府一般不用公共资金直接投入私人部门的研究工作,而是资助参加合作研究项目的大学和国家实验室,或为民间机构提供可利用的公共资源。合作开发协议规定,在其研究范围内,协议合作者可以申请使用任何允许使用的资源,包括国家实验室或大学的人员、设备、服务、智力资产或设施。合作开发协议之所以是互益的,首先是因为这种智力资源组合形式非常灵活;其次,民营部门可以利用政府独特的分析能力。另外,合作开发协议还为发展政府与民营企业之间的联系和相互支持提供了机会。

委托研究合同适用于结果比较确定的研究项目,合同中通常明确规定了研究成果的要求和详细支出计划。

2. 根据成本分摊方式分类

根据成本的可变性,项目合同可以分为固定成本和可追加成本合同。如美国军方与企业签订的研制合同通常有两种基本模式,即固定价格合同和成本补偿合同。

固定价格合同共有四种形式。一是厂商固定价格合同。这种合同是由买卖双方经谈判后,按固定价格计算合同价款,合同商在签订合同后承担全部财务风险。不管合同商在研制和生产中花去多少费用,合同甲方均不予财务补贴。二是随行情变化的固定价格合同。这种合同也是以固定价格付款,但若中途遇到原材料市场价格或劳动力价格上涨等变化,买方则按上涨后的固定价格付款。此合同可以保证合同商不因原材料等价格上涨而遭受经济损失。三是固定价格加奖励合同。按固定价格签订合同后,如果合同商在研制或生产过程中,因采用先进技术或其他措施而降低了费用,提高了产品性能,合同甲方则给予合同商一定的奖励。四是固定价格调整合同。这种合同也是按固定价格付款,但规定每隔一段时间进行一次价格调整。

固定合同的灵活性较低,适用于结果比较确定的研制项目,主要用于设备或研究成果的采购,武器装备的研制,以及对院校研究基础设施的投入。

成本补偿合同也有四种形式。一是成本加固定费用合同。合同甲方除付给合同商全部成本外,还要加付固定的酬费,作为合同商的利润收益。二是无酬费的成本补偿合同。合同甲方只向合同商支付成本而不付酬费。三是成本均摊合同。合同甲方与合同商共同研制某个产品时,由双方平均分担实际发生的费用。四是成本加鼓励金合同。合同甲方除付给合同商成本外,再按具体情况加付一定的鼓励金,作为对合同商的酬费,但鼓励金多少并不固定。成本补偿合同体现了美国国防部订购武器过程中,特别是在武器研究开发和研制过程中的"成本分担"原则,即政府可能会承担全部或很大一部分超出合同预计的费用,这样才能吸引民营企业来承担风险大的研究开发项目。

成本补偿合同的灵活性强一些,通常用于技术研究开发和不确定性较大的产品研制。

(四)产权处理机制

一般来说,在政府资助计划中,对其资助形成的资产处置都有明确规定。政府明确产权的目的不是为了自己获利,而是防止滥用和垄断,以促进技术转让。

产权处理方式与资产的形态有关。政府通常明确对其资助形成的实物资产拥有最终所有权，被资助单位有处置权。资产的处理有捐赠、转让和留作机构资产等多种形式，无论采取哪种形式都需要向资助管理机构报告。

对研究成果知识产权的处理方式与政府资助方式和资助比例有关。一般来说，政府投入比例越高，对知识产权的控制力越强，反之亦然。主要有以下三种情况。

一是政府拥有全部或部分知识产权，必要时允许其他企业使用该项研究成果。根据美国能源部的做法，当政府的资助在50%～75%时，政府拥有研究成果的知识产权，企业从政府处获得应用许可。这种方式主要用于政府与企业协作开发项目，或政府向企业转让已有科研成果。当获得技术成果应用许可的企业不能很好利用该项成果时，政府可以将成果转给其他企业继续进行研究开发。当企业投资比例较高，如高于50%以上时，政府则放弃对知识产权的要求，企业拥有成果的知识产权。

二是政府进行有偿资助，不拥有知识产权。当研究项目有明显商业价值，回报较高时，政府通常采取有偿资助的方式，不控制研究成果的知识产权。项目获利后，企业返还政府补助金，返还资金直接交国家财政。

三是政府对其投入形成的成果拥有股权。这种形式在欧洲应用较多。欧洲一些国家在扶植一个重要产业发展时，有时采取国有化的方式，增加政府对企业的投入，当企业形成竞争能力后，在适当的时候将其民营化。如欧洲"空中客车"的一些骨干企业是国有企业，政府的资助和补贴直接形成国有资产。目前，"空中客车"已经具有较强的市场竞争力，有关政府开始计划对其实行民营化。

（五）建立技术成果转让和扩散机制

各国政府对其资助的研究开发成果的技术转让和扩散都比较重视。如为了促进国家实验室向民营部门转让技术，美国国会通过了一系列法案。联邦政府各部门相继成立了技术转让办公室，近些年还成立了国家实验室技术转让联合体。政府赋予国家实验室技术转让的职能，并授予发明、发现和其他创新的鉴定与保护，智力资产许可协议的谈判，合作开发协议的谈判与执行，技术咨询与人员交流等方面的权利。美国的"小企业创新研究计划"（SBIR）要求联邦政府机构中,凡年度研究和开发费用超出 2000 万美元以上的联邦单位,每年要为小企业确定科研项目和目标。《联邦技术转让法》规定开展技术转让是所有国家实验室科学家和工程师的义务,把技术转让作为评价雇员业绩的一项重要内容;允许国家实验室技术发明人获得不低于 15% 的专利许可费。《国家合作研究法》取消了对企业研究开发联合体的限制,并鼓励国家实验室与企业签订合作开发协议。

美国政府在计算机技术
发展中的作用及启示*

美国的计算机产业在世界上占主导地位,政府起了重要作用。美国政府对计算机产业的支持之所以能够产生明显的效果,关键是政府职能明确,不断根据产业发展需要调整支持方向,改进资助体系和管理。总结美国联邦政府支持计算机技术研究开发的经验,对我国政府支持产业技术发展有着重要的借鉴作用。

一、美国政府对计算机技术发展的支持

第二次世界大战结束后,美国联邦政府一直是计算机技术的强有力支持者。按 1995 年不变价计算,在 1976 ~ 1995 年期间,联邦政府对计算机科学研究和技术开发的支持由 1.8 亿美元增加到 9.6 亿美元,增长了近 5 倍。其中,基础研究投入由 6500 万美元增加到 2.65 亿美元;应用研究投入由 1.16 亿美元增加到 7 亿美元。联邦政府资助中约 35% ~ 45% 投向大学,其余 55% ~ 65% 投向政府实验室和产业界;政府基础研究资金的 70% 投向大学。联邦政府还对其他与计算机技术相关的研究给予资助。联邦政府对与计算机研究相关的其他技术和电子工程研究方面的投入由 1972 年的不到 10 亿美元增加到 1995 年的 17 亿美元,占联邦总投入的比重由 5% 增至 7%。

联邦政府从其职能出发决定资助方向,政府资金主要投向以下几个方面。

（一）重点支持长期的基础性研究

美国政府在长期基础性研究和共性应用技术的研究开发方面发挥了重要

* 本文发表于国务院发展研究中心《调查研究报告》2000 年第 179 号,2000 年 11 月 30 日。

作用。长期基础性研究的主要特点,一是其效益往往在短期内无法显现出来,风险较大。特别是在产业发展初期,企业没有实力进行这样的研究工作。二是其应用领域往往比较广泛,一家公司无法完全利用,而且又无力阻止竞争者利用其研究成果。因此,产业界较少对长期基础性研究进行投资。

美国联邦政府对计算机技术的长期基础性研究的资助项目已经取得了明显的效果。如政府资助的计算机人工智能技术研究开始于20世纪70年代早期,直到1997年才研制出能够成功识别持续性语音的个人电脑。与此相似的是,国防基金从20世纪60年代就开始资助可用于三维图像的基础性系统研究,直到20世纪90年代才形成消费性产品。尽管这项成果在高性能仪器中早已开始应用,但近些年才广泛应用于医疗、娱乐及国防产业。

(二)资助计算机研究的基础设施

美国联邦政府在计算机基础设施建设方面发挥了关键作用,为美国发展计算机产业提供了源源不断的人才。

1. 为产业发展培养了大量人力资源

联邦政府的资助计划培养了一大批电子工程和计算机科学的研究生和优秀研究人员,为计算机和电子工程的发展提供源源不断的后续人才。国家科学基金的数据表明,1985～1996年间,获得联邦资金资助的计算机和电子工程专业的研究生比例从14%增加到20%。联邦政府对研究生的资助主要采取助教奖学金的形式,助教奖学金占总资助额的75%以上。1985年到1995年,在全国最好的计算机院系里,如MIT、卡内基·梅隆、加利福尼亚大学伯克力分校等,约有56%的计算机和电子工程专业的研究生得到了联邦政府的资助,其中一半是助教奖学金。1997年,斯坦福大学电子工业和计算机专业27%的研究生获得联邦政府资助,50%～60%的博士得到资助。同时,政府资助的一些大型研究项目还培养了一批学术带头人。

2. 为大学教育和研究提供了良好的设备和设施

配备和维护研究的硬件设备需要较高的资金投入,一般的大学很难筹集到这笔资金。联邦政府采取多种形式来支持大学购买计算机设备,其中有两种主要形式,一种是为大学教学提供计算机设备;另一种是通过资助特定研究项目为大学提供精良设备。

联邦政府在支持大学研究设备方面的主要贡献,一是支持建立大学计算中心,资助大学计算机系开展研究工作。国家科学基金(以下简称"NSF")于1956年就开始了为大学提供普通教学和研究用计算机的资助计划。该计划每年提供的资助金额增长很快,1958~1970年间,共资助了6600万美元。20世纪60年代,国防部高级项目处(以下简称"DARPA")重点资助了少数几个基础好的大学计算机系(如MIT、卡内基·梅隆大学、斯坦福大学、伯克利)开展专门项目研究,资助项目的大部分资金用来采购设备。据估计,20世纪60年代,全美大学中约一半的计算设备是由政府机构资助提供。1981~1995年间,联邦政府资助了计算机科学系研究设备采购的65%,1985年高达83%。在电子工程方面,联邦政府的设备资助也维持在较高的水平,1982年为75%,1995年为60%。NSF启动了两套专门为计算机科学系提供设备的计划:计算机研究设备计划和一个更加广泛的协作实验研究计划。

二是研制高性能计算设备和建设网络设施。20世纪80年代中期,政府资助了IBM701等高性能计算机的研制,制造出供研究人员进行各种研究使用的大型计算机系统。1985年,NSF启动了一项建立超级计算机中心的计划,资助建立了5个全国范围的计算机中心,为那些不能在普通计算机上进行的高级的、运算复杂的研究提供了条件。后来,这些中心成为高性能计算机的早期试验场,还对一些计算机科学系的教学起了重要作用。同时,这项计划还带动州、私人部门出资在其他大学建立超级计算机中心。

随着网络技术的发展,政府加大对网络设施的资助力度。1973年起,NSF着手进行一项科学网络的计划,每年提供60万到75万美元为大学的研究人员建立计算机网络。

(三)支持利用高新技术的大型应用系统的研究开发和推广

联邦政府有效地资助了大型应用系统的研究开发项目。DARPA支持了计算机间相互联结的分批转换网络(ARPANET)的研究项目。这项研究促进了有关入网协议、分批转换及路线安排等项研究。同时也推进了对大型网络管理模式的开发研究,如域名系统及开发电子邮件等。DARPA的研究成果显示了大型分批转换网络的价值,促进了其他网络的开发。NSF网络的建立形成了网络的基础。政府通过资助大型高新技术应用系统的开发,把学术界和产业界的研究者会聚起来共同建立共用的实验室,交流思想,从而创造出一支有能力最终推动技术发展的研究力量。20 世纪 50 年代的 SAGE 项目组织了来自 MIT、IBM 及其他研究实验室的研究者,整个项目过程中出现了许多创新思想,目前在计算机行业已经获得广泛认可的想法都是当时提出来的。许多计算机行业中的先驱人物也从 50～60 年代的控制计算机系统(SAGE)项目中获得了经验,后来这些人在代表着计算机及通讯事业新兴的公司及实验室中工作。SAGE 的影响在后来的几十年中才逐步显现出来。

构造大型应用系统的实践表明,有些研究并不一定直接导致某一项技术的创新,而是推动开发与技术推广。应用开发是对已经研究出来的技术进行分析和合理组合,形成新的应用系统。如建立大型应用系统的研究项目就是把电子通讯系统的原理应用到 ARPANET 项目开发中,形成了网络技术的基础。

(四)对产业技术的早期资助

20 世纪 50 年代,联邦政府资助了绝大部分计算机技术的研究。那时,政府对计算机技术研究开发的资助超过工业界 R&D 投入的 3 倍,几乎覆盖了整个计算机界的研究与开发。直到 1963 年,政府还资助着 IBM 计算机 R&D 的 35%,Burroughs 公司的 50%,Control Data 公司的 40%。从 20 世纪 60 年代末开始,因为整个计算机行业快速发展,政府对计算机 R&D 资助的比例急剧下降。直到 70 年代中期,政府资助仅占计算机 R&D 投入的 25%,1979 年达到第二次世界大战后的最低点 15%。随着新项目的启动和里根总统执政时期的国防建设,在 1983 年,政府对计算机技术研究的资助比例又回升到 20%左右。

美国政府对产业界的资助重点放在推动技术商业化方面。一是对产业界早期研究的资助。政府对企业实验室提出的一些有市场前景的技术给予资助,将其推向商业化。例如,IBM 最先提出了相关性数据库的构想,但 IBM 考虑到这项技术构想可能对自己已经成熟的产品造成潜在的竞争威胁,没有继续进行商业化研究开发投入。而 NSF 资助加州大学伯克力分校对这一构想进行深入研究,并将其推向商业化。二是支持共性技术研究开发。有些研究开发具有商业价值,但属于共性技术,单个企业难以研究开发,或者企业担心难以控制竞争者使用技术成果。IBM 最先开发了 RISC(精简指令系统计算机),但直到 DARPA 资助加州大学伯克力分校及斯坦福大学进行深入研究时,RISC 才实现了商业化。该研究是作为 20 世纪 70 年代末 80 年代初"大规模集成电路"(VLSI)项目的一部分来进行的。后来许多公司把以 RISC 为基础的产品引入了市场领域。

　　(五)联邦政府的资助对创新起到重要作用

　　联邦政府的资助计划促进了计算机技术的创新。据统计,1993～1994年,美国全国共批准了 1619 项与计算机产业有关的专利。尽管这些专利的所有者75% 是美国企业,但它们所引用的论文大部分是由大学或政府的研究人员撰写的。在按资助来源分类统计的论文中,51% 的资助来自于联邦政府,37% 来自产业界的资助。政府资助中 NSF 占 22% ,DARPA 占 6% 。尽管这些数据仅限于两年的专利统计,但反映出联邦所资助的项目,特别是在大学里进行的资助研究,推动了计算机行业的技术创新。

二、美国政府在计算机产业技术
发展各阶段中的主要作用

　　政府在计算机科学技术发展过程中的作用,随计算机产业成长和发展阶段不同而变化。

　　(一)20 世纪 50 年代:计算机技术发展的初期阶段,政府的主要作用是用户和资助者

　　在 1960 年以前,美国政府作为用户和资助者,主导着电子计算机技术的研究开发。这一期间,政府支持计算机技术主要出于国防需要,资助面比较窄,重点是对技术本身的试验,而且没有一个系统的长期战略计划。但是,这一时期的政府资助项目尝试了不同类型的资助机制,对私营部门产生了非常重要的影响。

　　20 世纪 50 年代,几个主要计算机公司的 R&D 都得到过联邦政府的各种形式的资助。例如,在 IBM 公司的 R&D 投入中,政府合同资助投入占 50% 以

上,直到1963年还有35%。联邦政府不仅在资金上对私营部门提供资助,而且从项目设计、技术思路、人力资源等方面提供了支持。资助的项目涉及有关国家安全、人力资源培养等各方面,还包括一些综合性、高投入、不确定性大、具有长期影响的技术开发项目。政府资助的许多项目研究出了设备的原型,在这些原型基础上,研究人员可以进行更深入的探索。

(二)20世纪60~70年代:技术扩散和产业增长阶段,政府扶持的重点转向长期基础性研究和培养人才

20世纪60年代初期,美国的计算机行业开始商业化,可以独立于政府的资助和采购,全国出现了几个大型的计算机公司。这些大型公司建立了自己的实验室,并且有能力自己研究开发计算机应用技术,从而促进了计算机产业的商业化。IBM公司与美国航空公司在部分采用军事指挥和SAGE技术的基础上,开发了计算机订票系统(SABRE系统)。计算机订票系统的迅速发展成为推动计算机产业化的一个重要动力。与此同时,产业界对计算机人才的需求大大增加。出现了计算机科学领域,几个重要学校的计算机系已经成立。

随着计算机技术产业化和商业化,政府的资助重点开始转向长期基础性研究和培养人才。20世纪60年代后期至70年代,由于计算机产业界对R&D的投入增加,尽管政府资助产业界的绝对数额还在上升,但比例却急剧下降。

(三)20世纪80~90年代:计算机产业成熟阶段,政府积极组织和支持联合研究开发

随着产业界增加对计算机技术研究开发的投入,政府资助所占比例开始下降。20世纪80年代初期,日本的电子工程和计算机存储器等技术开发,使美国的计算机产业感到了竞争威胁。同时,美国半导体生产设备的国际市场份额从75%下降到了40%。"增强竞争力"成了美国80年代技术政策的关键字眼,国内要求政府采取行动的呼声提高。同时,大学与实业界开始以合资、协议等方式进行合作,或组织行业协会抵制来自日本的威胁。

为了提高美国计算机产业的竞争力,使其在世界占据领先地位,联邦政府不仅继续支持计算机科学和技术的研究,而且调整了支持重点和资助方式。政府对计算机技术的资助重点开始转向支持各界联合开发,通过支持行业协

会等一些新机构,组织和促进产业界联合开发。1984年,美国制定了《国家合作研究法》,允许企业进行竞争前技术的合作研究开发,从而使研究协会的合作研究合法化。政府支持半导体制造技术协会(SEMATECH)等行业性组织机构,发挥其在计算机技术联合开发中的组织作用。这一时期,半导体制造技术协会和高性能计算机研究所等受到政府资助的行业性机构,成为计算机技术研究开发和政策议程的主导者。

20世纪90年代,政府一方面对现存的政府所有的成熟的计算机基础设施实现商业化和私有化;另一方面又开始资助新的更高层次的技术研究。如NSF于1992年将其互联网向商业应用开放之后,又于1995年成功地把NSF的互联网推向私有化。与此同时,NSF和其他联邦机构还在继续进行下一代互联网(NGI)的开发与扩展工作,计划将互联网的数据传输速度提高100倍。NGI计划将建立一个试验性的、范围广阔的、可升级的测试系统,用以开发那些对国家至关重要的网络应用技术,如国防和医疗等。

三、几点启示

美国政府资助计算机技术发展的经验,对我们有以下几点启示。

(一)政府职能明确

在美国的计算机革命中,政府、产业界和学校起了不同的作用。政府主要引导大学和产业界研究机构的研究,特别在建立前沿研究需要的实物基础设施,培养大学生、研究生和技术队伍等方面起到关键性作用。尽管有些在市场中处于主导地位的大公司,如AT&T、IBM、微软和英特尔等在基础研究方面也投入了大量资金,但大公司更倾向投资于与其发展目标及产品开发有紧密联系的研究项目。而政府则在长期基础性研究、应用前途广泛的共性技术研究开发方面发挥了重要作用。

随着计算机产业从幼稚产业发展为成熟产业,美国联邦政府的作用经历了一系列变化。从20世纪50年代的用户和资助者,60～70年代的资助基础研究和培养人才,到80～90年代的合作者。资助机构和管理也从分散、无战略计划逐步发展到由专门机构统一协调。

（二）资助来源多元化和机制多样化，发挥政府代理机构的作用

联邦政府对于计算机技术与电子工程技术的资助主要是通过几个代理机构来完成的，如国防部、国家科学基金、国家航空航天部、能源部及国家健康机构。这些代理机构有些是政府部门，有些机构本身就是国家研究机构，专业技术能力比较强，机构内部有许多专业技术人员。除国家科学基金外，这些代理机构大都是计算机技术的直接需求和应用方，经常根据部门自身的需要资助计算机技术研究开发。

资助来源多元化的优点，一是有利于技术发展的多样性。由于计算机技术是工具性技术，各个领域有不同的需求，因此，每一个机构都有各自的资助重点及资助方式，从而促进计算机技术多样化发展。二是提供多种潜在的支持，增加了研究机构和研究人员的选择余地，有利于竞争。三是研究成果可以在不同的机构间转移，形成广泛的用途，提高了研究成果的利用效率。

（三）加强统一协调

尽管美国政府对计算机技术的资助计划是由专业管理部门分别执行的，但是，随着计算机产业的成熟和资助规模的扩大，各专业管理部门和联邦政府不断加强对计算机资助项目计划的统一协调和战略规划。20世纪60年代以前，军方对计算机技术的资助是根据各军兵种自己的需求分散进行的。60年代初，国防部成立了高级研究项目处，并成立了专门的信息处理技术办公室。一个重要目的就是协调军方各部门的长期战略性资助计划，实行统一管理。

20世纪90年代，美国国家科学技术委员会中设置计算机、信息和通讯委员会，该机构通过下级委员会，协调12个政府部门或机构的有关计算机和通讯技术的R&D项目，并重点组织实施了5个具有长期战略意义的项目计划。

这种体制既发挥了专业代理机构的积极性和技术特长，又加强了统一协调，避免重复研究和分散竞争资源的局面，提高了政府资助的整体效果。

（四）以多种方式支持计算机技术

除了资助研究开发以外，美国政府对计算机技术市场的形成发挥了重要作用。美国政府是高新技术的最大用户，政府采购为高新技术创造了巨大的

市场。

　　从半导体到超级计算机等许多领域,政府创造了计算机及其技术的市场,促进新技术的标准化和核心技术在计算机行业的推广。例如,联邦政府为"阿波罗号"航天飞机采购的集成电路以及国防部的洲际弹道导弹项目都对集成电路生产能力的提高形成了一种刺激。为开发核武器,能源部及其前身机构对高性能计算机的需求驱动了早期超级计算机市场的形成。美国政府的统计体系也是早期计算机及其软件的大用户。在软件方面,通过建立联邦数据处理标准,联邦政府促使市场向"美国国家标准机构"制定的 COBOL(面向商用的通用计算机语言)不断靠近;为使 FORTRAN 程序语言扩展应用于并联计算机,政府资助了高级 FORTRAN 论坛项目。

　　反垄断诉讼也具有深远的影响。例如,1952 年出现了针对 IBM 的反垄断诉讼案,要求 IBM 公司出卖或出租其设备,以帮助其他公司进入这一商业领域。同时要求 IBM 公司对其包括电子计算机在内的所有有关信息处理设备的现有及未来专利实施许可制度,并规定了许可的比率。"司法部反垄断部门"的负责人认为,IBM 诉讼案是"开放电子领域的一个进步",为其他公司进入计算机行业打开了方便之门。

　　(五)保持战略产业在国际竞争中的领先地位

　　美国经验中最发人深省的是,政府不仅在计算机产业的发展初期发挥了作用,而且在计算机产业逐步趋于成熟时仍然起着重要作用。

　　计算机技术已经趋于成熟,该产业不再像以前那么依赖于基础性研究了。政府为什么还要继续资助计算机技术研究呢? 计算机行业是一个收益丰厚的高度竞争的产业,为什么一些大公司不能完全依靠自己的力量进行新技术的开发? 实际上,在 20 世纪 70 年代后期和 80 年代初期,美国计算机产业界已经增加了对计算机技术研究开发的投入,政府的资助所占比例开始下降。而80 年代日本开发电子工程和计算机存储器等技术,对美国的计算机产业震动很大。因此,围绕提高美国计算机产业的竞争力,占据世界领先地位这一目标,政府和产业界联合起来,加大了计算机科学研究和技术开发的投入力度。

　　由此我们可以得出两点主要结论。一是政府在资助计算机技术中的作用是对产业界的补充,而不是代替产业界。尽管大公司花费了大量资金支持和进行计算机技术研究开发,也获得了巨大的成功,但不论是基础研究还是实用技术研究,公司目标都是商业化目标,而政府目标是非商业化的。政府对整个创新过程起着杠杆作用。二是政府的技术政策要有整体战略目标。计算机产业是美国的战略性产业,美国政府的目标是使其计算机产业在全球占据和保持领先地位。因此,政府不仅对计算机科学和基础研究投入大量资金,还对推动产业技术的应用和推广投入了大量资金。

参考文献

Committee on Innovations in Computing and Communications, *Funding a Revolution-Government Support for Computing Research*, National Research Council, 1998.

中国台湾工业技术研究院的
作用与运行机制*

中国台湾地区的台湾工业技术研究院(简称"工研院")对新竹科技园区和台湾产业技术的发展发挥了重要作用。有人形象地把工研院与创投业、新竹科技工业园区并列为台湾地区科技创新体系的"三驾马车"。下面简要介绍其功能、战略和运行机制。

一、工研院的功能定位

工研院是依法设置的产业技术应用研究机构,其职能是研究开发产业技术,向企业进行技术转移。20 世纪 70 年代,台湾地区进入了快速发展时期,迫切需要提高产业技术水平。为了将科研成果尽快转移给民间企业,提高科技成果商品化和产业化的成功率,促进产业技术升级,1973 年,台湾地区颁布了"工业技术研究院设置条例",成立了"工业技术研究院"。工研院有 4 个方面的主要任务:一是根据产业界的需求,从事共性技术、关键性技术和前瞻性技术研究开发,以加速提升产业技术水平,增强产业的整体竞争力;二是遵循公开、公平、公正原则,采取多种方式向产业界推广研究成果和技术;三是落实当局的中小企业政策和措施,辅导中小企业技术升级;四是为地区培育产业技术人才。

工研院最初是由台湾地区"经济部"所属的 3 个研究院、所整合而成的,后来,又根据产业界和产业技术发展的需要,相继成立了一些专业院所。到目前为止,工研院共设有电子、光电、电脑与通讯、材料、机械、化工、能源与资源、

---

* 本文发表于国务院发展研究中心《调查研究报告》2002 年第 176 号,2002 年 11 月 20 日。

生物医学等 11 个研究所和中心,以及 7 个专门为企业提供信息技术、技术转移、会计资源、系统硅片技术及产业经济与信息的服务中心。

与一般科研机构、高等院校和企业相比,工研院有两个明显特点。首先,工研院的研究开发重点是实用技术,而不是基础研究,围绕科技成果商品化、产业化和市场化进行应用性研究开发,向企业提供技术转移和各项工业技术服务。其次,实现规模化研究开发,形成集聚效应。目前,工研院是由 6281 人组成的高素质科研人才队伍,设有独立研发运作的专业研究所(中心),以及专门为企业提供各种技术和信息的服务中心,形成了完整而高效的研究开发与服务体系。

工研院在台湾地区的技术研究开发、转移和产业技术升级中起到领航作用,并为创投业培育和孵化出一大批具有高成长性和高增值潜力的科技项目。仅在 1997~2001 年间,工研院共转移技术 1522 项,受益企业 2277 家次;合作研究开发 957 项,合作企业 1509 家次;委托研究 3825 项,委托企业 4459 家次;获得专利 1998 案,共 3131 件;举行讲习 5589 场和培训 353521 次;产业技术服务 256804 项,服务企业 127999 家次。

二、工研院的发展战略

为了带动产业技术发展,工研院贯彻三个基本战略。一是加强前瞻性技术研发。为了加速岛内产业技术的发展,建立新型科技产业,工研院加强前瞻性及创新性技术研发,提供领导型技术,帮助企业摆脱技术追随者的弱势。二是强化产业服务。工研院主动发掘企业的技术需求,协助企业研究开发,并为其提供技术服务。具体措施是,通过知识产权授权、技术转让及各项工业技术服务,协助企业提升技术层次和产品附加价值,增强竞争能力;开放实验室与建立创业育成中心,推动以创新技术为基础的投资。三是推动国际化。为了应用国际科技资源,工研院积极开展国际合作,加强前瞻技术信息交流、引进科技专业人才、拓展国际合作研究开发领域;还通过举办科技展览,吸引国际创业投资等方式,帮助企业掌握和取得国际科技资源。

工研院的任务是帮助产业界提升竞争力,因此,必须根据产业界在每一阶段的竞争力特点提供服务。工研院的发展经历了以下三个主要阶段。

1979～1986年，以引进技术、消化吸收、改进为主。在这个时期，工研院主要引进了大规模集成电路制造技术，成立衍生公司，建立了台湾地区的半导体工业。联华电子公司、台湾积体电路、台湾光罩公司等多家世界先进的集成电路制造公司都是在这个时期发展起来的。

1987～1995年，以规划新兴产业，与跨国公司建立策略联盟为主。这个时期，工研院与外国公司组建了液晶显示器企业联盟、台电公司气电共生、建立航天工业、台湾钢铁公司硅晶厂计划、关键零组件基地等。

1996年以后，以利用高技术创业投资促使产业转型及培育新兴产业为主。为了提高企业的研究开发能力和成功机会，工研院开放实验室，建立企业孵化中心，并成立了创投公司，进行高技术创业投资。开放实验室的目的是与现存企业开展联合研究开发，提高企业的研发水平和工研院资源的利用效率。工研院不仅为企业提供研究场地与设备，还提供资金、商业计划援助、管理咨询和培训、技术支持和商业网络等服务。企业与工研院签订合作研究合同，利用工研院的设备和人员进行研究开发。工研院在合同期内按市场价格收取租金，没有初始投资和场地空间限制。成立企业孵化中心的目的是吸引企业家在创新技术的基础上，利用研究院的设施创办企业，生产新产品。1996年以来，进驻孵化中心和毕业的企业有67家。

三、工研院的运行机制

工研院的基本运作模式是，依法设院，当局支持，自主企业化经营管理。其运行机制有以下几个特点。

（一）工研院是财团法人，其创办资金来自当局和社会的捐助，主要收入来源于合同研究开发和技术服务

在工研院开办初期，台湾当局提供了充足而稳定的经费补贴，直到它能够收支平衡。1973～1983年，当局的补贴约占工研院支出费用的60%。但是，工研院在确定专业方向、研究活动以及经营策略上，具有自主管理和经营权。经过10年的成功探索和运作，工研院通过"适时和适当"的商业方式向产业界积极推广科研成果，提供相关服务，可以在没有当局补贴的情况下实现收支

平衡,略有节余。到 1984 年,当局停止了补贴。

工研院的主要经费来源于研究开发项目经费和技术服务经费。1998 年以来,研究开发项目经费约占总经费的 50% 多,其余都是技术服务和技术转移收入。研究经费主要来自当局的科技项目和企业的合同研发经费,当局项目经费约占 50%。

工研院一家的力量是有限的,为了利用有限资源带动更多的企业,工研院与企业建立联盟,大多数项目都是与企业合作进行的。为了促进研究院与企业联合,当局资助工研院的研究项目经费一般不超过该项目预算支出的 50%,其余通过与企业合作研究或转移技术收入解决。

(二)集中引进和研究开发技术,向产业界转移和扩散

工研院进行的大都是前瞻性和共性技术研究开发,开发成功以后再通过各种方式向企业转移。实际上,工研院承担了开发初期的技术风险和人才培养工作。如 20 世纪 70 年代中期,台湾地区把集成电路产业作为发展高技术产业的目标。1976 年,工研院选派了一批优秀人才赴美国 RCA 公司学习半导体制造技术,以及半导体企业的厂务、会计、生产作业等一系列技术管理、经营、生产流程控制等。工研院利用从美国 RCA 公司转移来的技术,建立了试验工厂,制造出电子表等产品所需的集成电路。这些技术随后被转移和扩散到企业中,促进了台湾地区集成电路制造业的形成和发展。在这一引进技术和消化吸收项目中,当局资助经费只是预算支出的 50%,其余都靠对企业的服务合同和技术转让收入解决。

工研院不仅及时把消化了的成熟技术和人才转移到产业界,而且提供技术支持和跟踪服务。这种集中消化吸收引进技术(或研究开发)、转移扩散的做法,既加快了技术产业化的进程,减少了企业的风险,又解决了资金不足的问题,达到事半功倍的效果。

(三)培育技术,孵化创新企业

工研院成立了孵化中心和投资公司,培育可以商业化的技术和创业企业。进入孵化中心的企业都是设立时间不超过 18 个月的新企业,其技术必须是创新的或者在台湾地区处于先进水平,而且将对现存产业和企业起到重要影响

或带动作用。孵化期为 3 年,工研院提供场地和部分初始投资。场地面积不超过 2000 平方米,租金标准在市场价格基础上折扣 5% ~25% ;初始投资不超过 8000 万新台币。进驻企业成功后,通常将一部分股权或捐赠作为对工研院的回报。

工研院孵化中心提供的服务主要包括以下几个方面。进驻孵化中心的企业不仅可以使用工研院的办公室、实验室和试验设备,孵化中心还为进驻企业提供商业咨询、法律和信息服务,以及投资、技术服务、培训和行政管理等项支持。孵化中心还帮助企业从当局获得研究开发资助,投资中心提供风险投资。

(四)建立以转移和扩散技术为目标的知识产权管理制度

工研院重视知识产权的管理和保护,建立了一套规范的知识产权管理制度。工研院的知识产权管理制度以促进技术向企业转移和产业化为目标,在既尊重自己的知识产权,也不侵犯他人知识产权的基础上,确定知识产权的归属和转移办法。

工研院的知识产权管理办法规定:(1)工研院员工的职务发明、创作、商业秘密等知识产权归工研院所有;(2)对于工研院员工利用工研院资源或经验形成的发明、创作、商业秘密,工研院可以优先实施或使用;(3)工研院委托或接受委托,以及与他人合作研发技术时,其知识产权的归属依合同约定;(4)为实现工研院辅导企业或向企业移转技术的目的,无论是工研院拥有的知识产权,还是共享知识产权,原则上工研院应有再授权的权利。

(五)实行技术与人员向企业整体转移和人才流动机制

工研院在向企业转让技术成果或将成熟技术推向社会兴办企业时,往往是技术和人员(包括技术和产业化管理人员)整体向企业转移,流动率在 12% ~30%。在人员转移的同时,工研院不断地从大学和留学人员中吸纳新人,增强了活力。

知识产权篇

我国的知识产权发展进入战略转型期*

一、我国知识产权体系发展与现状

改革开放以来,我国逐步建立起了比较完整的知识产权法律体系和管理工作体系,知识产权管理和保护工作取得明显进步。我们仅用 20 年的时间,完成了西方国家几百年走过的历程,得到了国际社会的公认。

总体来看,我国的知识产权立法相对先进,但缺乏实施和运用知识产权制度的经验和能力,管理和执法水平有待提高,地区和产业的发展不平衡,政策和机构之间的协调性亟待加强。

(一)建立了基本与国际接轨的主要知识产权法律体系,形成了具有中国特色的知识产权管理和执法体制,但存在部分法律缺失,管理、执法体系有待完善

目前,我国的知识产权基本法律体系比较健全,但有局部缺失;有些法律可操作性不强,需要完善和修改。例如,到目前为止,还没有出台反垄断法,知识产权保护法律中也没有可操作的反垄断条款。新型知识产权的立法有待加强。

我国形成了具有中国特色的司法和行政执法并存的双轨制执法体系,以及中央和地方分层设置的知识产权管理系统。由于知识产权管理和保护涉及各行各业,与知识产权有关的管理部门较多,在条块分割的管理体制下,各部门之间缺少沟通渠道和协调机制,政策协调性差;多头分散管理导致部分立法冲突,管理越位和缺位并存;缺乏适用人才和经费不足影响了管理和执法水平。

---

* 本文发表于国务院发展研究中心《调查研究报告》2007 年第 137 号,2007 年 9 月 10 日。

　　（二）知识产权成为重要的产业竞争工具，全社会保护知识产权的意识和运用知识产权制度的能力不足

　　目前，我国企业和产业面临新技术和知识产权的严峻挑战，只有把先进的技术和资源与劳动力优势结合起来，不断创新，才能真正形成长期竞争优势。由于我国的知识产权制度起步较晚，企业和全社会运用知识产权制度的能力不足。一是企业创新能力不足，知识产权的创造还处于初级阶段。目前，98%～99%的企业没有申请过专利，60%以上的企业没有自己的商标。二是大部分企事业单位的知识产权管理制度不健全，缺乏灵活运用知识产权制度和国际规则的能力。既存在无意或随意侵犯他人知识产权的问题，又有相当一部分企业不知道如何利用知识产权制度保护自己的合法权利。三是企业运用知识产权战略的层次较低。例如，目前企业申请专利主要是为保护技术和占领市场，较少像跨国公司那样在竞争中灵活运用专利战略。

　　（三）知识产权保护达到中高收入国家水平，但知识产权执法水平不高，并且存在一定程度的地方保护

　　1. 按照国际上认可的专利保护水平指数，我国已接近发达国家水平。据我国学者测算，与110个国家1960～1990年的数据相比，我国1993年的专利保护水平指数位于第20位左右；2001年，接近德国、韩国和日本的水平（见表9）。尽管专利保护水平指标主要包括法律体系、保护范围及执法机制等方面的内容，并不能完全反映一个国家的知识产权保护能力，但体现了国际上对知识产权保护的关注点。

表9　专利保护水平指数比较

年份	1985	1990	2001
中国	2.18	3.19（1993）	4.19
美国	4.19	4.52	4.66
日本	3.94	3.94	4.27
德国	3.71	3.71	4.24
韩国	3.61	3.93	4.27

资料来源：杨中楷、柴玥：《我国专利保护水平指标体系构建与评价》，《中国科技论坛》2005年第3期。

　　根据专利保护水平指数的构成进行定性分析的结果，一是我国在参与国际知识产权保护公约、保护周期等方面，基本与国际接轨。二是在权利限制方面，比发达的市场经济国家还宽松。如我国还没有可操作的限制滥用知识产权的法律和规章，专利审查和授权时对权利要求范围较少限制等。三是有些外企认为我们的立法程序不透明、惩罚力度不够、执法程序复杂，执法中存在一定的地方保护等问题。

　　2. 获取知识产权的成本较低，某些方面制度效率高于一些发达国家。一是我国的知识产权获取费用低。我国 20 年寿命期内的专利费用仅是大部分 G8 国家的 1/10。二是行政执法的力度大于其他国家。我国海关不仅查处进口品的知识产权假冒侵权，并把查处出口品的假冒侵权作为重点；知识产权管理部门的行政执法主动查处假冒侵权。三是诉讼成本较低，审理速度较快，外国企业胜诉率高。如我国的知识产权案件诉讼成本远低于美国，案件审理速度大约一般控制在 1.5 年以内，大大快于美国；外国公司在中国的知识产权诉讼案件有 90% 获胜，远高于美国的 30% ~40%。①

　　3. 我国知识产权保护方面存在的主要问题是实施知识产权制度的能力薄弱。首先，假冒侵权行为普遍，国内企业是主要受害者。据统计，国内假冒侵权案件的 90% 以上发生在国内企业之间，一些国内知名商标被假冒，给企业造成较大损失。其次，国内外反映最强烈的是假冒产品、商标和设计侵权及执法问题。根据美国海关的报告，2003 年和 2004 年度，美国海关因知识产权问题扣押的进口假冒产品中 66% 是从中国进口的。

　　（四）我国知识产权数量在发展中国家位居前列，与主要知识产权国家仍有较大差距

　　2004 年，我国已进入世界专利申请第五位，受理发明专利申请超过 13 万件，本国居民申请 65786 件；每百万美元研究开发投入的本国居民专利申请量为 0.71 件，位居世界第 11 位；每 10 亿美元 GDP 的本国居民专利申请 9.4 件，

---

① Ian Harvey, "Intellectual Property: China & Europe-myth and Reality", IP Institute of UK, v9ih 30.11.06.

位居世界第 17 位;每百万人口的本国居民专利申请 51 件,居世界第 27 位。①
2005 年,我国受理专利申请数量已经达到 476264 件,国内申请占 80%;受理
发明专利申请 173327 件,国内申请占 54%。申请外国专利的数量增加,2005
年,我国的专利合作协议(以下简称"PCT")专利申请数量居世界第 10 位,增
长速度为世界首位,但数量和质量与前五位的差距较大。

自 2002 年起,我国各类商标申请总量和商标注册申请量已连续四年居世
界第一。2005 年,我国各类商标申请总量达 83.8 万件,商标国际注册申请数
量居世界第 8 位,但 2006 年只有 6 个中国品牌进入世界品牌 500 强。

中国居民在美、日、欧三地的专利申请快速增加,居发展中国家前列。根
据 OECD 的统计,1991 年中国居民拥有三地专利的数量为 12 件,2003 年为
180~190 件,占世界总量的比例从 0.04% 提高到 0.3%,高于印度、巴西和墨
西哥的同期水平。

(五)知识产权的配套制度和市场环境有待改善

知识产权制度不能孤立地发挥作用。我国正处于计划经济向市场经济过
渡的阶段,与知识产权配套的法律、政策和市场环境不健全,如市场竞争秩
序、信誉体系、对知识产权的价值认识不足等,影响了知识产权制度的实施
效率。

(六)地区之间创造、运用、管理和保护知识产权的能力差距较大

知识产权制度的实施水平与地区经济发展有密切关系,经济越发达的地
区知识产权数量越多。1985~2003 年,累计专利申请排在前六位的地区是广
东、上海、北京、浙江、江苏和山东等经济比较发达的地区,而经济欠发达的西
部地区的知识产权数量较少。

---

① 资料来源:WIPO,《2006 年专利报告》。其中专利申请数量按国际统计口径,主要指发
明专利。

二、我国知识产权发展阶段的基本特征

（一）进入知识产权的主动保护期

知识产权在我国经济发展和产业竞争中的重要作用凸显。目前,我国技术发展阶段正在从以仿制和引进技术为主,转向引进技术与自主研发相结合;部分行业的产品结构从低端产品向中高端产品转移,企业和产业发展正面临激烈的知识产权挑战;维权成本高,侵权成本低,假冒、侵权的主要受害者是国内企业。因此,实施知识产权制度和保护知识产权,不仅是加入 WTO 和解决国际知识产权纠纷的要求,更是我国经济体制转轨,激励创新,提高企业、产业和地区竞争力,增强国家综合实力的需要。

（二）加强实施知识产权制度的能力建设期

由于我国的知识产权制度起步较晚,从政府到企事业单位都缺乏灵活运用知识产权制度的能力。我们在短短的二十几年时间中建立了基本与国际接轨的主要知识产权法律体系,企事业单位和权利人还没有足够的时间和实践去了解和掌握知识产权的规律,在与外国企业的竞争和较量中,往往处于被动地位。因此,政府、企业和权利人都需要在实践中学习和积累经验,加强能力建设。

（三）知识产权活动进入活跃期

进入 21 世纪以来,我国专利、商标和著作权三大主要知识产权的数量增加较快,质量有待提高,知识产权诉讼案件高发;新型知识产权的立法起步,但保护滞后。

1985～1996 年,专利申请量从 14372 件增长到超过 10 万件,增长近十倍;1996～2001 年,专利申请量又翻一番,从 10 万件增加到 20 万件;而在 2001～2005 年短短的 5 年中,专利申请数量从 203573 件增加到 476264 件,增长了 134%。2002 年开始,商标注册申请明显增加,年增长超过 10 万件,申请总量跃居世界第一位。专利申请结构发生明显变化,国内的专利申请增长速度快于国外申请增长;国内申请中实用新型和外观设计专利的比例仍占多数,发明

专利的比例较低,但发明专利申请增长快于外观设计和实用新型增长;发明专利申请中职务发明呈增长趋势,企业逐步成为发明专利的主体。但是,近两年也出现了因奖励和考核政策引起知识产权数量虚增现象。

知识产权涉外案件增加。一方面,部分企业的知识产权开始走向世界,外国企业侵犯我国企业知识产权的案件时有发生。特别是外国企业在境外抢注我国企业的知名品牌。另一方面,我国制造产品在国际市场上的份额不断增加,在国外的知识产权纠纷案件增加。例如,2002年以来针对我国的"337调查"占我国遭遇的"337调查"案总数的70%,占同期"337调查"的47%。

(四)科技投入和贸易对知识产权数量的拉动期

目前,研究开发(R&D)投入拉动国内知识产权数量,进出口贸易促进外国专利申请。

1. 国内专利申请数量与R&D投入关系密切,R&D投入越多,知识产权数量越多。根据1991~2003年的统计数据,国内专利申请数量与R&D投入和科技活动经费筹集的相关性强,相关系数分别为0.983和0.972;与GDP的之间相关性率较弱,其相关系数为0.876(见表10)。地区统计分析结果表明,人均专利申请量与人均科技投入和人均R&D的相关性均大于与人均GDP的相关性。与日本、韩国、德国相比,我国的专利申请量与GDP指标的相关性较高。其中,外观设计申请量与GDP的相关性高于各国,实用新型与GDP的相关性仅低于德国,发明专利申请量与GDP的相关性仅低于日本。

表10　国内专利申请和研究开发支出与GDP的相关性

	国内专利申请的相关系数	R&D投入支出的相关系数
GDP	0.876277	0.928133
人均GDP	0.863094	0.916487
R&D投入	0.982987	1
人均R&D	0.983577	0.999719
科技经费筹集	0.972209	0.993969

资料来源:根据历年《中国统计年鉴》和《中国科技统计年鉴》数据计算。

2. 外国专利申请与进出口贸易密切相关。根据统计分析,外国申请我国专利有以下特点:一是专利申请量与进出口贸易相关性强。一方面,因为我国的出口加工贸易份额高,外国企业要用知识产权保护委托加工或转包生产中采用的技术和品牌;另一方面,外国企业向我国出口商品时,要用知识产权保护其技术、产品不被模仿。二是外国专利申请量与外商直接投资和技术引进的相关性较弱,但与外商独资企业的相关性较强。这一结果说明,合资企业的技术是双方共享或了解的,外资方一般不转移核心技术,不需要用专利保护;而外商独资企业则用专利保护其在中国使用的技术。三是与高技术产品出口价值量相比,外国专利申请量与非高技术产品出口的相关性要略高一些。由于我国的传统产业竞争力较高,外国企业更需要用知识产权来维持其竞争性。

3. 发明专利的数量与科技人员的密度有较强的相关性。根据地区统计结果,人均发明专利申请量与科技人员密度的相关性要大于与人均 R&D 投入的相关性。我们所做的一项企业调查问卷结果也表明,影响企业创新能力的主要因素的重要性依次是人才、R&D 投入、知识产权保护和税收政策。由此可见,人力资本对提高技术创新水平和创造知识产权具有重要作用。

(五)步入实施知识产权制度的高投入期

在短期内建立较完善的知识产权实施体系,政府和企业都需要大量投入。首先,适用人才严重短缺和有关基础设施不完善,成为制约我国运用和实施知识产权制度的重要因素,政府和企业都需要加大投入来培养人才,提高管理、保护和运用知识产权的能力。其次,知识产权纠纷案件的数量不断增加,特别是海外诉讼案增加,企业支付的诉讼费用将大幅度增加。例如,在美国一个专利诉讼案要花上数百万美元,在欧洲也要几十万欧元。再次,企业支付的知识产权许可费用将进一步增加。

(六)处于外部高压期

目前,我国的知识产权问题成为世界关注的焦点。一些国家成立专门针对中国知识产权问题的工作小组。如美国成立了对华知识产权小组,美国、日本等国驻华使馆配备了专门的知识产权人员和部门。2007 年 4 月,美国政府就中国保护知识产权和影像、图书、音乐产品市场准入问题正式向 WTO 提交诉状。

三、实现知识产权发展战略的转变

综上所述，我国知识产权发展进入了战略转型期，应从加强灵活运用知识产权制度的能力建设入手，实现战略转变。

（一）从被动保护转向主动保护

一国的创新成果和知识产权数量越多，从保护知识产权和实施知识产权制度中获益越大。目前，我国知识产权数量居发展中国家首位，因此，要主动保护知识产权，提升知识产权价值，为建设创新型国家提供重要制度保障。

（二）从集中立法转向加强执法、实施和运用知识产权制度

过去二十多年中，我国致力于建设与国际接轨的知识产权法律体系和执法体系。目前，我国已经建立了比较完整的知识产权法律和管理工作体系，参加了大部分知识产权国际公约，在基本法律体系建设方面已接近发达的市场经济国家水平，下一步主要任务应是集中力量贯彻实施已有的知识产权法律法规，根据需要完善法律体系，提高执法水平和运用知识产权制度的能力。

（三）从面上宣传教育转向深入细致、扎实工作

一是加快人才培养，建立多层次的人才培养体系。目前，人才短缺成为制约我国实施知识产权制度能力的主要因素。在加强专业人才培养的同时，要开展知识产权知识的普及教育。二是建立灵活反应机制。从国家利益出发，根据产业发展和企业竞争需要，以及国外知识产权制度发展和变化趋势，适时动态调整相关知识产权法律。三是加强与知识产权有关的信息统计体系和数据库建设，为政策制定和决策提供科学依据，为企业提供信息服务。

（四）从注重数量转向数量与质量相结合，培育优势知识产权

我国已经进入知识产权数量快速增长阶段。没有一定数量的知识产权就谈不上质量，但没有质量仅有数量也不可能真正形成知识产权竞争力。因此，

在鼓励增加数量的同时,要采取相应政策提高质量,节约保护和管理知识产权的成本;加强对知识产权制度和政策的评估,防止误导企业行为。

(五)从注重主要知识产权的发展转向各类知识产权全面发展

我国的专利、商标、版权三种主要知识产权的保护制度和措施相对健全,而其他类型的知识产权保护刚起步,特别在我国具有优势的传统知识方面,还没有成形系统的法律和保护措施。因此,在继续提高创造、保护、运用和管理主要知识产权的能力的同时,要加强对各种新型知识产权的管理和保护工作,促进其创造和运用。

(六)从管理型政府转向管理与服务相结合

加强基础设施建设,完善知识产权公共服务体系,提高管理水平。一是加大对知识产权公共信息网络建设和服务的投入。政府重点支持公共基础信息的提供,增值信息服务可以由社会中介进行;建立公平获得基础公共信息的机制,防止少数中介机构垄断公共信息资源。二是加强知识产权管理部门之间,以及管理部门与企业之间的沟通渠道,建立知识产权预警机制。明确各管理部门的职能,采取多种形式建立政府与企业之间的联系,对重大知识产权事件及时反应,为企业提供必要的服务。三是加强对中小企业知识产权工作的指导和服务。加强对小企业的知识产权信息服务和管理的辅导,鼓励中小企业创新和申请专利,适当实行减免费政策,促进大企业向中小企业转移技术。

世界知识产权制度的发展趋势[*]

一、世界知识产权制度发展的主要趋势

在知识经济和经济全球化条件下,知识产权在产业竞争中的地位越来越重要,成为国际竞争的焦点。世界知识产权制度的发展呈现以下趋势。

(一)强化知识产权保护与保护规范国际化

目前,知识产权制度总的变化趋势是扩大保护范围,强化权利内容,严格权利限制条件。首先,WTO 有关知识产权保护的协议(以下简称"TRIPs")在国际知识产权组织规定的基础上,延长了保护期,扩大了知识产权保护范围,提高保护水平,建立了统一的最低保护标准。各成员国和地区根据 TRIPs 确定的原则,对其知识产权制度进行了相应调整。其次,知识产权审批和保护方面的国际合作趋势加强,一些发达国家和地区正在推动专利审查国际化。如PCT 的成员方已经扩大到近 120 个国家和地区,欧洲专利条约成员国约 30 个国家。再次,一些发达国家和快速发展的发展中国家根据产业和企业竞争需要不断加强知识产权保护。

(二)知识产权保护直接与贸易保护挂钩

一方面,TRIPs 确定了 WTO 成员国贸易活动中的知识产权保护最低标准。一些发达国家政府利用知识产权保护在国内外市场上维护本国企业的利益。美国早在 20 世纪 80 年代就开始利用知识产权扩大出口贸易,其"特殊301 条款"把是否保护美国企业的知识产权作为贸易制裁的一个条件,迫使许

---

* 本文发表于国务院发展研究中心《调查研究报告》2007 年第 138 号,2007 年 9 月 11 日。

多国家和地区就范;美国关税法第337条款专门用来阻止侵犯美国知识产权的产品进口。2002年,日本政府与企业一起组织了保护知识产权国际论坛,特许厅决定设立以调查外国企业侵犯日本企业知识产权为主要任务的知识产权保护中心。另一方面,知识产权成为一些大型跨国公司占领全球市场的有力武器,在对外投资和出口时,采取知识产权保护先行的战略。

（三）各国政府重视知识产权战略

日本政府和企业共同制定21世纪知识产权战略大纲,提出了创造、保护、应用知识产权的战略和人才培育战略;美国专利商标局于2001年制定了21世纪战略规划,2004年,美国国家科学院组织有关专家向政府提出了"21世纪美国专利体系"的报告,对如何改进美国专利体系提出了详细建议;2004年,韩国知识产权局公布了"知识产权管理的远景和任务"计划。有些国家虽然没有制定知识产权战略,但已把知识产权制度和政策纳入提升国家竞争力和促进技术进步的总体战略框架。

（四）根据国家的经济技术发展阶段特点,调整知识产权制度和政策

尽管知识产权保护国际化的趋势日益明显,但是,发达的市场经济国家仍然根据本国的发展和竞争需要不断调整知识产权法律和实施细则。如美国的知识产权法律协会定期进行执法方面的调查,向国会提出报告;日本在进行深入调查的基础上,每隔2~3年就根据企业技术进步和产业竞争的实际需要,调整相关的知识产权法律。

由于各国的经济技术社会发展阶段和发展战略不同,即使在发达的市场经济国家,知识产权制度也有差别。

1. 保护范围不同。在TRIPs允许的空间内,各国根据自己的竞争优势,确定保护范围。美国、日本将软件纳入专利保护范围,而欧盟并未把软件纳入专利保护范围;一些发达国家积极开展基因技术和生物技术的知识产权立法和实施知识产权保护等。

2. 专利审查周期和程序不同。审查周期作为控制外国专利和调节专利数量、质量的手段,各国的审查时间不同。为了防止外国专利限制日本企业利

用外国技术,日本曾采取拖延专利审查时间的办法。如今,为了使其研究开发成果领先于世界,日本又一再缩短专利审查时间。

3. 权利取得原则不同。各国根据本国创新能力和特点采取不同的专利授权原则。通常,为了鼓励创新,各国的专利标准不尽相同。在原创技术能力较强的国家,专利审查严格;美国的原创技术较多,实行发明优先的原则,其他国家则采取申请优先原则。

4. 权利授予范围和对权利的限制不同。对知识产权的权利限制主要有三个方面。一是授予知识产权的权利范围。如授权专利的权利要求涵盖面对未来的技术创新和竞争产生影响,权利要求范围过宽将限制同一领域的技术创新和竞争。因此,有的国家允许宽泛的权利要求,而有的国家则限制专利权利要求的覆盖面。二是对实施知识产权的要求。有些国家从公共利益角度出发,对专利实行强制许可。三是利用反垄断政策限制滥用知识产权。如美国国际贸易委员会和司法部联合发布《知识产权许可的反垄断指南》;欧共体委员会制定了《技术转让规章》;日本制定了《专利和技术秘密许可中的反垄断指南》。

5. 执法程序和诉讼费用不同。执法程序和诉讼费用决定了保护成本和重点保护对象。例如,美国的诉讼程序复杂,需要大律师团,周期长,诉讼费用(含律师费)较高,通常要花费数百万美元,有利于大企业;而欧洲大部分国家的法律程序简单,诉讼费用较低,一般只需几十万欧元,有利于中小企业。

6. 审判依据考虑对技术进步和产业发展方向的影响。如美国实施判例法,最高法院的判决通常在法律规定基础上,考虑审判结果对相关行业技术进步的影响,特别是在法律解释不清的情况下,最终判决将更多地考虑对发展和创新的影响。

7. 申请、注册和维护费用不同。申请、注册和维护费用成为调节知识产权数量和质量的手段之一,各国的知识产权申请和维护费用差别较大。

8. 管理机构设置不同。绝大部分国家实行工业产权统一管理或实行专利、商标和版权"三合一"的管理体制,只有极少数国家实行专利、商标、版权分开管理。

（五）主要知识产权国家加强国际合作，提高知识产权制度的协调性

为维护本国企业和权利人在全球的利益，一些发达国家和地区，如美国、欧洲和日本等国知识产权机构加强联合，共同打击假冒和侵权，商讨统一知识产权保护标准的可能性。在 2004 年的世界知识产权组织成员国大会上，美国、日本等国提出了关于确立专利法常设委员会新工作计划的草案，要求对现有技术定义、宽限期、新颖性和创造性等问题进行讨论，并统一标准。又如，欧洲试图通过《欧洲专利诉讼协议》来完善欧盟的专利法规，在竞争日趋激烈的市场环境中为欧洲研究人员提供保护措施，强化专利持有人和公众的合法权益。

（六）加强对企业的服务

日本成立了知识产权保护中心，为日本企业提供有关咨询服务，还帮助在海外开展涉嫌侵犯日本企业知识产权的调查。韩国知识产权局建立了韩国工业产权信息中心（KIPRIC），负责收集和加工国内外专利信息，为企业提供分析、解释和免费服务；与国外专利信息组织合作，开展利用专利信息的教育和管理。2000 年，韩国知识产权局与韩国专利代理人协会（KPAA）签订商业合作协议，建立了向中小企业免费提供专利申请管理服务的合作伙伴关系。法国专利商标局成立了中小企业服务中心，为中小企业提供知识产权培训和咨询。

（七）发达国家与发展中国家在知识产权保护问题上的分歧和矛盾加剧

以美国为首的发达的市场经济国家主张全面强化保护，并将知识产权保护规范国际化。发展中国家则主张合理保护，提出了保护传统知识，在医药等涉及公众利益的领域利用强制许可等措施。2001 年，巴西、印度等 11 个发展中国家在 TRIPs 理事会上提出了保护传统知识的提案，要求将国家主权、知情同意和利益分享原则写入 TRIPs。在 2003 年的多哈会议上，知识产权与公众健康问题成为焦点之一。在发展中国家力争下，会议通过了有利于解决发展中国家公众健康危机的《关于 TRIPs 协定与公众健康问题的宣言》，认可了发

展中国家解决艾滋病药品争端的做法。

在 2004 年的 WIPO 成员国大会上,阿根廷和巴西等 12 个国家提交了关于制定 WIPO 发展议程的提案,提出在发展中国家与发达国家之间知识产权资产配置不平衡的情况下,如何缩小知识鸿沟和数据鸿沟,兼顾各利益相关者。会上,有关国家重点讨论了加强知识产权保护与确保公共利益关系,跨国知识产权保护与技术转让的关系,知识产权执法与发展的关系,提高发展中国家知识产权保护水平与发达国家的技术合作和援助问题等。

二、外国机构对知识产权制度变化的影响评价

20 世纪 90 年代以来,WTO 各成员方相继根据 TRIPs 确定的原则、本国产业发展和竞争的实际需要,改进和调整了知识产权制度和相关法律。如加快专利审查速度,延长专利保护周期,调整申请和维护费用,提高侵权赔偿等。欧、美、日有关研究机构就这些制度变化对知识产权活动的影响展开调查,其调查结果表明:①

1. 降低专利申请和维护费用有利于增加专利申请量。1990~2000 年,欧洲专利数量增长了 70%,其中有一半以上归功于欧洲专利局(EPO)降低专利申请和维护费用。

2. 扩大保护范围带动了知识产权数量增加。软件、商业方法纳入专利保护等措施对增加专利数量产生了显著影响。但由于基因等新技术专利的标准不确定,也导致专利质量下降,审查速度放慢,特别是对商业方法实行专利保护带来一些粗制滥造的专利。②

3. 增加违法成本有利于提高知识产权价值。加大保护力度,如提高侵权惩罚金额、加快争议处理速度等措施增加了专利许可费用,从而提高了知识产权的市场价值。

4. 国际专利和区域专利制度的建立,使专利申请的地域差别不断缩小。

---

① *Petants, Innovation and Economic Performance: OECD Conference Proceding*, 2004.

② Board on Science, Technology, and Economic Policy of National Research Council in The National Academies of US, *A Patent System for 21th Century*, 2005. 11. 8.

如 PCT 专利申请系统采取互认制度,减少了申请国际专利的审查成本,缩短了审查周期。

5. 积极的专利政策对不同行业和规模的企业产生不同影响。如延长保护周期对研发周期和产品周期较长的医药行业作用较大,而对技术变化较快的 IP 行业影响较小;缩短审查周期对电子信息等技术变化较快的行业具有较好作用,但在日本医药行业产生了一些负面作用,越来越多的企业在尚未知晓一项发明是否会形成新药时,就开始考虑申请专利。[1]

6. 企业运用知识产权制度的能力变得越来越重要。过去,企业主要用专利阻止他人利用和模仿自己的发明,而现在越来越多的企业通过制定知识产权战略,灵活运用知识产权制度。首先,专利被越来越多地用于防御性用途(如保护开发新产品的技术领域),以及进攻性用途(有效地阻止竞争对手的开发活动);其次,专利被视为企业无形资产的重要组成部分,有助于提升企业的声誉;再次,专利可以在知识交易、交叉授权协议中充当重要资产。

7. 专利保护延伸到大学研究领域将对前瞻性和基础研究产生较大影响。目前,大部分国家的专利法中都规定大学科学研究不受专利法限制。但随着大学研究开发的商业化,因研究目的可以豁免专利侵权的做法引起了争论。2002 年,美国联邦巡回上诉法庭对杜克大学的一桩侵权案件的裁定打破了豁免科学研究专利侵权的界限。其判定结果是,除非为了兴趣、消遣或严格限于哲学调查等目的,其余无论是营利还是非营利目的,只要是有组织的科研活动都不受豁免保护。其结果使大学研究成果的利用产生了一些纠纷,带来较多风险和不确定性。[2] 因此,美国国家科学院的《21 世纪的美国专利体系》报告要求国会对此做出合理的界定。

三、几 点 启 示

综上所述,国际上知识产权制度发展趋势对我国的知识产权管理工作有

---

[1]　Kazuyuki Motohashi, *Japan's Patent System and Business Innovation: Reassessing Pro-patent Policies*, OECD Conference: Petant, Innovation and Economics Performance, 2003.

[2]　US National Research Council of The National Academies, *A Patent System for The 21th Century*, 2005. 11. 8.

几点重要启示。

1. 知识产权制度是为国家经济技术和社会发展服务的，各国的知识产权制度发展与国家竞争战略和技术创新能力密切相关。因此，我们要遵循国家利益与国际规则相结合的原则。一方面，知识产权制度适应国家经济、技术和社会发展需要，国家知识产权战略必须体现国家意志，与国家经济、技术和社会发展战略紧密配合。另一方面，必须遵守 WTO 原则，做过的承诺不能变。在遵循国际规则的前提下，不盲目追求过高标准的保护，而要重视知识产权法律法规的实用性。

2. 加强对政策事先评价和事后评估，及时调整相关政策和法律。主要知识产权国家的经验表明，知识产权制度的调整和政策出台以前，要事先进行大量的调查和准备工作；政策出台以后，要定期进行效果评价。21 世纪初，OECD 国家，特别是德国、日本、美国等主要知识产权国家的政府和知识产权管理部门委托有关研究机构开展调查，对知识产权政策进行评估。OECD 于 2003 年召开了专利、创新和经济绩效国际研讨会，交流了各国的调查研究结果。美国国会委托美国科学院对其现行专利体系进行调查和评估，《21 世纪的美国专利体系》的报告评价了新专利政策的效果，提出了调整法律和政策的具体建议。日本几乎每年出台一部知识产权推进计划，每隔 2~3 年调整相关政策和法律。近些年来，我国的知识产权活动日益活跃，各级政府要加强对知识产权政策的效果评估，不断掌握国际新动态，深入调查了解企业竞争和产业发展需要，及时调整相关法律和政策。制度调整要满足大部分企业的需要，具有普遍性和引导性。

3. 建立以促进创新和公平竞争为目标的保护标准。保护知识产权的目的是促进创新和提高国家竞争力，维护消费者利益。首先，各国根据本国的技术发展和创新特点，专利的标准有所不同。其次，在 TRIPs 规定的范围内，采取适当的措施限制滥用知识产权。一些发达的市场经济国家制定了限制滥用知识产权的专门法规，采取对内促进公平竞争和创新，对外维护本国权利人的原则。如美国最高法院在审判知识产权案件时，通常要考虑判决对国家技术进步和创新的影响。

4. 加强对企业的服务。根据各国的实践经验，知识产权部门对企业的知识产权服务主要有四个方面：一是在国际规则制定方面，维护本国权利人的利益;二是管理部门改进管理效率,提高审查质量,方便申请和注册等;三是为企业提供知识产权信息和咨询服务,包括帮助企业开展海外侵权调查,知识产权管理部门在案件审判时为司法部门提供专业咨询等;四是根据企业需求和产业竞争需要及时调整相关政策和法律,创造良好的保护知识产权的外部环境。

5. 加强国际合作,在知识产权国际规则制定中发挥积极作用。一方面,在知识产权保护规范国际化和国际合作不断加强的形势下,我国要加强国际合作,学习外国有益经验。特别应在打击跨国侵权方面加强国际合作,化解矛盾和误会。外方主要打击境外的订货和销售渠道,国内主要打击制假造假活动。另一方面,巴西、印度、墨西哥、阿根廷等发展中国家在知识产权国际组织中很活跃,根据发展中国家的需要,参与制定知识产权国际规则,在一定程度上起到平衡发展中国家与发达国家利益的作用。我们应该尽快熟悉国际规则,掌握灵活策略,积极参与国际规则制定,维护发展中国家的利益,为我国发展争取良好的环境。

有效发挥知识产权制度促进创新的作用[*]

在经济全球化和快速技术进步的时代,一个国家的综合竞争力取决于创新能力和知识产权的拥有量,实施知识产权制度的能力成为国家和地区商业环境的重要内容。

一、创新与实施知识产权制度相互促进

知识产权制度是一种利益机制,其本身并不产生创造发明,而是对人们在发明创造及其应用过程中的利益关系加以确认和保护。知识产权制度通过法律授权形式确认智力成果的产权,保证发明创造者应有的利益,促进智力资源得到更有效的开发和利用。

(一)创新是知识产权的源泉

知识产权是受法律保护的智力财产,是人类智力成果的产权化。因此,创新是知识产权的基础,没有智力创造和技术创新就不可能形成知识产权。但有些发明创造不适合用现行法律确定的知识产权形式来保护,也不是所有的发明创造最终都形成知识产权。知识产权分为两大类:一类是创造性成果权利,主要包括专利权、集成电路布图设计权、植物新品种、技术秘密、工业品外观设计权、著作权(版权)、软件权等;另一类是识别性标记权利,主要包括商标权、商号权及其他与制止不正当竞争有关的识别性标记权等。创造性成果权利与创新直接相关,而识别性标记本身没有多少创造性和技术含量,其价值取决于该标记所代表的主体的信誉、质量、创新等。

---

* 本文发表于国务院发展研究中心《调查研究报告》2007 年第 37 号,2007 年 4 月 20 日。

（二）知识产权制度是激励创新的有效机制

知识产权制度的实质是，既保护发明人和创新投资者的利益，又促进技术合理、有偿扩散。专利制度是对发明创造投入的补偿，在授予专利所有人一段时间排他权利的同时，要求其公开技术。因此，专利制度不仅具有鼓励研究开发和创新的作用，而且可以缩短社会的研究开发时间和费用，带来社会效益。

（三）创造知识产权并不等于创新

技术创新包括发明创造、技术成果转化和扩散、商业化和产业化的全过程。知识产权价值链包括创造、流动、实施应用等环节，知识产权的价值是通过交易和商业化应用来实现的，贯穿在创新过程中。创造知识产权包括发明创造和获得发明创造成果的产权确认，是实现知识产权价值的初始环节。创造知识产权的最终目的是获得知识产权的价值。

（四）知识产权制度对不同行业和不同规模的企业作用不同

有关统计结果表明，在技术累积效果明显、研究开发投入大、风险高、设备通用性强的行业，专利保护对促进创新的效果比较明显。例如，在生物、医药、化工和 IT 等行业，专利保护对促进创新、增加收益具有比较明显的效果。同时，知识产权在规模效益比较明显的领域，给市场份额较大的企业带来更多超额收益。如商标保护对市场占有率较高的企业带来明显的效益。在主要知识产权国家，企业的知识产权数量分布不均，通常一些大型跨国公司和大企业拥有大部分知识产权。

（五）知识产权制度使用不当会阻碍创新

保护知识产权的目的是建立公平竞争的市场秩序，促进创新和技术进步。但过度强调权利人的利益、过宽保护，将阻碍技术扩散和利用，不仅会导致市场垄断和削弱企业自身的技术创新动力，而且会抑制其他企业的创新活动和损害广大消费者的利益。目前，越来越多的企业申请专利不仅是为了防止他人模仿自己的发明，而是用于防止竞争对手进入某一技术领域和阻止竞争对手的研究开发活动。因此，一些发达的市场经济国家制定限制滥用知识产权的法律法规,如美国制定了《知识产权许可的反垄断指南》,欧盟委员会制定了《技术转让规章》,日本有《专利和技术秘密许可中的反垄断指南》。

（六）知识产权制度是促进技术创新的重要机制之一,但不能孤立发挥作用

随着知识经济的发展,知识产权促进创新的作用日趋明显。影响创新活动的因素有很多,包括教育系统、金融系统、信用体系、贸易政策、财政政策、竞争方式、知识产权体系、宏观经济环境和创新文化等。知识产权制度只有与其他制度和政策相配合才能发挥激励创新的作用。

二、经济全球化和知识经济对传统的
工业化模式提出挑战

目前,我国是世界制造大国、第三大贸易国,工业增加值居世界第四位。与发达的工业化国家相比,我国产业竞争能力的最大差距是缺乏创新能力和核心技术的知识产权。如何进一步发挥知识产权制度激励创新和提高企业竞争力的作用,是我们面临的一个重要问题。

（一）缺少核心技术的知识产权成为制约提升我国产业竞争力和持续发展的重要因素

一是在高新技术产业中,外国公司的知识产权占绝对优势。据统计,在通信、半导体、生物、医药和计算机行业,外国公司获得授权的专利数占60% ~ 90%以上。二是一些加工制造能力较大的行业,因缺乏知识产权而竞争力不足。特别是近些年来,中国制造产品出口频频受阻于知识产权问题,廉价劳动力优势被削弱。例如,我国的 DVD 生产能力居世界第一位,却没有自己的核心技术,被征收较高专利费。三是传统产业技术升级面临知识产权竞争。一方面,国外公司在传统行业的高端产品领域进行专利布局;另一方面,一些在国内市场畅销的国产品受到外国公司的侵权调查。

　　(二)知识产权数量增长较快,部分开始走向世界,但质量亟待提高

　　目前,我国的知识产权数量与经济增长成正比,专利数量与研究开发投入的关系密切,研究开发投入越多,专利数量越多。21 世纪以来,我国的研究开发投入持续快速增加,2005 年和 2006 年,研究开发投入占 GDP 的比例为 1.32% 和 1.41%,达到中等收入国家的水平。2004 年,我国已成为世界第五专利申请大国,近两年专利申请的增长速度超过 20%。同时,中国居民和企业申请外国专利的数量增加,2005 年,我国知识产权合作协议(以下简称"PCT")的专利申请数量居世界第十位,增长速度为世界首位。但是,在国内受理的各类专利申请中,代表较高创新水平的发明专利数量少,实用新型和外观设计等小型专利数量较多。截至 2006 年 10 月,国内有效专利为 57.43 万件,发明专利占 11%,实用新型和外观设计分别占 50% 和 38%,而国外有效专利中发明专利占 76.5%;2005 年和 2006 年,国内专利申请中发明专利分别为 24% 和 26%,授权发明专利仍仅占 12% 和 11.2%。

　　自 2002 年起,我国各类商标申请总量和商标注册申请量已连续 4 年居世界第一位。2005 年,我国商标国际注册申请数量居世界第八位,但 2006 年只有 6 个中国品牌进入世界品牌 500 强。

　　(三)企业创新能力较弱,尚未成为创造知识产权的主体

　　目前,我国企业已经成为研究开发投入的主体,但企业拥有的知识产权数量并不多。有数据表明,我国约有 99% 的企业没有申请过专利,60% 以上的企业没有自己的商标。截至 2005 年年底,企业拥有的有效专利数量仅占专利总量的 38%,个人、大学和科研院所拥有的有效专利分别占 29%、18.7% 和 12.2%。2005~2006 年,我国企业的研究开发支出已占全社会的 66% 以上,但同期,三种专利申请中企业仅占 33% 和 35%,个人申请占 58% 和 57%,大学和科研院所约占 10%;发明专利申请中企业占 33.2% 和 46%,个人占 58% 和 34%,其余为大学、科研院所和机关团体。

　　企业运用知识产权战略的能力较弱。据问卷调查结果,企业专利战略的层次较低。企业申请专利主要是为保护技术和占领市场,较少用来进行战略交换和转化为标准,还没有进入经营知识产权的阶段。

（四）重创造、轻运用,有限的知识产权资源利用效率较低

目前,我国的专利年申请量居世界前五位,但知识产权的有效率和实施率不高。一方面,知识产权资源配置与利用能力不协调。总体看,我国企业的知识产权利用率高于个人、大学、科研院所,但个人、大学、科研院所拥有的知识产权数量较多,其成果转化和产业化应用能力较低。有调查表明,大学研究成果进行专利许可或产权转让的占21.5%,自己办企业进行产业化的占17%;科研院所的成果进行产权转让的占15.8%,自行产业化的占39.5%;而企业的专利应用率为86%。另一方面,国家科技计划的知识产权管理制度不完善,公共资源利用效率不高。2002年以来,为了调动研究机构科研成果转化的积极性,陆续出台了国家科技计划的知识产权管理办法,明确了政府科技计划的知识产权归项目承担单位所有,但缺少对权属单位转移技术的责任规定和相应的保障、监督措施。政府资助形成的知识产权较多留在大学和科研院所,转移和利用不及时。而美国1980年出台的《专利和商标法修正案》(又称《拜杜法案》)明确规定,大学、非营利性机构和小企业对联邦政府资助形成的发明拥有所有权。同时规定了这些机构转移技术和实现专利产业化应用的责任。在美国联邦政府资助下,大学产生的发明所有权可以归大学,但前提是大学要承担专利申请和将专利许可给企业的义务;大学可以进行独占性专利许可,但有责任监督企业实施专利;大学应将技术转移所得全部专利许可收入返还到教育和研究中去。如果大学未能通过专利许可方式使某项发明商业化,政府将留有决定该项发明由谁来继续商业化的权利。

（五）对知识产权的价值认识不足,知识产权保护力度不够

我国已经建立了基本与国际接轨的知识产权法律体系,近些年知识产权的保护力度明显加大。但是,仍然存在惩罚力度不够,执法水平和力量有限;部分地区执法不严,某种程度上存在地方保护现象。据统计,目前国内假冒侵权案件90%以上发生在国内企业之间。一些国内知名品牌商品被假冒,给优势企业造成较大损失;部分企业的创新得不到有效保护。

改革开放以来,我国对无形资产价值给予肯定,并建立了技术和管理等知识要素参与分配的机制。但实际上,无形资产的价值仍不受重视,缺乏合理的

知识产权评价和定价机制。一方面,我国大部分企业处于低价竞争阶段,产品和服务定价不能体现知识产权的价值。由于缺乏资金积累,企业自主研究开发和创新的能力不足,创造知识产权的数量较少。另一方面,不尊重他人的知识产权,使用别人的技术成果不习惯付费,反而认为是一种不合理的负担;职务发明人的鼓励不到位,没有充分调动人的创新积极性。若长此以往,企业将没有足够的积累进行研究开发和创新,只能继续长期依赖外国技术。目前医药采购一味追求低价格,医药企业没有能力进行研究开发,将来势必更加依赖外国专利药。

(六)政策不配套,国内创新产品的市场受限

在观念上,政府部门和企业并不愿意为自主创新支付成本和承担风险,有时宁可引进国外不成熟的技术,做人家的实验场,也不愿意给国内技术工程实验的机会。在政策上,国内创新产品常常遭遇不公平待遇。一方面,鼓励使用进口产品而不鼓励使用国产品。例如,我国高技术装备进口减免增值税,购买国内设备则征收增值税;很多外国政府为本国的重大技术装备提供买方信贷,但我们的国产重大技术装备销售和采购缺少金融支持;我国的政府采购政策没有充分体现鼓励自主创新等。另一方面,内资企业与外资企业不公平待遇。国有与民营企业不平等待遇。如内资企业的税负高于外资企业,不利于企业积累进行研究开发和创新。

三、有效发挥知识产权制度促进创新的作用

实施知识产权制度和保护知识产权,不仅是加入 WTO 和解决国际知识产权纠纷的要求,更是我国经济体制转轨,激励创新,提高企业、产业和地区竞争力,增强国家综合实力的需要。知识产权制度设计和安排要适应国家发展和产业竞争的需要。

(一)建立以促进创新和公平竞争为目标、发展为导向的知识产权制度

判断适度保护知识产权的标准是是否促进创新和公平竞争。我国正处于

加速工业化的阶段，技术来源于自主开发和引进技术，以引进技术为主；创新模式以集成创新和引进技术消化吸收改进创新为主，原始创新较少。知识产权保护要鼓励创新、保护引进和促进扩散并举，在加强保护的同时，要注意发挥知识产权制度促进技术转移的作用，增加技术可得性。一方面，通过授权和保护专利促进技术公开，加强对专利申请的技术公开审查，鼓励专利的转让和许可。如美国的专利法要求授权专利必须公开"最佳模式"。另一方面，在权利授予和保护范围方面，要防止权利要求过宽，为国内创新留有空间。

（二）根据外部性和公共利益原则分类管理，建立平衡的知识产权制度

一是各类知识产权的外部性不同，技术和知识的扩散作用不同。对外部性较强的知识产权，一方面，对权利授予要有一定的约束，如要求技术公开，权利范围不能过宽等；另一方面，对使用有一定豁免，如研究使用专利技术的豁免等。二是在公共品和公共利益明显的领域，通过政府资助研究开发或采购技术、有偿强制许可等方式，确保技术的共享。如在医药等公共性较强的领域，通过加大政府研究开发投入、政府采购和有偿强制许可等多种方式，促进必需药品的发展。

（三）以市场为导向，制度为保障，从鼓励创造为主转向鼓励创造和促进运用相结合，提高运用知识产权的能力

1. 从基本制度入手，提升知识产权的价值。例如，在税收制度、资产管理、会计制度、无形资产价值评估等制度中体现知识产权的价值；取消对技术入股的限制，加强并购中的自主知识产权保护。在对并购的审查中，应把对知识产权的影响作为审查内容。

2. 从需求政策出发，鼓励使用自主创新产品。从政府做起，鼓励采购具有知识产权的中国产品和服务，为自主创新产品提供买方或卖方信贷等。

3. 建立鼓励职务发明人的分配机制，调动职务发明人的积极性。缩小职务发明的范围，给科技人员留有更多自由创造的空间；细化政府及其资助机构的职务发明人补偿和奖励办法，落到实处。

（四）促进产权合理流动，以企业为知识产权产业化应用的主体，提高知识产权的利用效率

为推动知识产权尽快转化为生产率，提高知识产权的产业化应用水平和研究开发的投入产出效率，要促进知识产权向企业流动，使企业成为知识产权产业化应用的平台。

1. 进一步完善和细化政府科技计划的知识产权管理办法，实行权利、责任与监管相结合，促进公共科技资源的利用和扩散。一是在授予研究项目执行单位发明所有权时，应明确其转移技术的责任，并加强对技术转移的监督和服务。可以借鉴国际经验，成立政府技术转移服务机构。二是根据计划的目标、资助对象和特点，进一步具体化政府资助形成的知识产权权属政策。公共资金资助的知识产权归属要有利于技术扩散，提高公共资源的社会效益；基础性和共性技术的知识产权归属要有利于技术共享，提高利用效率；具有公共平台作用的非营利机构（包括大学）的知识产权归属要有利于社会共享。三是建立政府技术转化和转移基金，专门用来支持政府资助形成的研究成果向企业转移过程中的咨询服务、中间试验等。

2. 完善技术市场的制度和环境建设，促进民间技术的利用。首先，打破地区市场分割，建立全国信息共享的交易网络，形成综合性和多功能的技术交易市场，规范交易规则，加强监管。其次，实行政府和民间相结合，健全政府技术转移机构，鼓励发展民间技术公司，为技术交易提供全面服务。再次，发展多层次的资本市场，为培育可商业化的技术和促进专利技术产业化提供融资渠道。最后，建立知识产权评估体系和机制，规范知识产权交易。

3. 多种方式提高专利利用率，促进技术的利用和扩散。一是要建立发明基金支持企业对个人拥有的专利的转化和利用。通过社会招标方式，支持企业或专业机构对个人发明成果进行应用转化和产业化利用。二是促进"休眠"专利流动。如日本通产省、专利厅通过行政措施，要求大企业无偿许可给中小企业使用这些休眠专利及周边专利，并结合产业振兴计划，对一些重点地区实施特别援助。三是借鉴日本建立非专利技术公开制度的经验，促进已有技术的有效利用。

（五）加强知识产权服务体系建设,提高全社会运用知识产权的能力

1. 加强知识产权公共信息服务。政府应加大对知识产权信息网络建设和服务的资金支持力度,尽快建立公共信息网络。政府重点支持提供公共基础信息的服务,一些增值信息服务可以由社会中介进行;建立公平获得基础公共信息的机制,防止少数中介机构垄断公共信息资源。

2. 利用、规范和提高知识产权中介服务机构。在企事业单位运用知识产权能力不足的情况下,发挥知识产权代理和律师等专业机构和人员的作用尤为重要。要针对知识产权中介服务机构的特点,制定相应的法律,规范知识产权中介服务机构。进一步促进知识产权中介服务市场的竞争,依法处理与当事人串通牟取不正当利益的行为,并对当事人造成经济的损失承担赔偿责任。要注意保护专利中介服务队伍的积极性。

3. 加强对中小企业知识产权工作的指导和服务。鼓励中小企业创新和申请专利,适当实行减免费政策;促进大企业向中小企业转移技术;加强对小企业的知识产权信息服务和管理的指导。

（六）限制滥用知识产权,促进知识产权的公平竞争

限制滥用知识产权是知识产权制度的重要组成部分。一是健全和细化限制滥用知识产权的法律法规,提高可操作性。借鉴美国、日本和欧洲一些国家的经验,制定专门性的反垄断指南。二是明确现阶段限制滥用知识产权的重点。我国是发展中国家,技术来源以引进技术为主,应把反垄断重点放在防止技术转让中滥用知识产权的垄断行为,抑制恶意闲置专利,禁止通过恶意收购竞争者专利技术和商标的方式限制竞争。与反不正当竞争法结合,限制利用知识产权进行价格共谋、非法排挤竞争对手,以及强行搭售等非法垄断行为。三是加强队伍建设和人才培养。限制滥用知识产权的执法需要既具备知识产权方面的知识,又有反垄断知识的复合型人才。要提前进行人才培训,尽早为实施相关法律培养执法队伍。同时,要加强对企业的培训,提高企业防止滥用知识产权的意识。

如何评价我国的知识产权保护水平

目前,我国的知识产权保护问题成为国际关注的焦点。本文从不同角度评价我国的知识产权保护水平。

一、我国的知识产权立法已接近发达国家水平

专利保护水平指数(Ginarte-Park 指数)是国际上比较流行、并得到有关国际机构认可的评价方法之一。其中包括保护范围、参与国际公约、对权利的限制措施、执法机制和程序、保护期限等五方面内容。尽管这种方法仅涉及了专利制度的一部分,但反映了国际社会对保护知识产权的关注点。

按照 Ginarte-Park 指数,我国的专利保护水平已接近发达国家水平。据国内学者测算,与 110 个国家 1960～1990 年的数据相比,我国 1993 年的专利保护水平指数位于 20 位左右;2001 年,我国已接近德国、韩国和日本的水平(见表 11)。

表 11 专利保护水平指数比较

年份 国家	1985	1990	2001
中国	2.18	3.19(1993)	4.19
美国	4.19	4.52	4.66
日本	3.94	3.94	4.27
德国	3.71	3.71	4.24
韩国	3.61	3.93	4.27

资料来源:杨中楷、柴玥:《我国专利保护水平指标体系构建与评价》,《中国科技论坛》2005 年第 3 期。

从表 11 可以看到，一是我国参与了大部分国际知识产权保护公约，国内的主要知识产权法律、保护范围和周期基本与国际接轨。二是我国对权利的限制比发达的市场经济国家宽松。一方面，我国的可专利性标准较宽，对权利要求较少限制。有些企业反映，我国对外国专利申请审查不严，而中国企事业单位在外国申请专利则受到种种阻碍。另一方面，我国至今没有可操作的限制滥用知识产权的法律和规章，欧、美、日等国家和地区都有限制权力滥用的专门法律细则。三是我国的执法能力存在差距，惩罚力度较低。一些企业，特别是外企认为我们的立法程序不透明、惩罚力度不够、行政和司法执法的衔接不畅，执法中存在一定的地方保护等。

二、我国知识产权制度的效率在某些方面高于部分发达国家

英国知识产权研究所（IPI）的主席伊恩·哈维（Ian Harvey）提出，评价知识产权制度的效率主要看三个方面：起支撑作用的法律体系、获得专利权的质量与成本和实施专利权利的成本与效率。[①]

根据伊恩·哈维的分析，我国的知识产权制度效率高于某些发达的市场经济国家。其理由一是我国的知识产权法律基础设施"属于世界上最好的一类"（Ian Harvey，2006 年）。二是知识产权获取费用低，管理效率提高。如我国 20 年寿命期内的专利成本仅是大部分 G8 国家的 1/10。三是知识产权案件诉讼成本较低，审理速度较快，外国企业胜诉率高。如我国的知识产权案件诉讼成本远低于美国[②]，案件审理速度大约 1～1.5 年，快于美国。外国公司在中国的知识产权诉讼有 90% 获胜，远高于美国的 30%～40%。四是行政执法范围和力度大于其他国家。中国海关不仅查处进口品的知识产权假冒侵权，并把查处假冒侵权出口品作为重点；知识产权管理部门的行政执法主动查处假冒侵权行为。

---

① Ian Harvey，"Intellectual Property: China & Europe-myth and Reality"，IP Institute of UK，v9ih 30.11.06.

② Ian Harvey，"Intellectual Property：China & Europe-myth and Reality"，IP Institute of UK，v9ih 30.11.06.

三、运用知识产权制度的能力亟待提高

知识产权制度是激励创新的有效机制,保护知识产权的目的是促进创新和技术进步。创新是多种因素作用的结果,目前国际上还没有直接衡量知识产权制度与创新关系的定量方法,通常是从知识产权活动与创新的关系、制度设计是否有利于创新和技术进步两方面进行评价。

1. 我国知识产权数量受科技投入拉动,领先于收入水平。通常,一国的经济越发达,知识产权保护水平越高;保护水平越高,知识产权数量越多;技术创新成果越多,专利数量越多。国际学者的定量研究结果是,知识产权保护水平与国家发展阶段相关。在中等收入国家,专利制度开始发挥正面作用;人均收入达到 8000 美元的国家通常采取强保护政策。我国是具有技术能力的发展中大国,不能简单套用一般的统计规律。2005 年,我国人均 GDP 为 1700 美元,属中低收入国家,但研究开发投入占 GDP 的比例接近中高收入国家水平,专利申请总量已进入世界前列,其相对量也排名前 20 位。2004 年,我国成为世界第五专利申请大国,每百万美元研究开发(R&D)投入的本国居民专利申请量为世界第 11 位,每 10 亿美元 GDP 的本国居民专利申请排世界第 17 位。① 根据 1991～2003 年的统计数据,国内专利申请数量与 R&D 投入的相关性最强,科技经费筹集次之,与 GDP 的相关性率较弱。

2. 制度设计起点高,缺乏实践经验。美国科学院国家研究理事会的《21世纪的专利制度》研究报中提出了评价专利制度的标准,一是专利制度应适应新技术的发展;二是可专利性标准和授权权利范围应有利于鼓励创新和保证专利质量,促进技术信息公开和传播;三是与专利制度有关的行政和司法判决必须及时、费用合理,通过一体化或互惠政策减少公共或私人的专利费用,促进贸易、投资和创新;四是有利于在获取专利技术基础上进行研究及"累积技术";五是建立公平竞争环境,知识产权持有人在享受相同权益的同时履行相同义务。美国在专利立法和执法中也以促进创新为目标。由于各国的发展

---

① 数据来源:WIPO,《2006 年专利报告》。其中专利申请数量按国际统计口径,主要指发明专利。

阶段不同,创新的含义不同,知识产权保护重点也不同。

　　我国在二十几年的时间里建立了基本与国际接轨的知识产权法律体系,但实践经验不足,缺乏灵活运用知识产权制度的能力。知识产权数量增长快,但质量不高,利用效率较低;既存在执法不严、地方保护的问题,也存在权利授予范围较宽、缺少限制滥用知识产权的法律法规的问题;外企在我国申请专利门槛低,我国企业在境外申请门槛高。一方面,假冒侵权行为普遍,国内假冒侵权案件的90%以上发生在国内企业之间,一些国内知名企业遭受较大损失。国外反映最强烈的也是假冒产品、商标和设计侵权及执法问题;另一方面,国内企业反映,我国知识产权法立法从法律和专业角度考虑多一些,对产业竞争和企业创新考虑的少一些;征求意见的范围不够广泛,有些法律照搬国外标准,与国情脱节;对过宽的权利要求不加限制,缩小了国内企业改进创新和集成创新的空间等。

四、几点建议

　　综上所述,我国的知识产权立法起点高,部分制度效率超过一些发达国家,知识产权数量增长较快,主要问题是缺乏知识产权意识和经验,运用知识产权制度的能力薄弱,执法水平有待提高。需要在实践中熟悉知识产权制度,不断发现问题,逐步完善之。

　　今后一段时间内,我国知识产权工作的重点应是提高灵活运用知识产权制度的综合能力。一是根据知识产权创造、运用、保护和管理各环节的特点,制定配套政策,提高政府和企事业单位运用知识产权制度的能力。加强相关部门之间,以及知识产权政策与其他创新政策的协调性,提高实施知识产权制度的效率。二是建立以促进创新和公平竞争为目标的保护标准,提高执法水平。目前,我国技术发展正从依赖引进技术和模仿制造转向自主研发和引进技术相结合,创新模式以集成创新、引进技术消化吸收再创新为主。知识产权制度设计应在满足 WTO 最低保护标准的基础上,体现国家发展和创新需要,建立平衡的知识产权制度。注意处理好鼓励创新与引进技术消化吸收,保护知识产权与促进技术利用和扩散,权利人利益与公共利益,国内与国外权利人之间的平衡,有效发挥知识产权制度促进创新、技术扩散和公平竞争的作用。

三是结合发展阶段,抓住主要矛盾,确定保护和打击重点。目前,假冒侵权和盗版不仅造成较大的国际影响,对国内优势企业的损害也较大,应该集中力量重点突破。相当一部分假冒商品出口是跨国犯罪,订货和销售渠道都在国外,应开展国际合作,由外国政府主动配合消除境外源头。四是加强多层次的人才培养,开展知识产权知识普及教育,提高全社会保护和运用知识产权的意识和能力。

全面发挥知识产权制度的作用，
提高国家整体竞争力[*]

在经济全球化和技术快速进步的今天，一个国家的综合竞争力取决于自主创新能力和自主知识产权的拥有量。知识产权制度与知识产权保护成为国家和地区商业环境的重要内容。进入 WTO 以后，我国的知识产权保护成为发达国家和一些工业化国家关注的焦点。因此，"十一五"时期要加强实施知识产权制度的力度。

一、加强知识产权制度是提高国家整体竞争力的需要

在过去 20 年时间里，我国知识产权制度建设取得了举世瞩目的进展，建立了比较完整的知识产权法律体系，并逐步与国际接轨。加速知识产权制度建设，不仅是融入国际社会和加入 WTO 的要求，更是中国经济体制转轨，发展经济和提高国家与地区竞争力的自身需要。

（一）我国技术发展战略进入新的阶段

在过去较长一段时期内，我国大部分企业的技术来源主要依靠模仿和引进技术。随着经济持续快速增长，产业结构提升，高新技术产业发展加快，产业技术来源正在从仿制和技术引进为主转向自主研发和技术引进相结合。

20 世纪 90 年代末以来，我国的 R&D 支出增长速度快于 GDP 的增长。2003 年 R&D 支出达到 1520 亿元人民币，占 GDP 的 1.3%，人均 R&D 支出约 117 元；高技术产业产值为 2.7 万亿元，占工业总产值的 21.4%。同时，涌现

＊ 本文发表于《中国中长期发展的重要问题 2006—2020》，中国发展出版社 2005 年 4 月版。

了一批自主创新和自主研究开发的优秀企业。

同时,知识产权数量快速增加。2002 年和 2003 年,专利申请量分别比上年增长 24%和 22.1%,授权量分别比上一年增长 16%和 37.6%。2003 年,国家工商总局商标局受理商标申请 452095 件,比 2002 年增加 21.6%;2002 年全国版权行政管理机关受理合同登记 11836 份,作品自愿登记 11067 件。

（二）知识产权在产业竞争中的作用越来越显现出来

1. 企业的长期竞争优势靠技术创新支撑。目前,我国的一些优势企业已经开始从模仿制造和引进技术转向自主研发和创新。国内专利受理申请和授权总量大幅增加,发明专利申请增长加快。1995 年至 2001 年,发明专利申请量平均增长 20.1%;2002 年和 2003 年,发明专利申请量分别增长 32%和 42%。专利制度对保护国内创新者的积极性、促进企业技术创新的作用增强。

2. 在市场竞争中,企业的品牌效应增加。一些优势企业正在打造知名品牌,占领国内市场,走向国际市场。加强商标保护有利于企业树立长期持续发展和诚信经营的观念。

3. 加快产业技术升级需要扩大技术引进规模。目前,中国大部分企业处于技术引进和跟踪研究阶段。2002 年,外国技术引进合同额是 173.89 亿美元,国内技术交易合同总额为 884.17 亿元人民币（约 107 亿美元）,技术引进是国内交易额的 1.6 倍。国内技术交易以小型和改进技术为主,2002 年,国内每项技术交易的合同金额平均为 27 万元人民币（约合 4.5 万美元）,只是同期从国外技术引进的平均合同金额的 1.5%（见表 12）。

表 12　引进技术合同与国内技术交易合同比较（2002 年）

	引进技术	国内技术交易	引进/国内
技术合同价值	173 亿美元	107 亿美元	1.62
合同平均值	286 万美元	4.5 万美元	63.5

资料来源:《2003 年中国科技统计年鉴》。

由于知识产权保护程度直接影响技术在国家之间的流动,加强知识产权保护有利于扩大技术引进渠道。

（三）沿海等经济发达地区的知识产权应用进入新阶段

知识产权的创造和运用能力与地区经济发展有密切关系，经济越发达的地区知识产权数量越多。1985～2003 年，累计专利申请数量排在前六位的地区是广东、上海、北京、浙江、江苏和山东等经济比较发达的地区，而经济欠发达的西部地区的知识产权数量较少（见表 13）。

表 13　专利申请数居前 6 位和末 6 位的地区分布（1985～2003 年）

前六位地区	累计专利申请量	末六位地区	累计专利申请量
广东	211533	贵州	11276
北京	128019	甘肃	9573
浙江	112578	海南	4305
山东	109627	宁夏	3785
江苏	103263	青海	2161
上海	99345	西藏	194

资料来源：根据国家知识产权局网站的统计数据整理。

（四）知识产权制度环境和保护程度成为地区竞争的一个重要因素

哪个地区的知识产权制度环境好，保护程度高，高新技术投资将大量流入哪个地区，特别是对吸引外商投资企业的研究开发投入和技术转移有着重要影响。

（五）经济全球化和知识经济对传统的工业化模式提出挑战，知识产权成为重要的产业竞争工具

目前，我国已是世界制造大国，工业增加值居世界第四位。与工业发达国家相比，我国产业竞争能力的最大差距是缺乏创新能力和具有自主知识产权的核心技术。没有自主创新能力，没有自主知识产权不可能真正成为制造中心，只能是加工中心。

综上所述，知识产权制度在我国经济发展和产业竞争中的作用越来越重要。保护知识产权不仅是为了改善投资环境，保护外国企业的知识产权，也是

促进我国企业创新，利用知识产权提高产业竞争力的需要。

二、我国知识产权制度和政策面临的挑战

目前，我国的知识产权法律制度基本与国际接轨，但在短期内建立完善的知识产权实施体系，要支付大量成本。我国知识产权制度和政策面临如下主要挑战。

（一）缺乏适用人才，保护经费不足

目前，与知识产权有关的司法和行政管理部门都存在人、财、物不足的问题，影响了管理和执法水平。特别是人才不足已经成为制约我国知识产权管理和执法水平的重要因素。

（二）全民运用和保护知识产权的意识不足

我国建立知识产权制度的时间不长，运用和保护知识产权的社会意识还比较薄弱，相当一部分企业没有建立知识产权管理制度和管理部门。一方面，存在侵犯他人知识产权的问题；另一方面，相当一部分企业不知道如何利用知识产权制度来保护自己的合法权利。

（三）知识产权执法中尚存在地方保护

一方面，少数地方政府出于发展地方经济和保持就业的目的，对知识产权侵权行为采取容忍策略；另一方面，由于地区经济发展和市场发育水平不平衡，各地的行政执法能力差距较大，有些地区执法不严，某种程度上存在地方保护现象。

（四）地区差别较大

地区之间的经济、技术、教育和企业管理水平差别较大，市场发育程度不同，运用知识产权的能力和知识产权管理工作存在较大差距。目前，我国既有人均 GDP 达到 3000～4000 美元的发达地区，但相当一部分地区的人均 GDP 不到 800 美元，有些甚至不足 500 美元。1985～2003 年，累计专利申请量为

前六位的地区人均 GDP 在 2000～4000 美元之间,后六位地区的人均 GDP 只有 500～900 美元之间(见表 14)。一些经济发达地区比较重视知识产权管理和保护工作,把知识产权保护作为改善投资环境的重要战略。

表14　地区人均 GDP 与专利申请量比较

申请量 前六位地区	人均 GDP(美元) (2002 年)	申请量 后六位地区	人均 GDP(美元) (2002 年)
广东	1859	贵州	384
北京	2855	甘肃	554
浙江	2077	海南	934
山东	1435	宁夏	719
江苏	1777	青海	802
上海	4119	西藏	755

资料来源:根据国家知识产权局网站统计资料和《中国统计年鉴》计算。

因此,如何运用知识产权管理,使大部分地区和人群从知识产权制度中获益,是我国知识产权管理面临的一个挑战。

(五)知识产权的配套制度和市场环境有待改善

我国正处于向市场经济过渡的阶段,与知识产权配套的法律、政策和市场环境不健全,影响了知识产权制度的实施效率。一是信用制度不健全,社会信誉不足。假冒伪劣产品和侵犯他人知识产权的现象还比较严重。二是竞争秩序不健全,存在地区间的市场分割,一定程度上存在地方保护主义。三是缺少维护知识产权公平竞争的反垄断措施。

(六)产业界正面临着更高层次的竞争——知识产权竞争

1. 在高新技术产业中,外国公司的知识产权占绝对优势。据统计,在通讯、半导体、生物、医药和计算机行业,外国公司获得授权的专利数占60%～90%以上。

2. 中国制造产品出口因知识产权问题频频受阻。近些年来,发生了一些因为知识产权纠纷阻碍中国制造产品出口的事件。由于外国公司收取较高专利使用费,一些制造企业因廉价劳动力形成的出口优势被削弱。

3. 传统产业的技术升级面临知识产权竞争。传统产业中,部分企业正在从制造低端产品转向制造高端产品,也面临知识产权的挑战。一方面,国外公司在传统行业的高端产品领域抢注专利。世界最大的拉链生产企业YKK,在中国申请了将近200多个有关拉链的专利,从材料到外观设计都申请了专利。由此可见,跨国公司在传统产业的高端领域也已经布局了知识产权,当我们的传统产业处在较低档次的产品时,知识产权问题不突出,产品升级也会面临知识产权竞争。另一方面,一些在国内市场畅销的国产商品受到外国公司的侵权调查。如摩托车、彩电等。

4. 国内一些优势企业受到知识产权侵权的困扰。据调查,目前国内假冒侵权案件的80%以上都是发生在国内企业之间。一些国内知名品牌商品被假冒,给企业造成较大损失;另一些企业的创新技术得不到有效保护。

5. 企业创新能力较弱,在竞争中处于技术劣势。在国内专利申请和授权中,实用新型和外观设计等小型专利比例高,发明专利比例较低。

6. 一些加工制造能力较大的行业,因缺乏自主知识产权而缺乏竞争力。例如,我国的DVD生产规模和出口量居世界第一,却没有自己的核心技术,出口受到外国企业的知识产权制约,出口价格的约1/3用来支付专利使用费,廉价劳动力优势被削弱。

三、利用和实施知识产权制度,提高国家整体竞争优势

实施知识产权制度不是被动的保护已有知识产权,而是要积极利用知识产权制度,提高企业、产业、地区和国家的竞争力。我们的创新成果越多,知识产权越多,才能从实施知识产权制度中获得更大的效益,使知识产权制度为经济、技术和社会发展战略服务。

"十一五"期间,要以促进自主创新能力、提高国家整体竞争力为目标,进一步完善知识产权制度,加强知识产权的基础设施建设,协调各项知识产权管理工作,增强全社会创造、保护和利用知识产权的能力,促进经济、技术、社会协调发展。

(一)分层次建立全社会知识产权战略体系

1. 国家知识产权战略以制度和政策为主,重点解决全局性、制度性和政策性问题,为企业创造良好的制度和市场环境,并提供相应的服务。

现阶段,国家知识产权战略应重点解决以下问题。一是健全创造、保护、利用知识产权的制度和市场环境,为实施知识产权战略提供制度保障。二是健全组织体系和协调机制,明确各政府部门在知识产权战略管理中的职责,建立政府部门与企业之间的沟通渠道,为实施知识产权战略提供组织保障。三是加强知识产权制度的基础设施建设,组织跨学科的理论与实践研究,探索与技术、经济和社会发展阶段相适应的知识产权制度。四是以提高整体竞争力为目标,完善从创造、保护到利用知识产权各个环节的配套制度和政策体系。五是编制国家知识产权战略总体规划,明确阶段性目标、重点任务和重点领域。六是制定培养知识产权专业人才计划。

2. 行业知识产权战略以实现行业内企业的共同利益为目标,重点解决影响行业竞争能力和企业共同关心的重大问题。其主要任务是组织本行业企业自觉遵守知识产权规则,联合应对知识产权的国际竞争,提高行业整体竞争力。一是制定行业企业在知识产权保护中共同遵守的行为准则,如知识产权保护公约。二是制定和组织实施创造、保护和利用行业共性技术知识产权的规划,根据市场需要,有组织地进行联合研究开发和共享技术。三是建立组织、协调和监督机制,行业协会应在制定和实施行业知识产权战略中发挥组织和协调作用。

3. 地区知识产权战略以解决地区重点问题为目标。我国地域广阔,地区经济发展不平衡,知识产权的运用和实施能力差距较大。地区的知识产权战略要根据地区发展,以及知识产权管理和保护中存在的主要问题,在国家知识产权法规的基础上,制定具有针对性的、可操作的实施知识产权制度的政策措施。

4. 企业知识产权战略的重点是建立企业知识产权管理制度,把知识产权管理融入科研和经营管理之中,根据企业竞争战略和市场需求,创造、保护和利用知识产权,提高企业竞争力。

国家、企业、地区和行业的知识产权战略构成了全社会的知识产权战略体系。国家知识产权战略对企业、行业和地区战略起指导作用。

（二）加大执法力度，加强与知识产权制度配套的法律和市场环境建设

知识产权制度不能孤立地发挥作用，需要相关的配套政策和市场环境。

1. 要加大执法力度，提高执法效率。要结合发展阶段，抓住主要矛盾，确定保护和打击重点，对发展影响大的问题优先处理。目前，国内外反映较大的是假冒商品和盗版，不仅造成较大的国际影响，对国内优势企业的损害也较大，应该集中力量重点突破。同时，相当一部分假冒商品出口是跨国犯罪，订货和销售渠道等都在国外。因此，要开展国际合作打击跨国犯罪，由外国政府主动配合查处，消除境外源头。

2. 进一步完善与知识产权制度配套的市场和政策环境。一是加强信用制度和信誉体系的建设；二是规范市场秩序，创造公平竞争的环境，逐步实现知识产权执法的全国统一性；三是加快制定反垄断政策和法规，限制滥用知识产权的垄断行为，促进知识产权的公平竞争；四是充分发挥地方政府在保护知识产权中的作用。由于地区发展不平衡，知识产权的利用和保护能力不同，知识产权实施中存在的问题不同，知识产权政策不可能一刀切。应在国家统一法律法规约束和政策引导下，充分发挥地方政府的积极性，因地制宜地制定政策。有些发达地区的知识产权实施可以走在前面。

3. 抓紧专业人才培养，广泛开展普及宣传和教育，建立知识产权文化。实施知识产权制度不能只靠处罚，宣传、教育和培训与执法同样重要，可以起到相互促进的作用。在加强执法和惩罚力度的同时，必须加强知识产权知识的普及教育，强化全民的知识产权观念，提高企事业单位运用知识产权的能力。需要四个层次的培训和教育，即加强执法和管理人员的培训；在企业层次开展运用和保护知识产权的可操作性培训，引导企业提高运用、管理和保护知识产权的能力；加强大学层次的专业人才培养和非专业人员的普及教育；在中小学增设知识产权知识的普及教育课程。

（三）利用知识产权制度保障和促进自主创新

1. 从源头抓起，建立鼓励创新的知识产权权属政策。知识产权是无形资

产,其主体是智力成果。知识产权权属政策的总原则是鼓励创新,公平配置资源,提高产业整体竞争力,增加社会效益。要根据资本来源、技术性质和分类制定知识产权权属政策,突出调动人力资本的积极性。一是鼓励创新者和投资者,建立鼓励职务发明人的分配机制;二是公共资金资助形成的知识产权归属要有利于技术扩散,提高公共资源的社会效益;三是基础性和共性技术的知识产权归属要有利于技术共享,提高利用效率;四是具有公共平台作用的非营利机构(包括大学)的知识产权归属要有利于社会共享。

2. 以市场为导向,制度为保障,建立规范的无形资产核算体系和鼓励企业增加研究开发投入的税收制度,增加知识产权的市场价值,调动企业创新积极性。

(四)促进创新技术的利用和扩散

1. 进一步促进政府技术资源的利用和扩散。目前,我国的基础性研究和共性技术研究以政府投入为主,应重点建立促进政府委托、合作和资助研究项目的技术转移和扩散机制。一是在政府科技计划和资助合同中,要明确项目承担单位具有转移成果和促进技术利用的责任,并作为考核业绩的重要指标。二是建立各种类型的政府科技计划的知识产权管理和技术转移服务机构,加强监督和服务。三是切实落实职务发明人奖励制度,调动研究人员创新和转移技术的积极性。四是坚持本国企业优先的原则。

2. 鼓励民间技术利用与扩散。民间技术的利用和扩散主要靠市场机制。一是鼓励各种面向社会的技术服务组织。其中包括政府出资兴办的技术转移服务机构,为利用民间技术提供服务。二是实施技术推广和转移计划,特别鼓励公共机构向中小企业转移技术。三是鼓励大学和科研机构通过技术许可的方式转移和扩散技术,发挥大学和科研机构作为研究开发公共平台的作用。四是资助产学研或企业联合研究开发,促进技术资源共享,提高研究开发投入的效率。

3. 建立以政府为引导,技术服务机构为桥梁,资本市场为支撑的技术市场。打破地区市场分割,建立全国信息共享的技术交易网络,规范交易规则;培育和规范技术服务机构,发展集金融、技术、信息服务于一体的民间技术公司;发展多层次的资本市场,为培育技术和促进技术产业化提供便利的融资渠道。

(五)加强基础设施建设,完善知识产权服务体系

1. 加大对知识产权公共信息网络建设和服务的投入。在专利申请和维持费不足以支撑知识产权信息系统的情况下,政府应加大对知识产权信息网络建设和服务的资金支持力度,针对国内企业的现状和特点,分层次建立专利信息检索和服务体系。

2. 建立知识产权预警机制。为了对重大知识产权事件及时做出反应,迫切需要建立知识产权管理部门与企业之间的直接沟通渠道,以及部门之间的沟通渠道;应采取多种形式建立政府与企业之间的预警机制。

3. 加强对中小企业知识产权工作的指导和服务。加强对小企业的专利信息服务和知识产权管理的指导;采取减免费政策,鼓励中小企业申请专利;促进大企业向小企业转移技术。

4. 充分发挥行业协会的作用。要发挥行业协会自律组织的作用,协助解决知识产权纠纷和争端。近些年来,我国企业与外国企业的知识产权纠纷常是群体事件,行业协会出面更有利。行业协会还可以起到桥梁作用,在政府与企业之间发挥上传下达的作用。建立行业协会与主管部门的沟通机制,取得主管部门的指导,提高专家的参与程度。

5. 利用、规范和提高中介机构。在企事业单位运用知识产权能力不足的情况下,发挥知识产权代理和律师等专业机构与人员的作用尤为重要。要针对知识产权中介机构的特点,制定相应的法律,规范知识产权中介服务机构。进一步促进知识产权中介服务市场的竞争,依法处理与当事人串通谋取不正当利益的行为,并对当事人造成的经济损失承担赔偿责任;注意保护好专利中介服务队伍的积极性,帮助解决中介服务机构和队伍发展中的困难和问题。

实施知识产权制度应注意的几个问题*

一、创造、保护、运用和管理知识产权的关系

知识产权制度是市场经济条件下激励创造发明的基本制度,对促进创新和提高国家竞争力发挥了重要作用。《国家知识产权战略纲要》中提出,实施知识产权战略的目标是提升我国知识产权创造、运用、保护和管理能力,建设创新型国家,实现全面建设小康社会。纲要明确了激励创造、有效运用、依法保护和科学管理的指导思想。四者之间的关系为:保护和管理知识产权是制度保障和基础,激励创造和有效运用知识产权是目的和结果,通过依法保护和科学管理,激励企事业单位和个人创造和有效运用知识产权。

(一)创造知识产权是根据相关法律将企事业单位和个人的知识资产变为知识产权的过程

知识产权是受法律保护的智力财产,是人类智力成果的产权化。例如,通过申请专利来保护研究开发成果,通过商标注册来保护企业品牌和信誉。尽管创造知识产权是知识资产所有者的行为,但是,在申请和注册的过程中,审查和授权程序与标准影响了知识产权申请人的行为及结果。

(二)保护知识产权包括立法、确权、审查授权、防止侵权和打击侵权等执法的全过程

为保护专利,首先要明确专利的权属,其次要对专利申请进行审查和授

---

　　* 本文载于张玉台主编:《中国知识产权战略转型与对策》,中国发展出版社 2008 年 8 月版。收录本书时作了删改。

权,然后是防止侵权和打击侵权。保护知识产权一方面要靠法律制度和政策保障,目前,我国已经建立了基本与国际接轨的知识产权法律体系,为保护知识产权提供了法律依据和保障;另一方面则需要权利人本身提高意识。但是,最重要的是法律制度和执法。

(三)运用知识产权有两方面的含义

一方面是指实施知识产权。如对专利技术实行产业化、转让、许可使用等。另一方面是指企业在竞争中运用知识产权制度规则,实施知识产权战略,即利用知识产权作为竞争工具。如有些企业申请专利的目的是为了阻止他人使用这项技术,有的则是为了换取别人的技术等。

(四)管理知识产权分为两个层次

一是政府层次的知识产权管理,主要指制定相关政策、开展知识产权公共服务、提供信息平台等。二是微观层次企事业单位的知识产权管理,重点指企业内部的知识产权申请、评价、维护和经营等方面的管理。

(五)保护和管理是基础,创造和运用是目的

首先,没有知识产权保护,创新者的利益得不到保障,就没有发明创造的积极性,就没有创造知识产权的积极性。知识产权制度的实质是,既保护发明人和创新投资者的利益,又促进技术合理、有偿扩散。如专利制度在授予专利所有人一段时间排他权利的同时,要求专利所有者公布技术,在鼓励研究开发和创新的同时,有利于缩短社会的研究开发时间和费用,实现其社会效益。又如,商标是一种识别性标记权利。它的价值取决于该商标所代表的主体的信誉、质量、创新等。商标制度在授予商标持有者排他权利时,并没有其他强制要求。其外部性在于保护消费者和用户利益。

其次,通过科学管理有效运用知识产权,要发挥知识产权的作用。拥有知识产权但不能有效利用,就不能给权利人带来收益,不能给社会带来效益。目前,我国的专利年申请量居世界前五位,但知识产权的有效率和实施率不高,存在重创造、轻运用的现象,有限的知识产权资源利用效率较低。其原因一方面是宏观层次的相关制度和政策不配套,知识产权资源配置不够合理;另一方

面是微观层次的企事业单位运用知识产权制度的能力有待提高,知识产权的利用效率较低。因此,要通过科学管理提高知识产权运用效率。

二、知识产权数量与质量的关系

（一）影响专利数量的主要因素

2003 年,OECD 在巴黎召开了专利、创新和经济绩效研讨会,来自各国的与会专家通过企业调查问卷等多种方式分析和探讨了影响专利申请数量的原因。下面介绍会上的一些主要观点。①

1. 欧洲专利局的研究报告结论

（1）20 世纪 90 年代,由于技术发展导致了专利的重要性大幅度提高。

（2）国际专利制度和区域专利制度的建立,导致专利申请的地域差别不断降低。

（3）专利申请和保护费用的下降促进专利申请量的增加。1990～2000年,欧洲专利数量增长了 70% ,其中有一半以上归功于欧洲专利局（EPO）专利费用的降低。

（4）创新效率的提高导致专利数量增加。即使扣除欧洲专利费用降低的影响,欧洲专利活动仍然出现了显著的增长。据报告估计,欧洲专利反映的创新效率在这十年间保持了每年 2.3% 的增长率。

2. 日本学者的研究结果

日本学者（Kazuyuki Motohashi 等）通过对信息产业和医药产业的调查,着重分析了日本专利系统的变化对企业创新的影响,得出了以下结论:

（1）专利支持政策只会对企业创新产生非常有限的影响。没有发现专利系统、企业 R&D 开支的变化和专利申请数量之间存在明确的联系,专利系统只是影响研发投资的诸多因素之一。企业对于 R&D 和新产品开发活动的投资取决于很多因素,例如,企业所处的经济环境、技术机遇,以及与 IP（知识产权）系统无关的政策（如医药安全法规）。

（2）扩大专利保护的领域（如把商业模式纳入专利保护）对专利数量增加

---

① *Patants, Innovation and Economic Performance: OECD Conference Proceding*, 2004.

产生了显著的影响。

(3)加大保护力度提高了专利价值,增加了专利许可费用。专利支持政策旨在通过提高侵权惩罚金额、加快争议处理速度和其他措施加强专利保护,提升许可方的谈判能力。另外,扩大专利保护范围的趋势有助于在关于专利范围的争议中支持专利持有方。因此,这些政策提升了许可费用,加强了知识产权保护,提高了知识产权的市场价值。

(4)市场变化对企业专利活动的影响较大。如目标产品的长期需求、竞争对手的动态以及技术机遇的增多等因素,对企业的专利活动产生较大影响。企业运用专利战略的能力提高对增加专利数量具有正面影响。

(5)专利保护对前瞻性研究开发的影响不大。

(6)专利系统对不同行业的影响不同。医药行业是专利敏感行业,而 IT 行业的敏感度就要弱一点。不同行业和不同规模的企业对专利系统的改进反应不同。根据对医药行业、电子制造行业和一些 R&D 支出比例较高的中小型企业的调查发现,专利支持政策对医药行业的正面影响远远大于对电子制造行业和其他行业的影响,中小型企业则基本上不认为专利系统的变化对他们产生了显著的影响。

(7)缩短审查周期对技术变化快慢和研究周期长短不同的行业影响不同。缩短审查周期,对医药行业的研究开发产生了一些负面作用,越来越多的企业在还不知道一项发明是否会形成新药时就开始考虑申请专利。

3. 德国的企业调查结果

在 20 世纪 90 年代,德国的专利数量迅速增长,但并没有伴随着 R&D 支出的相应增加。受德国专利商标局的委托,德国一所大学调查了 1500 多家在 1999 年申请了至少 3 个专利的德国企业,超过 500 家企业填写了调查问卷。这 500 多家企业经常申请专利,其专利申请数占德国的 40%。该调查结果分析了企业专利数量的变化、对专利重要性认识的变化,以及保护知识产权的其他手段。结果表明:

(1)超过 2/3 的大型企业和大部分超小型企业表示专利数量在过去五年中大幅度增长。专利增加的主要原因,一是专利的增长在一定程度上源自于竞争强度的加剧和合作的加强。专利正在成为企业增强竞争优势,获取和产生知识的最重要手段之一。二是使用专利的激励结构发生变化。

（2）调查结果表明,在过去五年中,专利保护和企业专利战略变得越来越重要,尤其是对于一些规模非常大的企业。而其他一些知识产权的重要性则有所降低。德国专利在20世纪90年代迅速增长的重要原因在于,首先,传统的专利动机——防止模仿或者知识产权的排他性使用,仍然是最重要的原因。专利被越来越多地用于保护开发新产品的技术领域(防御性用途),以及有效地阻止竞争对手的开发活动(进攻性用途)。其次,专利被视为企业无形资产的组成部分,有助于提升他们的声誉。再次,专利可以在知识交易、交叉授权协议中充当重要资产。最后,尤其是在大型企业中,专利可以作为反映研发部门绩效的指标。

4. OECD 的调查结果

OECD与商业和工业咨询委员会(BIAC)在2003年合作对企业的专利活动进行了一项调查。调查的目的是搜集相关的定量信息,从而定量地分析专利发展趋势。

调查结果显示,在2003年之前的十年中,在企业战略中,专利的重要性不断加强。其主要原因是创新效率的提高、竞争压力的加强,以及专利制度改革。最重要的是扩大专利范围促进了专利数量增加。

综合以上调查和分析结果,影响专利活动的主要原因,一是创新效率的提高;二是市场竞争压力增加;三是加强和改革专利制度,主要是扩大专利保护范围;四是加强保护有利于提高知识产权的价值。

(二)评价专利质量的方法

随着专利数量快速增加,专利质量问题受到各方面的重视。如何评价专利质量成为人们关注的问题。目前,国内外评价专利质量的主要方法有如下几种。

1. 发明专利与实用新型的比较

目前,国内常用的方法是比较发明专利占三种专利的比例,认为发明专利代表创新水平。但是,发明专利的数量是与发展阶段有关的。例如,日本在20世纪80年代以前,韩国在20世纪90年代以前,实用新型都很活跃,实用新型的比例高于发明专利的比例。在国内企业研究开发和创新能力较弱时,实用新型专利有利于鼓励引进技术消化吸收再创新。

2. 专利的维持周期

有观点认为专利周期长说明专利的效用较长。但是,在不同技术领域专利申请的规律差别很大。有的领域技术变化速度太快,企业不依靠专利取得保护,如电子和 IT 领域的技术创新活动很活跃,技术变化速度加快,通常技术周期在 2 ~ 3 年之间,有些技术换代时间更短。因此,许多企业有了新技术、新产品并不申请专利,而是尽快推向市场,通过先发优势取得经济回报。而化工、医药等行业的技术变化周期较长,维持期也比较长。因此,这个指标在不同行业或领域内没有可比性。

3. 申请外国专利的数量

申请国际专利,特别是申请美国、欧洲、日本的专利,是按照发达国家的审查标准。因此,通常认为获得国际专利的水平相对高一些,能够参与国际竞争。

OECD 为了统一专利的质量标准,在进行各国专利发展研究时,通常采用美国、欧洲和日本三方专利指标。申请 PCT(专利合作协议)专利要通过统一查询和审查程序,也在一定程度上反映了专利的质量。

4. 专利被引用数量

在美国等一些发达国家,通常用专利被引用次数来反映专利的质量。因为某一个或者一组专利被其他专利引用的次数反映了该专利技术的水平。然而,我国在目前还比较难以获得专利被引用次数的数据。

5. 知识产权价值评估法

知识产权的经济价值差别极大。实际上,高价值的专利只占很小的比例,相当一部分专利也从未使用过。因此,从严格意义上说,用专利的数量反映 R&D 活动的产出是不适当的。正因为此,出现了对专利价值统计的研究,研究的重点是如何估计或是测算专利的价值。目前,主要的一些研究结果及观点是:

(1)专利的价值具有不同的含义,例如,对个人以及社会的价值,专利的价值以及专利保护发明的价值等。在不同定义下,专利的价值也是不同的。

(2)不同专利的价值分布表现为偏态分布的形式,只有很少数的专利具有高价值,绝大部分专利的价值实际上很低。

(3)对专利价值统计的方法主要是,对专利的拥有者进行调查,获得一系列的指标,建立定量模型,测算出专利的价值。

有些研究还提出利用专利维持费数据或专利权利要求范围来比较专利质量。

6. 美国主要采用同行评议和引用次数的方法

从 20 世纪 80 年代开始,美国通过一系列立法、司法、行政手段和国际协议将专利保护拓展到了新的技术领域,形成了一些新的专利系统用户,强化了对本国专利持有人的保护,使专利数量大幅度提高。与此同时,专利质量却有所下降。因此,有很多反对者提出了批评意见,认为许多专利不符合创新或者公用性的要求。

美国主要采用两种方法判断专利质量是否下降。一是同行评议。选择来自不同时期的代表性样本,由一组属于或者独立于美国专利商标局(USPTO)的专家进行评估。二是用专利质量指标衡量专利的价值或者重要性。主要根据专利被引用次数(即某一个或者一组专利在此后的专利中被引用的次数)来确定专利的重要性。

三、知识产权的外部性、敏感性和公共利益

知识产权制度是公共政策的一部分。知识产权制度是通过法律形式保护私权利,在鼓励权利人的创新积极性的同时,也给公众带来利益。例如,专利制度是授予发明创造所有者一段时间排他权利,换取其公开技术,使更多的人可以有偿使用之。除了已确定的法律保护之外,一些市场经济国家政府动用公权力来影响和维护私权,主要体现在两个方面:一是利用限制滥用知识产权的法律法规制约知识产权的负面效果;二是利用各种手段和措施维护本国知识产权权利人在国内外的权利,如通过外交手段等直接干预知识产权纠纷案件等。这样做的主要依据是:

首先,知识是无形资产,具有较大的外部性,为了鼓励创新和发明创造,知识产权制度通过法律授予知识财产的所有者一段时期的排他使用权利。但是,如果这种权利使用过度将会影响公平竞争和公共利益,因此,要对权利人的权利进行适当约束。

其次,在知识经济时代,知识产权是国家竞争优势的体现。特别是在与具

有劳动力成本优势的发展中国家的竞争过程中,知识产权成为国家间的重要竞争工具。发达国家政府全力保护本国知识产权权利人在海内外的利益,往往采取双重标准。在处理本国企业之间的纠纷时,以促进创新和竞争为标准;在对待境外纠纷时,采取维护本国权利人利益为主的标准。

(一)政府干预的基本原则

1. 外部效益原则

不同类型的知识产权的外部效益不同。根据 WIPO 的分类,知识产权可以分为两大类:一类是创造性成果权利;另一类是识别性标记权利。总体来看,创造性成果权利是创新的结果,这类知识和技术的利用与扩散将会带来较大社会效益。而识别性标记作为一个载体,本身没有多少创造性和技术含量,其价值取决于该标记所代表的主体的信誉、质量、创新等。这类知识产权的外部性在于保护消费者和用户利益。知识产权制度体现了外部性原则,如专利制度在授予权利人一段时间排他权利的同时,要求权利人公开技术,以促进技术扩散;而商标制度在授予排他权利时,并没有其他强制要求。

2. 敏感性原则

不同行业对知识产权的敏感性不同。通常,医药、化工、生物技术、电子通信等行业对专利保护比较敏感,若专利得不到保护,就没有人愿意进行研究开发和创新,社会利益也会因此受到损害。但是,即使在专利敏感行业,由于技术变化速度不同,各行业对专利保护周期和范围的反应也不尽相同。如医药、化工行业等技术周期较长的行业对保护周期比较敏感,而电子技术行业对此的敏感性低一些。

3. 公共利益原则

医药行业既是专利敏感行业,又与人民群众的身体健康息息相关,是公共利益比较明显的领域。如何平衡公共利益与知识产权权利人的利益是医药行业面临的一个问题。目前,国际上根据公共利益原则进行强制许可的大都在医药行业,如非洲国家对治疗艾滋病的药物实施强制许可。但是,因医药行业对专利的敏感性强,如果药品专利得不到保护,就没有人愿意开发新药,消费者的利益仍然得不到保护。因而实行有偿的强制许可。

（二）根据外部性、敏感性和公共利益确定保护知识产权的优先度

一般来说,在外部性较强的领域,应该实行保护和促进扩散相结合的政策;对内部性较强的领域,重点维护权利人的利益。当权利人和公共利益发生矛盾的时候,应采取公共利益优先、兼顾权利人利益的原则,综合两方面因素来确定保护知识产权的优先度。国际组织在处理艾滋病药物的问题上,注意权衡权利人和公共利益,在协商的基础上,建立了一套各方都能接受的机制。

（三）部分知识产权的外部性、敏感性和公共利益分析

1. 总体来看,在专利、商标和著作权三种主要知识产权中,专利和著作权的外部性大于商标

专利的创新性较强,技术扩散有利于提高社会效益;著作权涉及知识、文化的传播,特别是教科书等具有较强的外部性。因此,保护时要兼顾权利人和公众的利益。商标的内部性强,其本身并没有技术含量,但它是企业信誉、技术创新和产品质量等各项竞争要素的载体。保护商标有利于促进企业诚信经营和持续发展,维护消费者利益。从知识产权纠纷案件的处理难度来看,专利案件的技术性、专业性强,处理难度大,周期长;而商标案件具有显而易见性。因此,在执法方面,应优先打击商标侵权和盗版案。

2. 地理标志是集体权利,不能被少数人垄断

在2001年修改的《商标法》中,对地理标志的保护从部门规章提升到国家法律层次;2002年国务院发布的《商标法实施条例》中进一步明确,地理标志可以作为证明商标或集体商标申请注册。保护地理标志应注意的主要问题是,首先,地理标志作为集体资产,应由代表群体利益的机构和组织来申请和维护。为此,要规范相应的组织和机构建设。其次,在允许多家生产的情况下,为便于消费者选择,鼓励竞争,可以通过企业商标来体现差别性。再次,为了提升地理标志产品的竞争力和保证消费者的利益,应建立一套行之有效的机制和措施保证地理标志产品的品质,加强监督检查。如法国把葡萄酒的地理标志认证与生产工艺标准和生产组织结合起来,既保护了集体权利人的利益,又维护了消费者的利益。

3. 传统知识具有地域性、民族性，通常在国家和区域范围内进行保护

传统知识是基于传统的知识，既包括民歌、民俗、民间工艺品等民间文化表现形式，也包括利用与动植物资源在农业、医药等领域有关的知识。目前，国际上还没有统一的传统知识保护形式，各国大都采取地理标志、版权、商业秘密、专利等多种方式进行保护。我国历史悠久，具有丰富的传统知识，应抓紧建立传统知识综合保护框架和政策体系。一是要加强对重点传统知识进行抢救、恢复、归档、注册，建立传统知识数据库；二是采取多种方式，实行积极措施和防御措施相结合，分类进行保护，鼓励开发利用和创新；三是要注意防止外国无偿使用我国的传统知识，并将其专利化，窃为己有；四是传统知识保护要由群体或群体代表来维护，需要建立有效的组织和机构。传统知识属于某一地区或群体共享权利，个别人（包括自然人和法人）的使用不应侵害享有该权利的群体利益。

完善知识产权制度和市场环境[*]

知识产权制度是保护技术创新和技术交易的一种权利制度,是在市场经济条件下配置技术创新资源的有效机制。同时,知识产权制度是实现国家技术发展战略的重要工具。

一、我国知识产权制度建设和管理工作现状

改革开放以来,我国逐步建立起比较完整的知识产权法律体系和管理工作体系,知识产权管理和保护工作取得明显进步。我们仅用 20 年的时间,完成了西方国家几百年走过的历程,得到了国际社会的公认。

(一)建立了比较完备的知识产权法律体系

自 20 世纪 80 年代初以来,我国相继出台了《商标法》、《专利法》、《著作权法》、《计算机软件保护条例》、《反不正当竞争法》、《植物新品种保护条例》、《集成电路布图设计保护条例》等知识产权法律法规,并根据国际规则和经济体制改革的需要不断修正完善;先后参加了《建立世界知识产权组织公约》、《保护工业产权的巴黎公约》、《商标国际注册马德里协定》、《世界版权公约》等国际知识产权公约。特别是 2001 年以来,为了与 WTO 规则接轨,集中修改和出台了一系列与知识产权有关的全国性法律和条例,建立了基本与国际接轨的知识产权法律体系。

---

* 本文发表于王梦奎主编:《改革攻坚 30 题:完善社会主义市场经济体制探索》,中国发展出版社 2003 年 8 月版。

（二）从司法和行政两方面入手，加强知识产权保护

我国的知识产权执法体系是司法执法与行政执法并举。1994 年，国务院做出了进一步加强知识产权保护工作的决定，通过行政管理和司法保护两套体系"双管"齐下，加大了保护知识产权的执法力度。司法部门加强知识产权审判制度建设、队伍培养，拓展审查领域，加快审判速度。据统计，1997 年至 2002 年上半年间，全国各级法院共受理各类一审知识产权纠纷案 25086 件，审结 23645 件。

近些年来，知识产权行政管理部门加大保护知识产权的力度，联合组织全国性的打击假冒、侵权和盗版活动，取得一定成效。到 2001 年年底，各地负责专利执法的知识产权管理部门共受理专利侵权、专利纠纷案件 7411 件，结案 6333 件，结案率达 85%；查处假冒他人专利和冒充专利案件 5186 件。

（三）承认智力成果价值，促进创新和技术利用

为了调动人力资源的积极性，提高智力成果价值，政府出台了一系列激励政策。包括允许知识产权等智力成果参与分配，建立技术和管理入股的激励机制，在资产会计管理中提高无形资产的比例等。为了鼓励技术创新和促进政府资助项目的技术转移，国家科技部和财政部于 2002 年联合发布《关于国家科研计划项目成果知识产权管理的若干规定》，对国家科研计划项目形成的知识产权实行放权管理，授予项目承担单位知识产权所有权，以及实施和转让知识产权的自主权，允许职务发明人获得一定比例的报酬。

（四）各级政府加强知识产权管理工作

近些年来，各级政府认识到保护知识产权对地区发展的重要性，主动推动知识产权保护工作，不少地区出台了加强知识产权保护的地方法规；有关部门开展各种类型的企业、城市和开发区的知识产权管理试点工作；一些经济发达地区和高新技术产业密集地区的政府把加强知识产权管理和保护作为树立地区品牌，改善投资环境，提高地区竞争力的重要措施。

二、我国知识产权工作存在的主要问题

由于我国的知识产权制度建设起步较晚,在制度和管理体制方面还不够完善,主要存在以下几方面问题。

(一)知识产权制度方面的主要问题

1. 法律惩罚力度不够与部分保护标准超越发展阶段并存

目前,我国现行知识产权法律存在两方面问题。一方面是,法律规定的侵权赔偿额较低,难以起到威慑作用。部分地区执法不严,某种程度上存在地方保护现象;执法机构的执法水平和力量有限,国内只有少数法院具有较高的专利案件审理能力。知识产权执法不严影响了我国的国际形象,也影响了国内企业创新的积极性。不少企业因知识产权得不到应有保护,不愿意申请专利。

另一方面是,有些保护标准超出了我国的发展阶段。如,我国 2002 年开始实施的新版《计算机软件保护条例》将软件侵权的最终界限延伸到所有最终用户,超过了不少 WTO 成员方的法律规定。WTO 的 TRIPs 并未对软件最终用户问题作出明确规定和具体要求,《国际著作权法》对使用侵权文字作品的最终用户并无处罚,因此,各 WTO 成员方根据本地经济发展阶段,选择软件最终用户应负的责任。目前,只有美国等少数发达国家把侵权界限延伸到非授权最终用户;许多经济比较发达的成员方通常以"直接营利"或"商业行为"为标准判断是否侵权,只是将侵权界限延伸到部分最终用户,如日本和我国台湾地区。而我国新修改的软件法却采用了最高保护标准,把侵权界限延伸到非授权最终用户。

2. 缺少维护知识产权公平竞争的反垄断措施

知识产权制度是通过授予知识产权所有者一段时间的排他性权利来保护创新者的利益,通过要求创新者公开技术来鼓励社会充分利用创新成果。知识产权保护制度是双刃剑。适度保护将促进技术创新,过度保护将导致垄断。因此,需要相应的法律制约滥用知识产权的垄断行为,维护知识产权的公平竞争。许多发达的市场经济国家利用反垄断法来制约滥用知识产权的非法垄断行为。例如,美国有《知识产权许可的反垄断指南》,欧共体委员会有《技术转让规章》,日本有《专利和技术秘密许可中的反垄断指南》等。目前,一些大型公司利用知识产权占领市场,并在知识产权许可和技术转移过程中附加反竞争条款,损害国内消费者和企业的利益。但是,我国还没有出台反垄断法①,在知识产权保护法律中也没有可操作的反垄断条款。面对跨国公司利用知识产权垄断市场,我们没有符合市场经济规则的措施来保护消费者和国内企业的利益。

3. 知识产权权属政策缺乏系统性,制度建设滞后

知识产权权属政策是知识产权制度的基础,包括知识产权申请权、所有权和利益分配等方面的法律与行政规定。在过去长期的计划经济体制下,知识产权基本上归国家所有。改革开放以来,专利法、商标法和版权法相继出台,承认了个人的知识产权权利。但是,对政府资助、公共机构和职务发明的知识产权权属尚未建立有效的制度和机制。目前,我国知识产权权属政策的主要问题,一是职务发明权属政策重雇主轻发明人,过多强调雇主利益,对职务发明人的地位和作用重视不够,职务发明人的激励机制不完善,奖励报酬得不到落实。特别是国有企事业单位分配制度上的平均主义,使大部分职务发明人难以获得应有的报酬,员工的创新积极性不高。二是公共资源的知识产权管理重保护轻扩散。政府科技计划项目的责权利不清,知识产权名义上归国家所有,事实上由承担单位所有,成果利用和转化无人负责。三是在放权的过程中,强调了承担单位的利益,忽视了公共技术资源的扩散责任和监督管理。

(二)知识产权管理体制方面的问题

1. 多头分散管理,缺乏协调机制

知识产权管理和保护涉及各行各业,贯穿在创造、保护和利用知识产权的各环节,与知识产权有关的管理部门很多。除了专利、商标和版权的授权、注册和登记管理外,还有许多与知识产权有关的管理工作,如农业部和林业局负责植物新品种,进出口的知识产权管理涉及海关,环保和农产品与环保局有关,科技部负责科技项目和成果管理,还有卫生部、药品监督管理局和技术监督局等。在条块分割的管理体制下,由于缺少有效的沟通渠道和协调机制,政

---

① 作者补注:《中华人民共和国反垄断法》于 2007 年 8 月 30 日获批准通过,2008 年 8 月 1 日起实施。

策和管理之间不衔接，不能形成合力。有些事情多个部门争着管，有些事情又没人管，最终没有一个部门能够统一起来。例如，在国际谈判中，每个部门都参加，意见难以统一表达，不能集中对外；企业遇到的一些国际知识产权纠纷得不到及时沟通和解决，造成损失；外商或外国政府要了解知识产权的问题，要跑许多部门，各部门的口径不同，外商往往利用我们部门之间不通气的特点，钻空子；开展知识产权工作试点也是各自为战。

2. 缺少知识产权管理的预警机制

由于知识产权管理部门与企业和消费者之间缺少沟通渠道，信息不畅，一方面，企业遇到的问题不知道该找谁；另一方面，知识产权管理部门因为不了解情况，不能及时参与有关事件的协调和处理。导致企业遇到的一些知识产权国际纠纷未能及早引起重视和采取有效措施，延误时机，最终酿成损失。2002 年引起国内关注的 DVD 事件和温州打火机安全锁事件都是如此。1997年 10 月,6C(日立、松下、东芝、JVC、三菱电机和时代华纳 6 家大公司结成的专利保护联盟，拥有 DVD 核心技术的专利许可权)向全世界发表了将采取联合许可的方式共享 DVD 制造专利的声明。在此后的 5 年时间里，这个声明没有引起我国政府主管部门和企业的足够重视。直到 2002 年，我国部分出口DVD 在英国海关被扣，经贸主管部门才与行业协会和企业在上海召开了紧急会议，讨论如何应对。其间，国家知识产权局一直没能参与对策研究和介入谈判。又如，关于温州打火机事件，早在事发 2 年前，欧盟就向包括中国在内的有关国家发出了将就打火机安全问题举行听证会的通知。由于部门分工不明确和不通气，事情被耽搁下来。最后，还是企业从欧洲合作伙伴那里得到消息，开始逐级反映情况。从市打火机协会到全国行业协会，从区、市政府主管部门到省、国家主管部门，层层汇报花费了将近半年时间，直到临近听证会召开时，才组团参加了日内瓦听证会。

3. 立法程序透明度低，征求意见不广泛，与产业界联系不够

外国机构普遍反映，我国的知识产权立法程序透明度较低，缺少公开征求意见的环节。国内企业和基层部门反映，知识产权管理部门在制定法律和政策时，征求意见的范围不够广泛，不能充分反映产业界和消费者的意见。知识产权立法部门从法律和专业角度考虑多，对产业竞争和发展考虑少一些；从供应方考虑较多，替消费者考虑少一些，结果有些规则和保护标准与实际脱离。

4. 工业产权分散管理,行政管理与执法一体化

与国际上大部分国家相比,我国知识产权管理工作体系的主要特点是,专利授权、商标注册和版权登记分开管理,行政管理与执法一体化,自成独立体系。专利授权、商标注册和版权登记分别由国家知识产权局、国家工商总局和版权局集中管理,行政执法由对应的省市机构分头负责。

知识产权局系统的机构设置缺乏统一标准。在三个知识产权管理专业部门中,工商和版权局实行垂直领导,形成自上而下的统一组织和管理体系,而各地知识产权管理机构的设置由地方政府决定,机构模式不同,受重视程度和发挥的作用也大不同。仅省、自治区和直辖市一级的知识产权局就至少有9种类型,有的是政府行政系列,有的是政府所属事业单位;有的是正厅级,有的是副厅、处级;有的是独立机构,还有的是地方科委内设机构等等。地方知识产权局系统的机构设置往往不是靠制度,而是靠领导重视和关系。在领导重视的地区,知识产权部门的地位就高一些,反之则弱些。

国际上大部分国家是按照工业产权分类,实行专利和商标统一集中管理。在实际中,专利与品牌和商标保护也是常常连在一起。据有关方面对国际上86个国家和地区的知识产权机构设置情况的统计,1997年70%多的国家和地区采取专利和商标集中管理的模式;23%的国家和地区采取专利、商标和版权集中管理;只有极少数国家采取三家分散管理模式,如我国。目前,我国各知识产权管理部门的人力和物力都相对不足,专利和商标分开管理,分散了人力物力,降低了效率。同时,授权管理与行政执法一体化的体制不利于监督和制约。

5. 保护经费不足,适用人才短缺

目前,知识产权执法和行政管理部门都存在人、财、物不足的问题。仅就知识产权局系统管辖的专利行政执法来说,专利申请和专利保护经费收支两条线,专利审查和维持费上交中央财政,行政执法经费实际上由地方财政支出。目前,大部分地方都把知识产权局视为一般政府行政管理机构,只拨行政费或事业费,没有行政执法专项费用。一些重视知识产权保护工作的地区从地方财政中划拨一部分资金作为专利行政执法经费,但都是临时性措施,没有制度化和专项化。缺少高素质人才已经成为制约我国知识产权管理水平的一个重要因素。

6. 与知识产权制度配套的法律、政策和市场环境亟待改善

知识产权制度是市场经济的产物。我国正处于向市场经济过渡的阶段,与知识产权配套的法律、政策和市场环境不健全,影响了知识产权制度的实施效率。市场竞争秩序不健全,一定程度上存在行政性垄断和地方保护主义。信用制度不健全,社会信誉不足。一方面,假冒伪劣产品和侵犯他人知识产权的现象还比较严重;另一方面,由于信用不足,技术交易成本加大,影响技术利用、转移和扩散。另外,科技管理体制不适应市场经济要求。科研项目管理重成果,轻专利,以成果奖励制度为主,政府科技计划管理部门、大学、科研院所以及企业都缺乏规范的知识产权管理制度和管理机构。大学和事业型研究机构自办企业,是许多企业不愿意与其联合研究,难以发挥其研究开发"公共平台"的作用。

三、我国知识产权制度面临新的挑战

随着经济体制改革的深入,以及经济全球化和贸易自由化,知识产权成为重要的产业竞争工具,我国企业面临激烈的国际知识产权竞争,对知识产权制度提出新的挑战。

(一)外国公司利用知识产权占领我国市场

外国公司不仅利用知识产权抢占我国高新技术产业市场,传统产业也面临知识产权竞争的威胁。据统计,外国公司在我国获得的通讯、半导体类专利申请数量约占我国同类授权专利的90%以上,生物行业约占90%,医药和计算机行业占70%以上。有些外国大公司在传统行业注册大批专利,以控制传统产业的高端市场。一些内销国产品,如摩托车、部分低压电器产品开始受到外国公司的知识产权侵权调查。

(二)企业技术创新能力不足,缺少自主知识产权,在竞争中处于被动局面

目前,我国不少知名企业进入国际市场,但是,大都是只有产品,没有专利。近些年来,我国制造产品出口因知识产权问题频频受阻,外国公司收取较

高专利使用费,廉价劳动力形成的出口优势被削弱,受到知识产权侵权起诉的大都是国内较知名的企业和行业。

（三）知识产权保护成为继取消关税壁垒之后的一项贸易保护措施

有些发达的工业化国家政府利用知识产权制度保护本国企业在国内外市场的利益。如,美国利用"301 条款"采取贸易制裁措施保护本国知识产权在海外的利益,促进企业出口;利用"337 条款"阻止进口品侵害美国的知识产权,保护本国市场。

（四）我国企业将面对国际上更严厉的知识产权保护措施

WTO 确定的最低保护标准高于国际知识产权组织,强化知识产权保护,扩大保护范围和力度成为国际趋势。一些发达的工业化国家把我国列为假冒产品和知识产权侵权的重点国家,并针对我国采取一些保护措施。2002 年世界贸易组织对我国入世后的知识产权法律审议会上,美国、日本、欧盟等发达国家的代表对我国的驰名商标保护、互联网文件复制的保护、大学教材使用费、数据信息保密和降低知识产权行为人承担刑事责任等问题表示关注。日本把我国列为严重侵犯日本企业知识产权的国家和地区之一。

综上所述,我国知识产权工作面临加大知识产权保护力度和维护国内消费者和生产者利益的双重任务。因此,我们要学会在国际竞争中利用知识产权保护制度,维护知识产权的公平竞争,提高国家整体竞争力。

四、完善知识产权制度和市场环境的建议

我国知识产权法律体系已经基本建立,下一步主要任务是贯彻落实,提供制度、组织和政策保障。

（一）建立与我国发展阶段相适应的知识产权保护制度

知识产权保护与市场经济发展要求和发展水平密切相关。从国际经验看,市场经济越发达、工业化水平越高的国家,知识产权法律体系就越完善,保护水准越高。目前,有些知识产权保护标准是保护发达国家的利益,对发展中

国家来说是苛刻的。因此,知识产权保护标准并不是越先进越好。

WTO《与贸易有关的知识产权协议》(简称"TRIPs")承认各成员方知识产权法的相对独立性,有条件地区别对待不同发展阶段的成员方,并把现有的知识产权国际公约分为三类,即各成员方必须遵循的基本原则、必须达到的最低保护标准和可以根据具体情况适用的规则。我们作为发展中国家,技术发展处于以引进技术和模仿开发为主的阶段,应遵守国际原则,根据我国所处发展阶段特点,与国家技术发展战略相结合,在满足 TRIPs 最低保护标准的前提下,制定切合实际的标准,争取应有的权利,维护国家的根本利益。做到在制度和规则上与国际接轨,具体保护标准要体现国情,不搞追赶,不照搬。

实施知识产权制度的目的是促进技术创新,优化技术资源配置,提高国家整体竞争力。为了实现这一目标,应遵循以下几个主要原则。

1. 保护权利人利益与保护公共利益相结合。知识产权制度首先要有利于公共利益,其次才是使权利人受益。TRIPs 在明确知识产权是私权的同时,提出保护知识产权的目的是促进技术进步和经济发展,实现公共政策目标,行使知识产权的权利不得违反公共利益。知识产权制度要在保护公共利益和权利人利益之间寻求平衡,通过反垄断、强制授权等措施约束权利人的行为,维护公共利益。

2. 保护与鼓励创新并举。保护知识产权的目的是通过保护创新者的利益,鼓励创新。国内企业的创新成果越多,我们才能通过保护知识产权获得更大效益。因此,要把保护知识产权提高到保护创新积极性的高度来认识,在加强保护知识产权的同时,加大创新政策的力度。

3. 保护与合理利用、扩散并举。知识产权制度的实质是在保护创新者利益的同时,促进技术合理、有偿扩散。因此,要把促进技术利用和扩散政策纳入知识产权制度,完善促进技术转移和扩散的机制。目前,特别要注意促进政府等公共资源形成的技术成果的利用和扩散。

4. 市场选择与重点扶持相结合。从专利技术的形成、应用到扩散是一个市场选择的过程。专利的申请和维护应由创新者和所有者根据市场来决策。但是,在有些情况下需要政府给予支持。一是关系到国家安全和行业整体竞争力的重要技术,政府应该给予重点扶持。二是鼓励小企业申请专利。

5. 普遍性与特殊性相结合。要充分利用已有的国际规则,针对一些传统知识和特殊行业的知识产权采取适用保护措施。

(二)制定和实施国家知识产权战略

由于我国知识产权工作起步比较晚,从国家到企业都缺乏一个系统的知识产权战略思路,迫切需要尽快制定国家知识产权战略。国家知识产权战略是解决全局性、制度性和政策性问题,为企业创造良好的制度和市场环境,提供相应的服务。国家知识产权战略应以增强国家整体竞争力为目标,配合国家技术发展战略,以专利战略为龙头,建立与发展阶段相适应的保护制度,完善配套政策体系,把知识产权管理落实到技术、经济、贸易管理等各有关部门的工作中,培养全民知识产权意识,提高企业运用、管理和保护知识产权的能力。

(三)建立协调机制,完善知识产权管理工作体系

1. 建立权威、高效的国家知识产权保护协调机构。为了解决知识产权管理条块分割和部门之间不协调的问题,建议成立由国务院直接领导的国家知识产权保护与管理协调机构。该机构应由与知识产权管理和保护工作有关的各部委组成,吸收有关专家、企业界和中介机构代表参加,下设由产业界和学术界组成的各种顾问和专家委员会。其主要职能是研究和制定国家知识产权总体战略、政策和对策措施;协调各部门之间的关系,沟通各部门之间的信息;研究跨部门的重大问题对策;监督检查政策措施的落实情况。

2. 加强知识产权预警机制。为了对重大知识产权事件及时做出反应,提高知识产权保护和管理工作的效率,迫切需要建立知识产权管理部门之间,以及管理部门与企业之间的沟通渠道。各知识产权管理部门应开设公开的知识产权直通热线,使企业界能够及时反映遇到的问题;组织各种专家顾问委员会体系,充分发挥顾问委员会的研究和咨询作用;加强与行业协会和企业的联系,建立知识产权预警联络点。

3. 按工业产权划分管理职能,实行授权管理和行政执法分离。目前,国际上知识产权保护中出现了专利、商标和版权保护融为一体的趋势。在实际中,专利与品牌和商标纠纷也常常连在一起,需要联合执法。目前各地专利和商标执法队伍的人力和物力都相对不足,工业产权分开管理,分散了人力物

力。为了集中人力物力,加强审理队伍和行政执法力量,提高效率,应借鉴国际经验,按照工业产权划分管理职能,实行专利审查授权和商标注册集中管理。版权在一定程度上具有意识形态管理的特点,仍然独立由版权局管理和执法。与此同时,现行授权和行政执法一体化的体制自审自纠不利于机构之间的监督和制约,应实行审查授权和行政执法相分离,分别由两个系统负责。

4. 加强对知识产权国际纠纷的协调处理机制。目前,我国进出口和涉外的知识产权纠纷较多,但缺少相应的法律规范和管理部门来协调解决。一些市场经济国家的政府成立专门机构代表国家和企业的利益协调贸易中的知识产权保护问题。如美国联邦国际贸易委员会专门负责外来产品对美国知识产权的侵犯案件;贸易代表办公室根据"特殊301"条款的授权,负责处理海外对美国知识产权的侵权事宜,并领导和从事与其他国家的谈判。因此,我们可以借鉴国际经验,建立相应的机构负责知识产权的国际纠纷,加强对国内消费者和企业的保护。

5. 充分发挥行业协会的作用。一是发挥行业组织的自律作用。目前,有些地区的行业协会建立企业知识产权保护公约,已经收到效果。二是解决知识产权纠纷和争端。近些年来,我国企业与外国企业的知识产权纠纷常是群体事件,行业协会出面更有利。三是发挥政府与企业之间的桥梁作用。企业的量大面广,政府不可能面对每一个企业。需要借助于行业协会集中表达企业意见,转达政府的政策信息等等。四是建立行业协会与主管部门的沟通机制,取得主管部门的指导,提高专家的参与程度。

(四)制定内外统一的与保护知识产权有关的反垄断法规,促进知识产权的公平竞争

限制滥用知识产权的反垄断政策是知识产权保护制度不可分割的一部分。加入 WTO 以后,我们不能再靠行政命令的办法管理市场,应借鉴国际经验,充分利用反垄断法律法规,制裁滥用知识产权的非法垄断行为,合理保护国内消费者和企业的利益。首先,应尽快制定专门的保护知识产权的反垄断指南,或在专利法中增加限制滥用知识产权条款。一方面,防止滥用知识产权的非法垄断行为;另一方面,利用反垄断和强制许可措施处理恶意闲置专利,促进技术应用和专利实施。其次,在未来的反垄断法中也要加入防止滥用知

识产权的条款。

（五）健全知识产权权属政策体系，加大对职务发明人的保护力度

目前，应重点从两方面入手加强我国的知识产权权属政策。首先，政府财政资助的知识产权归属要有利于技术扩散，提高公共资源的社会效益。政府财政属于公共资金，政府资助项目形成的知识产权归承担单位所有的目的，是为了促进技术成果的利用和扩散，而不是为了某个单位的利益。因此，要根据资助计划的目标和机构性质分类制定补充法规，进一步细化政府资助计划的知识产权权属政策。在放权的同时，明确利用和转移技术的责任，建立相应的激励机制和监督管理制度。

其次，完善职务发明的权属政策，调动发明人的积极性。在技术创新中，人的素质和创造能力起决定性作用，建立专业人员可以自由发挥专长的激励机制是知识产权权属政策的重要内容。职务发明的权属政策要在投资人和发明人之间选择平衡。我国的职务发明权属政策应在雇主优先的基础上，加大对发明人的保护力度和激励机制。一是强化雇主尊重职务发明人的意识，在专利申请权上突出发明人的作用；二是以职务合同和委托合同为主确定职务发明的适用范围，给雇员留有更多自由创造的空间；三是切实落实对职务发明人的激励机制。不能把职务发明人的激励机制简单地看成收入分配问题，而应提高到增强国家创新能力的高度来认识，在法律和制度上给予必要的保障。

（六）加大政府对保护知识产权的投入

为了解决知识产权保护经费不足的问题，建议中央财政建立保护知识产权专项资金，主要用于以下几个方面。

1. 建立知识产权行政执法专项经费。根据地区的知识产权授权数量和处理知识产权专利纠纷案的数量，按比例分配执法经费。地方财政也应建立相应的知识产权执法资金账户，适当补充中央财政经费不足部分。

2. 加大对知识产权公共信息网络建设和服务的投入。在专利申请和维持费不足以支撑知识产权信息系统的情况下，政府应加大对知识产权信息网络和服务的资金支持力度，针对国内企业的现状和特点，分层次建立专利信息检索和服务体系。

3. 支持重大技术占领国际专利市场。由于国际专利申请和维护费比较高,为了鼓励国内专利占领国际市场,应对重大技术申请国际专利给予一定支持。国家科技项目计划资助形成的重大技术,可以在项目资金中列支专利申请和维持费;非政府资助项目的重大技术申请国际专利,国家可以给予适当资助。

(七)加快知识产权专门人才培养

目前,人才不足是制约我国知识产权管理和保护水平的一个重要问题,加强人才培养成为实施知识产权战略的当务之急。一方面,要加强在职人员的培训。为加强理论与实践的结合,可以请国际组织或国外大型企业一起联合举办各种培训班。另一方面,在大专以上学校中增设知识产权专业,工科院校应该把专利课程作为专业基础课。同时,为了提高全民知识产权意识,要积极开展知识产权普及教育,并在中小学开设知识产权常识教育课。

(八)加强理论研究,积极参与国际知识产权规则的制定

目前,西方的一些学者也开始对现行知识产权制度的社会效果进行理论研究,这些讨论和研究将会影响知识产权制度。因此,我们应加强知识产权理论和机理的研究,开展一些知识产权与经济、产业相结合的跨领域合作研究,在知识产权制度规则的制定上争取主动权,为改进世界知识产权制度做出应有的贡献。

在确定知识产权保护国际规则时,发达国家的声音比较强,对发展中国家的需要和利益考虑不够。若知识产权保护规则不考虑发展中国家的利益,发展中国家就没有实施的积极性。只有发达国家和发展中国家在知识产权制度中获得平等利益,这个制度才能持续发展。我国要积极参与有关国际讨论,在制定知识产权国际规则中,反映和代表发展中国家的愿望和利益。

抓紧建立国家知识产权战略体系[*]

面对激烈的国际竞争和严峻的知识产权挑战,知识产权战略已经成为国家发展战略的重要组成部分。目前,我国知识产权法律体系已经基本建立,下一步主要任务是贯彻落实。由于我国知识产权工作起步比较晚,从国家到企业都缺乏一个系统的知识产权战略思路。因此,迫切需要尽快制定国家知识产权战略。

一、分层次建立全社会的知识产权战略体系

知识产权战略分为三个层次:国家知识产权战略、行业知识产权战略和企业知识产权战略。

(一)国家知识产权战略以制度和政策为主

国家知识产权战略是解决全局性、制度性和政策性问题,为企业创造良好的制度和市场环境,提供相应的服务。国家知识产权战略应以增强国家整体竞争力为目标,配合国家技术发展战略,以专利战略为龙头,建立与发展阶段相适应的保护制度,制定配套政策体系,把知识产权管理落实到技术、经济、贸易管理等各项工作中,培养全民知识产权意识,提高企业运用、管理和保护知识产权的能力。

现阶段,国家知识产权战略应重点解决以下问题。一是健全创造、保护、利用知识产权的制度和市场环境,为实施知识产权战略提供制度保障。二是健全组织体系和协调机制,明确各政府部门在知识产权战略管理中的职责,建

---

* 本文发表于国务院发展研究中心《调查研究报告》2003 年第 89 号,2003 年 7 月 8 日。

立政府部门与企业之间的沟通渠道，为实施知识产权战略提供组织保障。三是加强知识产权制度的基础设施建设，组织跨学科的理论与实践研究，改进现行制度，探索与技术、经济和社会发展阶段相适应的知识产权制度。四是以提高整体竞争力为目标，完善从创造、保护到利用知识产权各个环节的配套制度和政策体系。五是编制国家知识产权战略总体规划，明确阶段性目标、重点任务和重点领域，加强对各级知识产权管理部门，以及行业和企业知识产权战略的宏观指导。六是制定培养知识产权专业人才计划。

（二）行业知识产权战略以实现行业内企业的共同利益为目标

行业知识产权战略是行业企业的联合行动战略，解决影响行业竞争能力和企业共同关心的重大问题，实现共同利益。其主要任务是组织本行业企业自觉遵守知识产权规则，联合应对知识产权的国际竞争，提高行业整体竞争力。行业知识产权战略应包括以下主要内容，一是制定行业企业在知识产权保护中共同遵守的行为准则。如目前有些地区的企业制定知识产权保护公约。二是制定和组织与实施创造、保护和利用行业共性和共享技术知识产权的规划。共性技术的外部效益较大，通常单个企业既无实力，又不愿意进行共性技术和共享技术的研究开发投入，因此，要根据市场需要，有组织地进行联合研究开发和共享技术。如行业性的技术标准不能由单个企业搞垄断，应由企业联合研发。三是建立组织、协调和监督机制。行业知识产权战略应是企业的自觉联合行动，不同于过去政府行政管理部门的行业规划。行业协会将在制定和实施行业知识产权战略中发挥组织和协调作用。

（三）企业知识产权战略以提高企业竞争力为目标

企业知识产权战略是以提高自身竞争力为目标，在国家法律约束下，运用知识产权制度规则，实现企业利益最大化。企业知识产权战略的重点是建立企业知识产权管理制度，把知识产权管理融入企业科研和经营管理之中。根据企业竞争战略和市场需求，创造、保护和利用知识产权，提高企业竞争力。

在整体利益与企业利益、专利保护与技术扩散等方面，有时企业的目标可能与国家整体目标有冲突。因此，政府要制定相应的法律法规，从国家整体利益出发，规范企业的竞争行为，防止滥用知识产权，保证微观效果与宏观整体利益相一致。

综上所述,国家、行业和企业知识产权战略构成了全社会的知识产权战略体系。国家的知识产权战略既以企业和行业战略为基础,又对行业和企业战略起指导作用。企业战略以国家战略和市场需求为支撑,企业是实施主体。行业知识产权战略是企业为共同利益形成的战略,是国家战略和企业战略之间的桥梁和过渡。国家战略不能代替企业战略,具体发展哪些专利技术应由企业根据市场来决策。一些关系国家安全和行业整体竞争优势的共性专利技术开发,应纳入国家战略,给予重点支持。

二、国家知识产权战略的目标与基本原则

国家知识产权战略的目标是从国家整体利益出发,以保护知识产权为龙头,推动创新和技术扩散,提高国家竞争力。目前,我国正处于加速工业化阶段,国家知识产权战略应遵循以下基本原则。

(一)保护标准与国家发展阶段相适应

TRIPs 承认各成员方知识产权法的相对独立性,有条件地区别对待不同发展阶段的成员方,并把现有的知识产权国际公约分为三类,即各成员方必须遵循的基本原则、必须达到的最低保护标准和可以根据具体情况选用的规则。同时,国际上一些发达的市场经济国家,包括美国、日本、欧洲国家都是根据国情和发展阶段对知识产权保护制度和标准进行适时调整。因此,应根据我国所处发展阶段特点,在满足 TRIPs 确定的最低保护标准的前提下,制定切实可行的保护标准。

(二)保护权利人利益与保护公共利益相结合

知识产权制度首先要有利于公共利益,其次才是使权利人受益。TRIPs在明确知识产权是私权的同时,提出保护知识产权的目的是促进技术进步和经济发展,实现公共政策目标,行使知识产权的权利不得违反公共利益。知识产权制度要在保护公共利益和权力人利益之间寻求平衡,通过反垄断、强制授权等措施约束权利人的行为,促进公平竞争,维护公共利益。

(三)保护与鼓励创新并举

保护知识产权的目的是通过保护创新者的利益,鼓励创新。如果知识产权得不到保护,企业就不愿意花大力气进行研究开发或引进技术消化吸收,而是靠侵权和模仿过日子。如果我国企业没有创新能力和自主知识产权,保护专利只能是保护外国企业。只有国内企业积极创新,我们才能通过保护知识产权获得最大效益。因此,保护知识产权不仅仅是为了改善投资环境,吸引外资,更重要的是鼓励和调动企业和个人创新的积极性。要把保护知识产权提高到保护国内企事业单位创新积极性的高度来认识,在加强保护知识产权的同时,加大创新政策的力度。

我国是发展中国家,需要大量引进国外技术,只引进而不进行改进和创新,靠跟踪模仿过日子,既受制于人,又要不断付出引进成本。因此,应实行合理利用现有专利技术和自主创新相结合的战略。究竟是自主研发,还是引进技术,需要进行整体成本效益分析。但是,我们必须清楚地认识到,现代化是买不来的。一方面,没有自主研发和创新能力,就不可能引进高水平的技术;另一方面,战略高技术和核心技术是买不来的。目前,我国在一些关键技术和敏感技术、特别是关系到国家安全的技术进口方面,受到发达国家的限制。因此,对一般竞争性领域,可以根据成本效益原则决定是否自主研发;而在一些重要领域,则要从社会效益出发,自主研究开发,掌握关键技术的自主知识产权,保证国家经济安全和公共利益。

(四)保护与合理利用、扩散并举

知识产权制度的实质是在保护创新者利益的同时,促进技术合理、有偿扩散。通过授予知识产权所有者的排他性权利来保护创新者的利益;通过要求创新者公开技术来鼓励社会充分利用创新成果。因此,促进技术利用与扩散是知识产权制度的一个重要方面。目前,我国的企业研究开发能力较弱,原创技术少,大部分企业处于引进技术和模仿开发阶段,因此,知识产权战略不仅要强调保护知识产权,更要建立促进技术转移和扩散的机制,提高技术创新资源的利用效率。现阶段,特别要注意加强政府技术创新资源的利用、转移和扩散。

（五）市场选择与重点扶持相结合

知识产权制度是市场经济的产物,技术创新是新技术成果市场化的全过程,表现为新技术在生产和服务领域的成功应用。一项技术专利的市场价值在于能否给所有者或使用者带来经济效益,从专利技术的形成、应用到扩散是一个市场选择的过程。因此,专利的申请和维护应由创新者和所有者根据市场来决策。但是,在有些情况下需要政府给予支持。一是关系到国家安全和行业发展的重要技术,若被少数企业或个人垄断,将不利于提高整体竞争力,政府应该给予重点扶持;二是鼓励中小企业创新。中小企业是技术创新的主力,但中小企业的资金有限,难以承受专利申请和维护费。因此,应借鉴美国和韩国等国家的经验,适当减免小企业的专利申请和维护费。

（六）普遍性与特殊性相结合

要充分利用已有的国际规则,针对一些传统知识和特殊行业的知识产权采取适当保护措施,重点放在我国的优势和特色行业。中医药的知识产权保护具有一定的特殊性,应充分利用传统知识保护、专利、商标、商业秘密、著作权等各种手段,建立中医药综合知识产权保护体系,用专利保护、捍卫中医药核心技术,用商标保护树立中医药的知名品牌,用商业秘密保护中医药技术诀窍,用著作权保护中医药的文化和信息等。①

三、加强实施知识产权战略的组织和人才保障

（一）加强协调机制,建立与企业直接沟通渠道和预警体系

1. 建立权威、高效的国家知识产权保护协调机构。为了解决知识产权管理条块分割和部门之间不协调的问题,应借鉴日本知识产权战略会议制度的经验,成立由国务院直接领导的国家知识产权保护与管理协调机构。其主要职能是:研究和制定国家知识产权总体战略、政策和对策措施;协调各部门之

---

① 洪净:《加入 WTO 与中医药知识产权保护》,《首都医药》2002 年 4 月第 9 卷,http://www.chnmed.com/。

间的关系,沟通各部门之间的信息;研究跨部门的重大问题对策;监督检查政策措施的落实情况。

2. 建立知识产权预警机制。为了对重大知识产权事件及时做出反应,提高知识产权保护和管理工作的效率,迫切需要建立知识产权管理部门与企业之间的直接沟通渠道,以及部门之间的沟通渠道。各有关部门应采取多种形式建立与企业之间的沟通渠道和预警机制。如开设知识产权直通热线,建立由产业界组成的各种专家顾问委员会,加强与行业协会和企业的联系,建立知识产权预警联络点等。

3. 改进专利申请信息的公布渠道。利用多种渠道,扩大公开专利申请信息的广泛性,使企业能够了解国内外企业申请专利的信息,及时反馈有关情况,保护国内企业的利益。借鉴韩国经验,知识产权管理部门或审查员与行业协会和一些大型企业建立公开信息的直接通道,将有关专利申请信息等知识产权动态及时通知有关企业和协会。

(二)加大政府对保护知识产权的投入

为了解决知识产权保护经费不足的问题,中央财政应建立保护知识产权专项资金。目前,主要用于加强知识产权行政执法,加大对知识产权公共信息网络建设和服务的投入,以及鼓励重大专利技术占领国际市场。

(三)加强对基层知识产权工作的指导和培训

1. 加强对地方立法的指导。我国地区经济发展不平衡,东西部差距较大,知识产权管理工作不可能全国一刀切。有些政策措施可以在一些条件比较成熟的地区进行试点,再逐步推广。目前,许多地区已经颁布和正在制定落实地方知识产权法规。为了防止地方知识产权法规与全国法律相冲突,国家知识产权管理部门和立法部门应对地方立法进行指导,保证地方法律与国家法律的一致性。

2. 加强对企业知识产权工作的服务。目前,我国大部分企业缺乏知识产权管理经验和能力,特别是中小企业管理和运用知识产权的能力较弱,需要加强指导和服务。一是加强对企业的培训和案例指导,提高企业管理和运用知识产权的意识和能力;二是分层次建立知识产权信息体系;三是建立地区性的中小企业知识产权服务中心,专为中小企业提供知识产权培训、信息和咨询服务,沟通中小企业与知识产权管理部门的直接联系。

(四)充分发挥行业协会的作用

行业协会在知识产权管理中的作用主要有以下几个方面。一是发挥其自律组织的作用;二是解决知识产权纠纷和争端;三是发挥政府与企业之间的桥梁作用;四是建立行业协会与主管部门的沟通机制。

(五)加快知识产权专门人才培养

人才不足是制约我国知识产权管理和保护水平的一个重要问题,加强人才培养成为实施知识产权战略的当务之急。一方面,要加强在职人员的培训。为加强理论与实践的结合,可以请国际组织或国外大型企业联合举办各种培训班。另一方面,在大专以上学校增设知识产权专业,工科院校应该把专利课程作为专业基础课。同时,为了提高全民知识产权意识,要积极开展知识产权普及教育,并在中小学开设知识产权常识教育课。

四、完善与知识产权制度配套的政策体系和市场环境

知识产权保护渗透在技术创新、使用和扩散的全过程,知识产权制度不能孤立地发挥作用,需要配套制度和政策体系支撑。因此,要根据知识产权创造、保护和利用各环节的特点,制定相应的法律和政策,完善市场环境。

(一)鼓励创造知识产权的政策与机制

1. 提高政府 R&D 投入的效率。为了提高国家的产业竞争力,各国政府都把增加科技投入作为一项重要竞争政策。与发达的工业化国家相比,我国的 R&D 投入总量较低,但政府 R&D 投入的比例高于美国、日本、英国和加拿大等国。我国各级政府科技投入面临的主要问题是如何提高效率,使有限资金发挥更大作用。

目前,政府科技投入存在以下主要问题,一是有限的资金分散使用;二是

科技计划管理与知识产权管理相脱节,重成果,轻知识产权,低水平重复研究;三是缺少有力的技术转移机制和成果转化政策,技术成果的利用和扩散程度较低;四是政府资助的研究成果产权归属不清,对职务发明人的激励不到位;五是有些科技计划用来资助单个企业的商业技术研究开发,受益面窄,效率低。

因此,应改进国家科技计划管理体制,实现政府产业技术 R&D 投入的战略转变。一方面,根据 WTO 原则和我国的实际情况,适当调整政府 R&D 支出的资助阶段、对象和方式,实现几个战略转变:从一般领域转向战略领域;从切块分散投入转向集中力量重点攻关;从资助单个企业的商业化技术开发为主转向重点资助共性技术的联合研究开发;建立面向中小企业的技术服务中心,加强对中小企业的技术服务;政府的创新创业资金从上市前的企业投资转向培育可商业化的技术;分清中央和地方政府职能,合理配置各级政府的科技支出。

另一方面,要健全国家科技计划的知识产权管理体系。根据各类科技计划的目标、资助对象和特点,进一步细化知识产权权属政策,明确转移和扩散技术的责任。对基础性研究和产业技术研究成果实行分类管理,奖励制度和论文制度主要用于基础科学和基础研究领域,产业技术的研究开发主要靠专利制度激励研究开发。各科技计划管理部门建立管理知识产权和技术扩散的机构。

2. 建立鼓励企业增加 R&D 投入的普遍税收政策。与欧美国家相比,我国现行生产型增值税体制不利于企业增加研究开发投入。为了鼓励企业增加 R&D 投入,应采取相应的税收政策。首先,从缩小税基、扩大抵扣范围入手,尽快实行消费型增值税,并适当降低研究开发投入的增值税率。其次,切实落实研究开发投入减免企业所得税的政策,保证及时返还。再次,对企业研究开发普遍实行增值税减免政策。从对少数特定行业的优惠政策转向功能性政策,对所有企业的研究开发投入实行税收优惠政策。

3. 加强职务发明人的激励机制。在技术创新中,人的素质和创造能力起决定性作用,建立专业人员可以自由发挥所长的激励机制是知识产权制度的重要内容。随着技术开发的深度和投入规模的增加,重要的技术专利大都是职务发明创造的。目前,我国职务发明权属政策对职务发明人重视不够,激励机制不到位,职务发明的比例较低。因此,在专利制度中,应突出职务发明人的作用,加大对职务发明人的激励。

4. 鼓励企业占领专利市场。目前,有些地区建立专项资金鼓励企业和个人申请专利,大部分地区是只管申请,不管维护,不分专利质量、企业规模大小普遍支持。根据国际经验,不少国家对中小企业和个人申请专利实行优惠政策。例如,美国对小企业和个人申请专利减免专利费,韩国也对小企业实行分类减免专利费政策。根据我国的实际情况,目前,应重点支持申请国外专利、重大发明专利和小企业专利。

(二)促进利用和扩散创新技术的机制

第一,进一步促进政府技术资源的利用和扩散。目前,我国的基础性研究以政府投入为主,因此,应重点促进政府委托、合作和资助研究项目的技术转移和扩散机制。一是规定转移任务。在政府科技计划和资助合同中,要明确项目承担单位具有转移成果和促进技术利用的责任,并作为考核业绩的重要指标。二是建立各种类型的政府技术转移服务机构。三是切实落实职务发明人奖励制度,调动研究人员创新和转移技术的积极性。四是加强政府资助形成的知识产权管理,在放权的同时,建立知识产权和技术转移管理机构,制定相应配套政策。五是坚持本国企业优先的原则。

第二,鼓励民间技术利用与扩散。民间技术的利用和扩散主要靠市场机制。由于技术具有较大外部性和技术转移的复杂性,应采取各种政策措施促进民间技术的利用和扩散。根据国际经验,主要有以下做法:一是鼓励各种面向社会的技术服务组织。其中包括政府出资兴办的技术转移服务机构,为利用民间技术提供服务。二是实施技术推广和转移计划,特别鼓励公共机构向中小企业转移技术。三是鼓励大学和科研机构通过技术许可的方式转移和扩散技术,发挥大学和科研机构作为社会研究开发公共平台的作用。四是资助产学研或企业联合研究开发,促进技术资源共享,提高研究开发投入的效率。

第三,建立以政府为引导,技术服务机构为桥梁,资本市场为支撑的有形和无形技术市场。一是要打破地区市场分割,建立全国信息共享的技术交易网络,规范交易规则,加强监管。二是培育和规范技术服务机构,发展集金融、技术、信息服务于一体的民间技术公司。借鉴美国的发明人保护法案,制定防止技术服务机构欺诈行为的法规和监管程序。三是发展多层次的资本市场，为培育技术和促进技术产业化提供适合的融资渠道。政府产业技术研究开发资金、创新基金等专项资金的投入阶段应移向技术发展的前段，在民间资本不愿进入和无力进入的领域发挥作用。地方财政资金应从上市前的风险投资中退出，发挥"天使"资金的作用，重点兴办技术孵化器，支持产学研联合开发体和面向中小企业的技术服务。

（三）健全与保护知识产权有关的市场秩序

1. 发挥反垄断政策的作用，健全知识产权法律体系。限制滥用知识产权的反垄断政策是知识产权保护制度不可分割的一部分。加入 WTO 以后，我们不能再靠行政命令的办法管理市场，要学会用市场经济的办法管理市场。因此，我们要借鉴国际经验，充分利用反垄断措施制裁滥用知识产权的非法垄断行为，合理保护国内消费者和企业的利益。一是加紧制定统一的限制滥用知识产权的反垄断法规。制定专门的《知识产权许可的反垄断指南》，或在专利法实施细则中增加限制滥用知识产权的条款。二是重点限制技术许可中滥用知识产权的非法垄断行为，防止利用知识产权垄断市场，促进公平竞争。三是利用反垄断和强制许可措施处理恶意闲置专利，促进技术应用和专利实施。四是在未来的反垄断法中加入防止滥用知识产权的条款。

2. 加强《反不正当竞争法》对保护知识产权的作用。我国正处于计划经济向市场经济过渡阶段，市场秩序不够健全，假冒伪劣、非法仿制现象严重；地方保护主义导致市场分割，使一些高技术水平和高效率的产品和企业难以规模化发展。因此，应充分发挥《反不正当竞争法》对促进知识产权公平竞争的作用。一方面，要加大《反不正当竞争法》对商品标识权、商业秘密和商业信誉权的保护范围和保护力度；另一方面，利用《反不正当竞争法》限制利用知识产权进行价格共谋、非法排挤竞争对手，以及强行搭售等非法垄断行为；目前，我国《反不正当竞争法》的执法主体多元，存在执法差别。为了保证执法的公平性，建立规范的市场竞争秩序，需要统一执法尺度和监督，防止地方和行业保护。

3. 加强与知识产权有关的信用制度建设。目前，信用环境差已成为制约知识产权保护和技术转移与扩散的重要因素之一。因此，要加强与知识产权有关的信用制度建设。一是严格打击假冒和侵权等失信行为；二是在技术交易中严格执行《反不正当竞争法》、《公司法》、《合同法》等法律；三是借鉴美国《发明人保护法》的经验，加强对技术服务机构的信用管理。

4. 其他配套制度和政策。还有一些基本制度对保护知识产权具有促进作用。如资产管理、会计制度、税收制度等，将影响到专利、品牌等无形资产的价值估价，及其在企业会计中的处理等。因此，应在资产管理会计制度和税收制度中体现保护知识产权的原则。

国家科技计划管理应注意知识
产权制度建设*

长期以来,我国的科技计划管理一直与知识产权管理相脱节。近些年来,科技主管部门出台了一些关于知识产权管理的行政规定,但比较分散和笼统,缺乏系统性和细化措施。本次科技中长期规划应把建立国家科技计划的知识产权管理制度作为一个重点。

一、我国政府科技计划知识产权
管理中存在的主要问题

一是研究项目管理重成果轻知识产权。无论是基础研究还是产业技术研究开发计划项目的成果管理都以成果奖励制度为主,大学和科研院所的人事管理制度也以发表论文为主要考核指标。结果是,研究项目低水平重复现象严重,无法形成自主知识产权。据统计,"863 计划"15 年内国家投入 110 亿元人民币,资助 5200 多个研究项目,发表论文 50061 多篇,累计获得国内外专利约 1650 个①,平均起来只有 1/3 的项目获得了一项专利。

二是政府科技计划项目的知识产权责权利不明确。名义上归国家所有,实际上由承担单位所有,成果利用和转化无人负责。一方面,成果闲置得不到及时转移和利用;另一方面,在对外合作中知识产权流失严重。2002 年颁布的《关于国家科研计划项目研究成果知识产权管理的若干规定》(简称《成果

---

* 本文发表于国务院发展研究中心《调查研究报告择要》2003 年第 88 号,2003 年 7 月 31 日。

① 数据来源:《863 计划 15 年有关统计数据》,《863 计划 2000 年年度报告》。

知识产权管理规定》)提出承担单位作为科研项目成果的知识产权权利人,拥有知识产权所有权和处置权。但该规定比较笼统,没有具体操作办法和管理制度。

三是职务发明权属政策重雇主轻发明人。职务发明专利权属政策过多强调单位利益,对职务发明人的作用重视不够,激励机制不到位。尽管专利法规定职务发明人享有专利收入的分配权,但实际操作中,还是强调职务发明归单位所有,缺乏对职务发明人应有的激励。特别是国有企事业单位分配制度上的平均主义,大部分职务发明人难以获得应有的报酬,员工的创新积极性不高。

四是知识产权管理重所有轻扩散。在改制和放权过程中,强调承担单位的利益,忽视了公共技术资源的扩散责任。新颁布的《成果知识产权管理规定》只是原则提出项目承担单位要建立科技成果转化机制,没有明确技术转移任务要求、管理程序和监督机制。

五是政府管理部门、大学、科研院所和企业缺乏规范的知识产权管理制度和管理机构。近些年来,部分科研院所和大学成立了知识产权管理机构,但大都运作不规范。特别是政府科技计划管理部门缺少管理知识产权和技术转移的机构和制度。

六是现行大学和科研机构的运行体制不利于技术扩散。为了解决经费不足问题,相当一部分大学和事业型科研机构大都自己办企业,许多研究成果用来内部产业化和创收。尤其是那些设在科研院所、大学和企业的政府资助的共性技术研究开发中心,若没有相应的知识产权权属政策约束,难以发挥研究开发公共平台和技术扩散作用。

二、美国政府资助计划的知识产权管理经验

美国联邦政府的 R&D 投入占世界首位。20 世纪 80 年代以前,政府资助的知识产权权属归政府所有,导致大量政府技术闲置。20 世纪 80 年代以来,美国相继出台了一系列法律和行政法规,建立起促进政府技术转移和利用的配套制度和政策体系,取得明显效果。

1. 扩大政府所属研究机构处置知识产权的自主权。政府主管部门拥有

其所属研究机构的知识产权原始所有权,研究机构具有非独占的申请权、使用权和转让权,职务发明人可以分享知识产权收入。《联邦技术转移法》(1986年)规定,联邦实验室的项目承担人有权对合同执行过程中形成的发明、发现等智力资产进行鉴定和保护,可以签订智力资产的许可协议和进行转让谈判等,并允许职务发明人提取不低于15%的专利收入。

2. 有条件地下放政府资助项目的知识产权。美国联邦政府以提高使用公共资金的社会效益为目标,根据机构性质、资助对象和方式,分类制定知识产权权属政策,促进政府技术的利用和扩散。

(1)根据研究成果的性质决定权属。通常,涉及国家安全和公共利益的研究成果的知识产权归政府所有。当政府资助的研究项目具有重要商业价值,而且合理使用这些发明专利有利于保护国家和公众利益时,知识产权可以归私营机构所有。

(2)根据资助对象决定权属。《专利与商标法修正案》(1980年)规定,大学、非营利性机构和小企业对其在联邦政府资助下形成的发明拥有所有权。

(3)根据资助计划的性质决定权属。一些针对企业的资助计划形成的知识产权归企业所有。例如,《先进技术发展计划》规定,其资助项目获得的知识产权归美国企业所有,参与项目的大学、非营利性机构和政府机构可以分享知识产权的收益,但不拥有所有权。

(4)根据资助方式和出资比例决定权属。根据需要,政府资助企业研究开发项目分为委托研究开发、合作研究开发和资助研究等多种方式,各种资助方式的知识产权权属政策不同。一般来说,委托研究开发的知识产权大都归政府所有,企业拥有使用权;与企业合作研究开发的知识产权权属往往根据出资的多少来决定;无偿资助计划的知识产权基本归资助承担单位所有。

(5)政府有条件地放权。首先,尽管知识产权归项目承担单位所有,联邦政府仍然拥有知识产权的无偿使用权、转让专利的审批权,以及优先发展本国工业的权利。其次,权利与义务相结合。资助项目承担单位在获得知识产权的同时,要承担保护国家利益和扩散技术的任务,定期向政府资助计划管理部门报告技术利用和转让的情况。当承担单位不能很好地利用专利和转化成果,或者不能保证国家和公众利益时,政府有权将专利或成果转让给其他机构使用。再次,规范专利收入的使用。为了避免承担单位不合理地使用政府资助形成的专利许可和转让收入,有关法律还对如何使用政府资助的发明专利收入作了一些限制性规定。

3. 建立促进政府技术转移的机制。一是规定转移任务。《联邦技术转移法》规定了联邦实验室转移技术的任务,要求每个联邦实验室都建立研究与技术应用办公室,负责实验室的技术转移、推广信息和支持服务。二是鼓励研究人员创新和转移技术。《联邦技术转移法》把转移技术作为考核国家实验室雇员(科学家和工程师)业绩的一项指标,允许国家实验室的职务发明人提取不低于一定比例的技术转移收入。三是建立政府技术转移机构,提供相关服务。《技术创新法》(1980年)要求联邦实验室在技术合作中发挥积极作用,在一些主要的国家实验室建立技术应用办公室;国防部等部门组建了联邦实验室技术转移联合体;商业部的国家技术信息局建立了联邦技术应用中心,负责提供联邦技术信息,以及转移技术的有关事项。

三、关于加强我国政府科技计划
知识产权管理的几点建议

我国经济体制和发展阶段不同于发达的工业化国家,不能简单套用外国经验,应根据政府财政支出、科研机构和大学运行机制,以及技术发展战略的特点,制定科技计划的知识产权管理政策和办法。

1. 把知识产权管理纳入科技计划管理体系。建立以专利、版权为主的科技计划项目知识产权管理制度,做到责任明确,组织和制度落实。一是明确知识产权权属、使用范围和技术转移管理办法;二是明确项目承担单位利用和转移技术的责任,把获取专利、技术利用和扩散的业绩作为资格考核和项目验收的重要指标,做到责权利相统一;三是各政府科技计划管理部门应建立相应的知识产权管理和技术转移服务机构,定期监督检查技术利用和扩散的情况。

2. 进一步细化政府科技计划项目的知识产权权属政策。政府资助的知识产权权属政策要处理好机构、发明人和公众之间的利益关系,要有利于技术扩散,提高公共资源的社会效益。各类政府科技计划应在国家法规确定的原则基础上,根据技术性质、资助对象和计划目标等,明确具体的知识产权权属政策、管理和监督办法。

　　3. 对科技计划成果实行分类管理。对基础性研究和产业技术研究成果实行分类管理，奖励制度和论文制度主要用于基础科学研究领域，产业技术研究开发项目管理要以专利等知识产权激励为主。

　　4. 加大对职务发明人的保护和激励。缩小职务发明的范围，给科技人员留有更多自由创造的空间。进一步细化政府及其资助机构的职务发明人补偿和奖励办法，落到实处；把技术转移作为考核技术人员的指标。同时，要加强对承担项目单位和研究人员的保密合同管理。

　　5. 改进科研机构和大学的运行体制。在现行体制下，应借鉴美国能源部委托管理国家实验室的经验，对设在科研院所、大学和企业的政府资助的各类共性技术研究开发中心实行委托管理模式，明确受托单位的责权利和知识产权权属，规定转移和扩散技术的责任，并建立一套运行管理和监督检查机制。根据国际经验，大学优先获得知识产权的前提是，大学是非营利机构，并以扩散技术为目的经营知识产权。在我国大学办企业的情况下，要规范大学中政府资助形成的知识产权转移管理制度，校办企业与其他企业平等竞争。

建立与发展阶段相适应的
知识产权保护制度[*]

　　知识产权制度的发展和演变与技术、经济、社会发展阶段紧密相关。随着产业技术和产业组织的发展,专利制度的作用和重点也不断发生变化。早在十八世纪专利制度形成的初期,由于生产规模普遍较小,专利制度的重点是鼓励转让,保护收益权。随着现代工业的发展,生产规模扩大,企业的市场占有率增加,专利制度从收益保护转向市场保护,保护重点从鼓励技术扩散变为保护排他权力。

　　在经济全球化的条件下,一个国家和地区的知识产权制度是与其发展阶段相适应的。WTO《与贸易有关的知识产权协议》(TRIPs)在统一最低保护标准和解决纠纷程序的同时,承认各成员方知识产权法律的相对独立性,有区别地对待处于不同发展阶段的成员方。

一、有关国家和地区的知识产权基本制度比较

　　尽管专利制度的变化趋于国际化和一致化,但是,在 WTO 的基本原则下,各成员方的知识产权制度有所不同。比较美国、欧洲、部分亚洲国家和地区的知识产权基本制度,可以看出知识产权制度的差别在很大程度上反映了地区技术、经济发展阶段和国家竞争战略。

　　(一)知识产权保护重点与技术发展战略有关
　　美国、日本和德国的专利数量名列世界前三名,但是,由于技术发展战略

---

　　* 本文发表于国务院发展研究中心《调查研究报告》2003 年第 90 号,2003 年 7 月 9 日。

不同,知识产权保护重点有所不同。

美国的原创技术能力强,其知识产权制度重视保护发明专利。美国的专利分为发明专利和新式样专利两种,没有实用新型专利。2000年以前,为了保护本国企业的发明技术,美国一直实行批准公开制度,只有在专利获得批准后才公开专利内容。近些年来,美国才开始实施早期公开制度,但仍给申请人留有选择余地。即如果只申请美国或非早期公开国家的专利,申请人可以要求在未批准前不公开专利内容。

德国的技术实力较强,原创技术也比较多,其专利制度重视发明专利。德国专利法中只包括发明专利(实用新型和新式样专利另有管理条例),而且对发明专利申请的审查最严,德国发明专利的技术先进性和实用性得到发达工业化国家的公认。

第二次世界大战以后,在相当一段时期内,日本技术开发以模仿跟随为主。因此,日本的专利制度实行鼓励本国企业申请专利和阻止外国企业利用专利占领市场相结合。一方面,鼓励企业围绕引进的基本专利技术开发中小专利,形成专利网;另一方面,通过延长审查时间和烦琐的申请程序把外国企业的专利挡在门外。因此,日本的专利制度特别注意保护国内小型专利,发明专利、实用新型(目前,新型专利已经改为注册制,实行形审)和新型设计专利都实行实审制度。其专利法规定的专利审查时间也是最长的,在实际审查中还有故意拖延时间的现象。

由此可见,原创技术能力强的国家的专利制度重视保护发明专利;跟踪技术战略的国家则相对重视小型专利的保护。

(二)利用优先原则保护本国发明人和市场

美国的原创技术多,专利授权采取发明优先的原则。日本等其他国家大都采取申请优先的原则。有些国家和地区对一些小型专利采取使用在先的原则,通常不对小型专利申请进行实审,若有先使用者,可以对已经授权的专利提出无效请求。我国的实用新型和外观设计专利实行使用在先原则。

(三)重视发明人的作用

发达市场经济国家的知识产权权属政策突出发明人的地位,充分保护发明人的积极性。尽管各国的职务发明原始权归属不同,例如,德国和日本的职务发明原始权归发明人,美国的职务发明权属归雇主。但是,美国、日本和欧洲的专利法都规定,无论是职务发明还是非职务发明的专利申请人必须是发明人或其受让人。美国的专利制度还特别要求专利申请人必须是发明人。公司或机构雇员的职务发明均由发明人提出申请,然后再通过有关程序转让给雇主。① 我国则强调雇主对雇员发明拥有权利,专利法规定申请职务发明专利的权利归单位。

(四)专利制度区域化

英国的专利授权在英联邦等约 40 个国家有效;欧洲专利协议包括 28 个国家和地区。欧洲专利协议遵循欧共体统一市场的原则,为防止地区性垄断,在专利审查和批准过程中强调公平性,因此,欧洲专利协议的实审通常不如协议方国家那样严格。由此带来一个问题就是无效专利比例较高,企业只能利用无效取证来保护自己。

(五)发达国家专利费用高

通常,发展中国家的专利申请和维护费较低,发达国家的专利费用普遍较高。在日本申请一项专利需 2 万美元;欧盟(不包括英国)需 2 万美元,还要向国际专利条约组织(PCT)缴纳约 1.2 万元人民币;美国需 1.7 万美元②,而在中国申请专利只需 3000 元人民币。结果是发达国家企业的专利很容易进入发展中国家,不少发展中国家的企业却因为支付不起高额专利费而无法申请发达国家的专利。

(六)利用强制授权措施促进技术应用和转移

大部分国家和地区都有强制授权的规定。强制授权制度有利于技术利用和转移,特别是可以防止恶意闲置专利形成市场垄断。通常,发展中国家和地

① 韩秀成等:《美国专利政策及其战略》,《优秀专利调查研究报告集(Ⅲ)》,知识产权出版社 2002 年 3 月版。
② "申请专利受阻,中国争夺基因市场遭遇难题",http://www.863.org.cn。

区有较强的强制授权制度,发达国家在这方面则相对宽松。例如,韩国的专利法规定,对批准后三年内未实施的专利,可以要求其授权转让。① 美国的专利制度则没有强制授权的要求。

有些国家通过启动"休眠"专利,提高专利实施率,促进技术的利用和扩散。日本是世界上第二大专利国家,但实施率仅占33%,大量专利无人使用,处于"闲置"状态。为了充分发挥和提升专利的价值,日本通产省、特许厅通过行政措施,要求大企业把"休眠"专利及周边专利无偿许可给中小企业使用,并结合产业振兴计划,对一些重点地区实施特别援助。如仅马自达公司就于1996年公布了200件休眠专利,允许广岛的中小企业自由使用,帮助一批企业起死回生。②

二、软件行业知识产权保护的特点

知识产权保护与行业的基本特征有关,例如,软件行业的知识产权保护和反垄断与其他行业有所不同。

(一)WTO 成员方在计算机软件保护方面的差别

由于 TRIPs 在计算机软件保护方面并未对软件最终用户问题作出明确规定和具体要求,WTO 各成员方根据本地区经济发展阶段,对侵权软件的最终用户采取不同的限制规定。目前,国际上对最终用户使用未经授权软件的保护分为三级。第一级是最低保护标准,根据版权法的规定,软件侵权的最终界限不延伸到任何最终用户;第二级是根据具体用途实行差别保护,区别对待不同性质的用户,限制商业和以营利为目的的最终用户;第三级是最高保护,将限制使用延伸到所有最终用户。

目前,一些经济比较发达的 WTO 成员方的软件保护处于第二级。日本于2001年实施的新修改《版权法》中规定,在明知是侵权软件的情况下,将其

---

① 参见 http://www.saint-island.com.tw/ch/。
② 祝晓莲:《中美两国知识产权战略:比较与启示》,《国际技术经济研究》2002年第5卷第4期。

用于商业活动或用于业务活动的行为视作侵权。在明知侵权软件的情况下，在计算机上进行非商业性、非业务使用和私人使用时，并不被视作侵权。① 我国台湾地区的现行"著作权法"规定，在明知是侵权软件的情况下，将其直接用于营利活动的行为被视作侵权。换句话说，在不知情的情况下，使用侵权软件于营利用途，或者在知情的情况下，将其用于间接营利和非营利活动，不视为侵权行为。②

（二）计算机软件行业反垄断的特殊性

软件行业的特点是，规模效益非常明显，复制成本几乎为零；计算机软件集成可以方便消费者，降低价格。因此，计算机软件行业的反垄断不是简单地遵循传统的反垄断原则。美国司法部对微软垄断案的裁决就是一个典型例子。美国微软公司占世界计算机软件市场的80%以上。在处理微软垄断案时，美国司法部既没有因为微软的市场份额大而拆分微软公司，也没有简单地限制软硬件一体化捆绑，而是针对微软公司违反美国《谢尔曼反托拉斯法》的一些做法，认定微软的垄断行为，要求微软给电脑制造商更大的灵活性，放弃排他性合同，禁止微软对采用竞争对手软件的制造商实行报复行为等。

在微软垄断案中，美国司法部还利用反垄断措施补充知识产权法律的不足。根据美国版权保护法，软件版权所有者不必公布软件源代码。但是，为了实现软件兼容，与微软合作的企业要求其公开部分源代码，保证接口程序兼容，并就此提出诉讼。司法部在协调时，认可了合作企业的要求，把公开接口源代码作为限制微软垄断的一项措施。

三、日美知识产权战略的比较

进入21世纪，发达的市场经济国家更加重视知识产权工作，日本和美国相继制定了21世纪知识产权战略。这两个国家的知识产权战略与其发展阶

---

① 参见寿步：《从日本著作权法看最终用户问题——三论中国软件著作权保护》，http://www.sina.com。

② 参见寿步：《从台湾著作权法看最终用户问题——再论中国软件著作权保护》，http://www.sina.com。

段有密切联系,体现了国家发展战略。

(一)日本专利战略的沿革

日本是发达国家中实施专利战略最为成功的国家之一。第二次世界大战以后,日本走出一条引进技术、消化吸收、创新的技术发展道路。其专利战略为实现这一目标发挥了重要作用。日本政府把专利作为发展和振兴经济的重要手段,根据发展阶段适时调整国家专利战略。

1. 20 世纪 50 年代至 70 年代:构筑小型专利网的专利战略

第二次世界大战结束时,日本的经济和科技实力与欧美国家相差较远,为了赶超欧美,日本大量引进国外先进制造技术,提高加工制造能力;通过消化吸收和改进引进技术,实现技术自主化。

针对企业以引进专利技术和仿制为主的特点,日本采取了构筑专利网和保护国内市场的专利战略。当时日本的技术积累不足,企业的研发能力不强,一些关键性技术要靠从国外引进,因此,日本的专利制度鼓励企业围绕引进的基础性关键技术进行大量扩张性的小型研究开发,筑起严密的专利网,使欧美的基础性关键专利技术在其专利网中失灵。结果,欧美的竞争对手有时不得不以基本专利交换日本的小型专利。①

2. 20 世纪 70 年代至 80 年代:向自主专利战略过渡

经过 20 年的追赶,日本制造业的竞争力迅速提高,部分制造能力已经赶上欧美国家,甚至在某些领域超过美国。20 世纪 80 年代,日本已经成为技术输出大国,企业申请专利的数量已位居世界前列,其产品开始占领海外市场。但是,由于企业普遍追求用于提高产品质量的实用技术,忽视基础性研究,日本的技术储备只是美国的 20%,基本专利处于劣势。因此,日本的专利战略转向技术创新,形成自主专利。

这个时期,日本的专利制度重点是保护本国市场和进攻海外市场。为了阻止外国企业利用专利占领日本市场,日本推迟批准那些对工业发展有重大影响的基本专利申请,以使本国企业有足够的时间追赶该技术。在日本,拖延批准外国专利申请达 10 至 14 年之久是常见的。与此同时,为了保持出口贸

---

① 冯晓青:《试论日本企业专利战略及对我国的启示》。

易的增长,日本企业在向国外输出产品或投资时,采取专利先行战略,扩大在海外的专利申请量。

3. 20 世纪 90 年代:促进原创技术的专利战略

20 世纪 90 年代,美国的高新技术产业迅速发展,经济进入持续高速增长阶段。此时日本的经济却跌入低谷,特别是 1997 年亚洲金融危机以后,日本经济进入停滞甚至负增长状态。日本政府和企业都认为,日本与美国经济的差距主要是高技术领域的差距,高技术的差距在于日本原创技术和基础专利远低于美国。因此,日本借鉴美国 20 世纪 80 年代的经验,开始调整专利战略。一是加大基础研究投入,以增强高技术领域的竞争力;二是对国有机构拥有的知识产权采取放权政策,允许国立大学自主处理其知识产权,鼓励大学与产业结合,向企业转移技术。

4. 进入 21 世纪:建立全面的知识产权战略

20 世纪 90 年代以来,随着高新技术产业的发展,美国制造业的技术和附加值不断提高,日本制造业的成本优势逐步丧失。为了进一步增强日本产业在海内外市场的竞争力,在 20 世纪 90 年代发展原创技术战略的基础上,日本提出了"知识产权立国"的口号,政府和企业共同制定知识产权战略大纲。

日本的 21 世纪知识产权战略大纲有四大支柱:创造、保护、应用知识产权和人才培育战略,并采取以下措施落实新战略。

一是制定《知识产权基本法》,为实施知识产权战略提供法律保障。基本法把改善创造、保护、利用知识产权的环境作为国家知识产权战略目标。二是加强组织保证,建立政府部门与企业之间的协调机制。2002 年,日本成立由政府、企业和学术界代表组成的知识产权战略会议。三是制定知识产权战略计划,加强对知识产权管理的宏观指导。四是明确各政府部门在实施知识产权战略中的职责,加强知识产权管理部门对知识产权执法的协助和咨询工作。五是加强"世界专利"工作,加大对日本企业的海外知识产权保护力度。2002 年,成立以大型企业为主,政府参与的知识产权保护国际论坛。六是鼓励原创技术,促进基础研究为产业服务。把竞争原理引入大学,放宽对大学知识产权权属的限制,促进产学联合;改善税制,使国立大学和自治体更易于合作;修订职务发明制度,对大学发明者施行奖励制度,研究费向通过技术移转创收的教师倾斜等。七是培养知识产权专业人才。

（二）美国的专利战略

1. 积极的专利政策

20 世纪 80 年代，日本的制造产品，如汽车、消费用电器和大规模集成电路等在国际市场上的占有率大幅度提高，并在一些领域超过了美国。同时，美国的一些制造业开始向发展中国家转移，出现了产业空心化的现象。为了提高美国产业的竞争力，里根政府提出"复兴美国"的口号，并把专利当做国际竞争的武器，出台了积极的专利政策。除了扩大专利的权利范围，提高侵权赔偿费外，还制定了一系列的配套政策。

（1）促进创新和政府技术转移，提高产业技术竞争能力。1980 年出台的《专利和商标法修正案》明确规定，大学、非营利性机构和小企业对联邦政府资助形成的发明拥有所有权。1980 年的《技术创新法》要求联邦实验室在技术合作中发挥积极作用，一些主要的国家实验室建立了开发和技术应用办公室。国防部等部门组建了联邦实验室技术转移联合体，商业部的国家技术信息局还建立了联邦技术应用中心，负责提供联邦技术信息和转移技术事项。1982 年美国国会通过的《小企业创新发展法》要求凡年度研究和开发费用在 1 亿美元以上的联邦政府机构，按一定比例向小企业创新研究计划（简称"SBIR"）拨出专款；凡年获得联邦政府研究与开发经费超出 2000 万美元以上的单位，每年要为小企业确定科研项目。为了鼓励国家实验室向民间转移技术，1986 年出台的《联邦技术转移法》规定了联邦实验室转移技术的任务，允许政府实验室的项目承担人对合同执行过程中形成的发明、发现等智力资产进行鉴定和保护，可以签订智力资产的许可协议和进行转移谈判等；允许职务发明人提取不低于 15% 的专利收入，并将转移技术作为考核国家实验室雇员业绩的一项指标。

（2）利用贸易措施保护美国专利人在海外的利益。1988 年修订的《综合贸易竞争法》的"特殊 301 条款"主要用于对不遵守知识产权规定的国家实行贸易制裁，以保障美国专利人在海外的利益，促进美国企业的出口。在美国的压力下，印度尼西亚、新加坡、马来西亚、韩国及我国台湾地区修改了有关法律。美国还运用"301 条款"迫使韩国同意优先为美国的发明提供专利保护，迫使日本开放半导体市场，使美国对日的半导体出口增加了 20 亿美元。

（3）利用公平竞争政策防止进口品侵害本国专利，保护国内市场。1994年，美国根据乌拉圭回合协议修正了《关税法》第337条"关于不公平竞争的规定"（简称"337条款"）。"337条款"被用来防止以不公平竞争的方式向美国出口和销售产品，伤害美国企业及侵犯美国知识产权。如果进口产品侵犯了美国的专利权、著作权、商标权或半导体芯片设计的权利，而在美国已有或正在筹建同样厂家在生产和制造该产品，就可能构成违反"337条款"。

2. 专利商标局的21世纪战略

在专利申请量越来越大的情况下，美国知识产权保护制度面临的新问题是，一方面如何提高专利管理工作效率；另一方面，在激烈的国际竞争中，如何通过加强国际合作进一步保护美国的知识产权。为此，美国国会作出决议，提出了具体任务，包括提高专利和商标质量，积极实施电子政务以应对工作量大的问题，提高效率以缩短专利和商标审批期等。为了贯彻国会的决议，2001年，美国专利商标局（USPTO）制定了21世纪战略计划。

美国专利商标局的21世纪战略计划目标是建立保持美国发明人在全球竞争优势所需要的专利和商标制度，将专利商标局发展成一个以质量为核心、对市场变化反应灵敏的市场驱动型知识产权组织。为实现这一目标，5年战略计划主要采取以下几个步骤：一是通过提高人才队伍素质和改进工作流程来提高质量。加强员工培训，使专利商标局的雇员成为决策专家；调整内部工作流程，完成USPTO的组织转型工作。二是加强与申请人的沟通，以市场为导向，提供尽量满足客户需求的产品和服务。三是加强与欧洲、日本和其他国家专利组织的联系与合作，推动知识产权制度全球一体化，从而使美国的独立发明人、工业界以及公众在全球范围享受更有效的知识产权保护。四是通过立法进行收费制度调整，提高专利费用。五是发展电子政务，实施专利和商标申请处理的自动化。

综上所述，日美两国都是从国家的经济社会发展阶段出发，以提高产业竞争力为目标，制定知识产权战略，并且根据经济、技术和社会发展，及时调整知识产权制度。

四、建立与我国发展阶段相适应的
知识产权保护制度

我国是发展中国家,正处于加速工业化的过程中,知识产权保护制度要为国家技术发展战略服务,与发展水平相适应。我们应遵守国际原则,根据所处发展阶段特点,调整和完善知识产权保护制度。在制度和规则上与国际接轨,具体保护标准要体现国情,不搞追赶,不照搬。

(一)保护制度为国家技术发展战略服务

目前,我国的技术发展战略是大部分行业以引进技术消化吸收、改进型创新为主,在少数有优势的领域重点突破创新。因此,现阶段知识产权保护要注意促进技术的利用和扩散。一方面,借鉴日本赶超时期的经验,建立适当的专利制度,鼓励企业充分合法利用各种技术资源,进行再开发和创新;另一方面,建立促进技术转移和扩散的机制与政策。

(二)满足 TRIPs 最低保护标准,制定切合实际的保护标准

我国现行知识产权法律存在两方面问题。一方面,法律规定的赔偿额较低,难以起到威慑作用;另一方面,有些保护标准超出了我国的发展阶段。有些立法简单照搬国外标准,与国情脱节。如新修改的《计算机软件保护条例》对最终用户的责任要求超过了日本和我国台湾地区。

因此,应加强知识产权立法与产业界和消费者的联系,建立公开的知识产权立法程序,广泛听取各方面的意见,制定符合我国国情的保护标准,争取应有的权利,维护国家的根本利益。一旦确定保护标准,就要严格执行。

(三)加强理论研究,积极参与制定国际知识产权规则

目前,在制定知识产权国际规则时,发达国家的声音比较强,对发展中国家的需要和利益考虑不够。若知识产权保护规则不考虑发展中国家的利益,发展中国家就没有实施的积极性。只有发达国家和发展中国家在知识产权制度中获得平等利益,这个制度才能持续发展。我国要积极参与有关国际讨论,

在制定知识产权国际规则中,反映和代表发展中国家的愿望和利益。

近些年来,西方的一些学者也开始对现行知识产权制度的社会效果进行理论研究,这些研究和讨论将会影响知识产权制度。因此,我们应加强知识产权理论和机理的研究,开展一些知识产权与经济、产业相结合的跨领域合作研究,在知识产权制度规则的制定上争取主动权,为改进世界知识产权制度做出应有的贡献。

加强知识产权保护中的反垄断措施[*]

知识产权保护是把双刃剑,用得好会促进技术进步,用得不好则可能导致垄断,阻碍技术进步,损害消费者利益。保护知识产权的法律授予创新者或知识产权所有者合法使用创新技术的阶段性排他权利,同时,又要求知识产权所有者公开其技术,在给予创新者经济补偿的前提下,使更多的人能够使用创新技术,在创新技术的基础上进一步研究开发,从而促进技术进步。如果因滥用排他权利而限制了竞争和侵害广大消费者的利益,就违背了知识产权制度鼓励创新和推动技术进步的基本原则。目前,一些大公司利用知识产权独占市场,在知识产权许可证和其他技术转移方式中,附加一些反竞争的条件,形成垄断或具有形成垄断的可能。因此,防止滥用知识产权的垄断行为是合理保护知识产权的重要内容。

目前,我国市场经济秩序的法律体系还不完善,一方面,知识产权保护的力度不够,存在比较普遍的知识产权侵权行为;另一方面,又没有反垄断等法律制约滥用知识产权的垄断行为。因此,要借鉴国际经验,建立完整的知识产权法律体系,合理保护国内企业和消费者的利益,使知识产权制度真正起到促进技术进步和经济发展的作用。

一、WTO 协议中关于限制滥用知识产权的规则

为防止滥用知识产权和限制垄断,《与贸易有关的知识产权协议》(简称"TRIPs")在强调保护创新者利益的同时,明确提出成员方须采取必要措施避

---

* 本文发表于国务院发展研究中心《调查研究报告》2003 年第 91 号,2003 年 7 月 10 日,作者林平(香港岭南大学)、吕薇。

免滥用合同许可中的知识产权保护来削弱竞争,阻碍技术跨国转移。

　　TRIPs 协议有两个目标:一是有效保护专利所有者的利益,鼓励创新;二是鼓励公众使用创新技术,促进创新技术的扩散。TRIPs 协议第一部分(一般性规定和基本原则)第七条提出知识产权保护的目标:"知识产权的保护和实施应当有助于技术创新以及技术转让和传播,增进社会和经济福利,维护技术知识的创作者和使用者的共同利益,实现权利和义务的平衡"。第八条第二款还明确规定,为了防止权利所有人滥用知识产权,或者不合理地限制贸易或对技术的国际转移产生不利影响的做法,可以在本协定规定的范围内,采取适当的措施限制滥用知识产权。

　　虽然 TRIPs 协议没有详细罗列反竞争的滥用知识产权行为,但指出了技术许可中存在的主要反竞争行为。例如,要求以许可技术为基础的再创新成果的优先权;为防止有效期以外的竞争,采取强制性一揽子(或打包)许可等等。由此可见,限制滥用知识产权和非法利用技术垄断都是知识产权保护体系不可分割的一部分。

二、限制滥用知识产权的国际经验

(一)滥用知识产权行为的界定

　　目前,WTO 还没有就反垄断问题达成协议,各成员方利用国内反垄断法处理知识产权保护中的垄断问题。美国、日本和欧洲一些国家都制定了限制滥用知识产权和非法垄断技术的专门法律或指南。1995 年,美国司法部和国际贸易委员会联合发布《知识产权许可的反垄断指南》;欧共体委员会为了落实欧共体协议 81(3)条款,制定了管理技术转移的办法《技术转让规章》;日本也制定了《专利和技术秘密许可中的反垄断指南》。

　　根据美国、日本和一些欧洲国家的法规,反竞争行为或滥用知识产权行为主要包括以下几个方面。

1. 限制性许可

　　限制性许可主要有三种形式:一是强制性一揽子许可。当许可方要求被许可方同时认购几个相关的许可,而实际上被许可方并不需要这么多知识产权。二是专利所有者在实施技术许可时,要求被许可方购买非专利材料或配件。三是禁止被许可方对许可技术的有效性进行调查或投诉。

2. 限制被许可人的创新活动

回授许可是指在授予技术许可时,许可方要求被许可方在许可技术的基础上所进行的任何改进和创新所形成的专利都必须而且只能许可给许可方,或是优先许可给许可方。通常,回授许可被用来限制接受技术方的创新,它降低了被许可人进行 R&D 和创新的积极性,影响了竞争,阻碍了技术进步。

3. 限制横向竞争

为了阻止其他企业进入市场,有些企业在专利许可中附加限制横向竞争的规定。横向限制主要有两种形式。一是交叉许可或者一揽子专利协议。各国的反垄断法或促进竞争法都把联合市场、集体定价或限制产出等协议认定为限制竞争的非法行为。同理,交叉许可或者一揽子专利协议实际上促进了竞争企业的共谋,排除了竞争对手。因此,不少国家对联合专利许可进行比较严格的审查。如 6C 的 DVD 技术联合许可于 1998 年在美国通过批准后才生效。二是限制研究开发、制造、使用或销售竞争的其他条件和行为。

4. 限制经营范围和竞争

限制经营范围和竞争的做法包括,为了在特定市场销售产品而限制(或防止)许可;在许可中强加商标的要求,从而限制被许可方自主选择自己的商标;限制许可产品所含物品的价格;不适当的限制被许可者的经营范围。如一个药物专利可能用来许可一家公司只能用于生产人类的药物,许可另一家公司只能生产动物用药物等等。

5. 限制使用过期专利

限制使用过期专利的手段主要有两种。要求被许可方交付超出专利有效期的租金;在相关专利过期后,仍然限制使用许可技术。

6. 限制许可专利的使用

还有一些限制使用专利的条件也被列为反竞争的行为。一是对利用许可专利生产的产品施加质量控制,附加一些超出保证许可专利的效力或维护商标名誉必需的条件。二是许可方限制被许可方向某些用户销售含有许可技术诀窍产品的权利,被许可方只能向许可方指定的对象销售许可技术产品。这种条款常常用于关键技术许可中。三是限制被许可方的经营管理。如只能雇用许可方提名的雇员。在许可合同到期后,不允许被许可方生产可以竞争的产品,或者使用竞争性技术。

(二)限制恶意闲置专利,促进技术利用

恶意闲置专利是指专利所有者注册专利的目的不是为了投入商业用途,而是为了防止其他人注册类似或相同的专利。闲置专利不利于新技术、新知识的扩散,从反垄断的角度来看,闲置专利会阻碍新竞争者的产生,从而抑制竞争。

闲置专利有两种类型,第一种是专利本身没有商业价值,不能形成消费者所需要的产品,或是社会上已存在更先进的专利技术或产品。第二种是专利所有者出于自身利益,不让其专利实现其社会价值,注册专利的目的只是为了阻止别人类似的专利。企业有时通过收购方式获得他人的专利,以达到阻止竞争对手使用这种技术的目的。第二种闲置专利是恶意的闲置专利,具有明显的反竞争性,因此,反垄断法主要限制恶意闲置专利。

根据国际经验,处理闲置专利的措施主要有两类。

1. 通过反垄断法处置闲置专利

在美国和其他一些发达的工业化国家,以收购方式获取他人专利技术并使之闲置起来的做法可能被判为违反反垄断法(或促进竞争法)。例如,在1983 年的麦唐纳与强生(McDonald vs. Johnson & Johson)的纠纷案中,强生被指控购买麦唐纳的专利技术但不投入商业用途,从而限制市场竞争。在 1991 年的 Alling 公司与环球制造公司一案中,环球制造公司购买了 Alling 公司的新产品专利,但环球公司并没有使用这种新型专利,而是继续使用老技术生产其传统产品,购买的专利技术被放置一边达数年。同时,环球制造公司向其竞争者施加压力,如果它们开发出新的生产技术或新产品,环球公司就会把购买回来的专利技术投入生产。最终,这两个案子的被告分别被判罚款 1197.5 万美元和 12200 万美元。① 在另外两个案例中,Kobe 公司(1952 年)企图收购石油钻井工艺中所有的关键专利技术以达到垄断整个行业的目的,结果被判为违反反垄断法(舍曼法第二节);在 Tetra Pak Rausing SA vs. Commission 一案

---

① Yee Wah Chin, 1998, "Unilateral Technology Suppression: Appropriate Antitrust and Patent Law Remedies", *Antitrust Law Journal*, Vol. (66), pp. 441 – 447.

中(1990年),欧盟法庭裁定一家占有市场份额90%的企业收购一个牛奶包装技术专利违反了欧盟的竞争法律。①

2. 对防止闲置专利实行强制许可

英国和其他一些国家的专利法中都有相应的条文来禁止闲置专利。TRIPs协议只允许各成员方在下面两种情况下实行强制许可。一种是在国家处于紧急状况下,或者在其他极端情况下实施强制许可;另一种情况是如果有用户向某专利使用者提出使用其专利的申请,并愿意付给其合理的报酬,但在足够长的时间内得不到许可。在这种情况下,政府可以实施强制许可。在实施强制许可时,成员方必须遵守三个条件,一是付给专利所有者合理的报酬;二是实施专利的主要目的是满足国内市场需求,而不是用来出口;三是专利技术的使用只限于必要的范围和期限内。还有一些国家出于公共目标,对一些权利人无用的闲置专利实行"强制许可"。如为了支持中小企业技术进步,日本政府曾要求国内一些大公司将闲置专利无偿转让给小企业。

实际上,实施强制许可有一定难度。首先是很难决定哪一个专利应该实行强制许可。其次是政府已经决定对某一专利实行强制许可,还会遇到专利所有者强烈的抵制。例如,非洲国家对艾滋病药物实施强制许可的做法就受到美国药品生产商的强烈反对,并告上法庭。又如,美国政府在受到"炭疽病毒"袭击之后,试图强制生产治疗炭疽病毒药品的厂家允许其他商家使用它的专利技术,但是,遇到了各方面的阻力。再次,如何确定强制许可对专利所有者的报酬。由于上述原因,一个国家很难在较大范围内实行强制许可,通常只能对极少数专利进行强制许可。

(三)根据行业特点反垄断

由于各行业的特点不同,滥用知识产权的表现形式不同,要根据行业特点采取反垄断措施。比如,软件行业的特点,一是具有明显的规模效益,复制成本几乎为零,特别是系统软件的规模效益非常明显;二是计算机软件集成对消费者有好处,可以方便消费者,降低价格。因此,对软件行业不能简单地根据

---

① Joel M. Cohen and Arthur J. Burke, 1998, "An Overview of the Antitrust Analysis of Suppression of Technology", *Antitrust Law Journal*, Vol. (66), pp. 421 – 439.

传统的反垄断原则,美国司法部对微软垄断案件的裁决就是一个典型的例子。

美国微软公司是世界上最大的软件公司,占世界软件市场的80%以上。在司法部与微软的初步和解协议中,既没有因为微软的市场份额大而拆分微软公司,也没有简单地限制软硬件一体化捆绑,而是针对微软公司违反美国《谢尔曼反垄断法》的一些做法,认定微软违反了反垄断法。例如,利用在操作系统市场上的垄断力量打击竞争对手,强迫计算机制造商购买带有新功能的视窗操作系统的排他性限制合同条款,以及在浏览器上显示微软的商标标识等。① 司法部对微软妨碍竞争的非法行为加以限制,要求微软给电脑制造商更大的灵活性,放弃排他性合同,禁止微软对采用竞争对手软件的制造商实行报复行为等。

同时,司法部还利用反垄断措施补充知识产权法律。根据美国版权保护法,是不能要求软件版权所有者公布其软件源代码的。但是,为了实现软件兼容,与微软合作的企业要求微软公司公开部分源代码,保证接口程序兼容,并就此提出诉讼。司法部在协调时,认可了合作企业的要求,把公开接口源代码作为限制微软垄断的一个措施。

三、关于在我国实施与知识产权
有关的反垄断措施的建议

目前,我国正处于加速工业化过程中,大量技术需要从国外引进;一些跨国公司正在利用知识产权方面具有的绝对优势占领我国市场。为了防止外国企业滥用知识产权,垄断市场,我们应借鉴国际经验,加强限制滥用知识产权的垄断行为,在合理保护知识产权所有者的基础上,维护国内消费者和生活企业的合法利益。

(一)建立普遍适用的限制滥用知识产权的反垄断法规

目前,我国还没有出台反垄断法,知识产权法律中也没有可以操作的限制滥用知识产权和垄断的措施,只有技术进出口管理条例中涉及了跨国技术转

---

① 《微软打败反垄断?》,2001年6月29日,http://www.caijing.com.cn。

移中的部分垄断行为。2002 年,根据 WTO 原则新修改的《技术进出口管理条例》借鉴了国外技术许可反垄断的经验,在第二十九条中规定,技术进口合同中,不得含有限制性条款。但是,该条例适用面较窄,一是仅适用于技术进出口,而不能覆盖国内的技术许可。结果可能导致同样是技术许可,国内与国外的"游戏规则"不同。二是只涉及一部分滥用知识产权的行为,没有包括许可同盟和恶意闲置专利等滥用知识产权的行为。同时,该条例的法律效应不强,缺乏处罚措施。技术进出口管理条例只是一个行政性规定,实施管理部门是行政管理机构——商务部(原外经贸部),而且没有相应的惩罚措施。

因此,我们应借鉴美国、日本和欧洲一些国家的经验,建立适用于技术进出口和国内技术交易,国内国外企业一视同仁、普遍适用的法律或法规。在知识产权保护法律和规章中制定专门的限制滥用知识产权的细则或指南,在相关的法律中也应该体现这些原则。例如,应该在反不正当竞争法中加入限制滥用知识产权的条款。在将来制定反垄断法时,也应该写入限制滥用知识产权和恶意闲置专利的专门条款。

(二)制约技术许可中限制竞争的行为

为了防止国内外企业滥用知识产权、阻碍技术进步,与知识产权有关的反垄断条款应禁止下列排他性行为。(1)排他性回授。即被许可方以许可技术为基础的任何改进技术的专利都必须而且只能许可给许可方。(2)限制被许可方挑战许可专利的有效性。即限制被许可方调查或控告许可专利的有效性。(3)限制许可专利的使用。即限制被许可方向某些用户销售含有许可技术诀窍产品的权利,被许可方只能向许可人指定的对象销售许可技术产品。(4)限制销售和出口。即要求被许可方必须通过许可方来销售相关产品,限制被许可方出口其产品,或限制出口地区和国家等。(5)捆绑许可。其中包括许可方要求被许可方同时认购几个不需要的相关许可,要求被许可方购买非专利材料或配件,以及要求被许可方对许可专利产品施加不必要的质量控制保证。(6)限制许可产品的价格。即限制被许可方对许可产品的定价。(7)交叉许可或一揽子专利协议。即两个或多个专利所有者同时互相许可其所拥有的专利,以排除竞争对手,阻止其他企业进入市场。(8)限制雇员。即被许可方只能雇用许可人提名的雇员。(9)限制进入市场。即限制被许可方以适应当地市场需求为目的,对许可技术进行改进和创新;限制被许可方对其产品做广告。(10)限制过期专利的使用。如要求支付超出专利周期的租费,或禁止使用过期许可技术。(11)其他限制。包括被许可方只能在特定市场销售产品,限制被许可方自主选择自己产品的商标,以及不适当地限制被许可方的经营范围等。

(三)利用反垄断和强制许可措施处理恶意闲置专利

在反垄断法规中禁止恶意闲置专利和收购商标。前几年,一些跨国公司以合资企业的方式购买中国的一些民族名牌产品,然后把那些生产线关掉,而只生产它们母公司品牌的产品。如上海美加净是一个国内知名的化妆品品牌。但是在 20 世纪 90 年代初,一家美国企业把它买去了,其目的是消除这个品牌。后来,国内企业又花大价钱把它买了回来。这种做法对市场竞争造成损害。因此,应该采取必要措施抑制恶意闲置专利或恶意收购商标。一方面,应在反不正当竞争法或有关知识产权法中,禁止企业通过收购竞争者专利技术的方式来限制竞争;另一方面,在未来的反垄断法中,应明确规定企业不可以用收购知识产权的方式来达到垄断市场的目的。

细化和补充现行《专利法》中有关强制许可的规定,以形成可操作的措施。我国现行《专利法》中已经规定,在国家处于紧急的状况下,可以实行强制许可,但是,没有规定具体实施条件。因此,应该根据 WTO 协议的原则,细化强制许可的适用范围。

完善知识产权权属政策的
国际经验与借鉴*

知识产权权属政策是保护知识产权的基础。知识产权制度的核心是在明确产权的基础上,合理保护知识产权所有者和发明人的利益,明晰产权是保护知识产权的第一步。我国正处于计划经济向市场经济的过渡时期,有关知识产权权属的法律和政策还不完善,应借鉴国际经验,建立促进创新的制度保障。

一、有关国家和地区的知识产权权属政策

知识产权权属政策包括知识产权申请权、所有权和利益分配等方面的法律与行政规定。下面重点介绍有关国家职务发明、公共机构、政府资助项目、合作研究开发的知识产权权属政策。

(一)职务发明专利的权属政策

现阶段,大量专利是职务发明创造的,各国都非常重视职务发明的专利权属政策。职务发明专利权属政策的关键是如何处理好职务发明人与雇主间的利益关系,在调动发明人积极性的同时,保护雇主的利益。

职务发明可以分为普通雇佣关系(主要指民营企业雇佣)和公共雇佣关系(政府和公共部门雇佣)的职务发明,两者的权属政策有所不同。

1. 普通雇佣关系的职务发明专利权属政策

职务发明专利权属政策有两个要件:职务发明的适用范围和职务发明专利的权利归属。

---

* 本文发表于国务院发展研究中心《调查研究报告》2003 年第 99 号,2003 年 7 月 22 日。

(1)根据一些国家和地区的相关法律,职务发明的适用范围有两种主要划分方法。一种是按照职务责任划分,雇员在雇佣合同规定的正常工作中或受雇主委托完成的发明属于职务发明。如日本、法国和英国等国采取这一方法。另一种是按资源使用划分,除了雇员职责约定的正常工作或受雇主委托所完成的发明外,利用雇主的经验、劳动和设施的发明也属于职务发明。如德国的《雇员发明法》规定,雇员利用了雇主的经验和劳动完成的发明属于职务发明。前一种划分方法以契约规定的责任和任务为依据,界限比较明确,在实际操作中不容易出现争端。第二种划分范围比较宽,在实际中有时不容易界定,在某种程度上限制了雇员灵活创造的空间。

(2)普通雇佣关系的职务发明专利权归属主要有两大类。一是采取"雇主优先"的原则,职务发明专利归雇主所有,职务发明人具有分享知识产权报酬的权利。例如,法国的专利法规定,雇员的职务发明归雇主所有,雇员依雇佣和委托合同获得相应报酬;英国的专利法规定,职务发明专利权归雇主所有,当此专利实施对雇主有明显收益时,雇主应支付雇员合理报酬。

二是采取"发明人优先"的原则,职务发明专利的原始权利归职务发明人,雇主享有专利实施权。例如,德国《雇员发明法》规定,职务发明专利权归职务发明人,雇主有权选择对职务发明的无限制权利(所有权利归雇主)或有限权利(雇主拥有非独占的实施权利);在雇主申请和实施职务发明专利的各阶段,发明人可以要求补偿报酬。该法还规定,对于雇员的非职务发明,雇主有优先实施权利。当雇员的非职务发明属于雇主的经营范围时,其专利应该优先提供给雇主实施。若雇主在三个月内不接受,则丧失优先权。① 日本专利法规定,职务发明专利的原始权属于发明人,雇主自动享有非独占实施权。同时,允许雇主以"合同、工作规定及其他规定"的形式,事先确定对职务发明权利的继承;当雇员将职务发明专利权利或专利权转让给雇主时,发明人有权从雇主处获得合理报酬。②

但是,无论是雇主优先还是发明人优先,许多国家和地区的专利法都在专

---

① 陈昭华:《台湾与德国对受雇人发明保护规定的比较》,http://www.apipa.org.tw/area/article。

② 中山一郎:《以诺贝尔奖为契机就职务发明规定的认识问题进行探讨》,http://www.rieti.go.jp。

利申请资格上突出了发明人的地位,明确规定专利申请人必须是发明人或其受让人(含法人)。特别是美国的专利法规定,专利申请人应是发明人;非发明人申请专利时,必须持有发明人的申请转让书。因此,尽管雇主可以拥有雇员的职务发明专利权,但要先由职务发明人提出专利申请,然后再通过有关程序转让给雇主。[①]

2. 公共雇佣关系的职务发明专利权属政策

一般来说,公共雇佣关系的职务发明权属政策遵循知识产权法确定的基本原则。公共雇佣关系的职务发明权属与普通雇佣关系的主要区别在于对职务发明人的激励机制。通常,各国的专利法规定职务发明人报酬的基本原则,不规定具体报酬比例或额度,实际报酬由雇员与雇主的合同决定。由于公共机构使用公共资源,许多国家和地区通过一些专门法律或行政条例规定公共机构的职务发明人报酬比例。美国的《联邦技术转移法》明确规定了转移联邦技术收入中职务发明人提成的比例下限。在日本,公务员(包括国立大学和研究所的研究人员等)的职务发明专利权归为国有,如果该发明授权民间企业实施运用,根据特许厅的《国家公务员职务发明补偿金支付指南》,政府将从企业支付的权利金中提取一部分作为职务发明人的补偿金。为了调动研究人员的创新和转移技术的积极性,日本特许厅于2002年2月废止了公务员职务发明补偿金的上限,允许各国立机构根据职务发明的实施情况,给予职务发明人补偿。[②]

(二)公共和非营利性研究机构的知识产权权属

通常,公共和非营利研究机构大都从事基础性研究、共性技术研发和扩散,若其研究成果的知识产权被垄断将造成技术资源浪费。公共和非营利研究开发机构的知识产权权属依机构和研究的性质而定,主要有以下几种类型。

1. 政府所属研究机构的知识产权权属

过去,各国政府所属研究机构形成的知识产权大部分归政府所有。20世

---

①　韩秀成等:《美国专利政策及其战略》,《优秀专利调查研究报告集(Ⅲ)》,知识产权出版社2002年3月版。

②　金李森埋:《日本政府废止公务员职务发明补偿金额上限》,http://www.stlc.iii.org.tw/publish。

纪80年代以来,为了鼓励政府研究机构向民间转移技术,一些市场经济国家和地区的政府开始放权,加大了所属研究机构处置知识产权的自主权和对职务发明人的激励。

美国1986年颁布的《联邦技术转移法》规定,联邦实验室的项目承担人有权对合同执行过程中形成的发明、发现等智力资产进行鉴定和保护,可以签订智力资产的许可协议、进行转让谈判等,并允许职务发明人提取不低于15%的专利收入。实际上,政府主管部门拥有其所属研究机构知识产权的原始所有权,研究机构具有非独占的申请权、使用权和转让权,职务发明人可以分享知识产权收入。日本的产业技术综合研究院是国立研究机构,其中有15个研究所。20世纪90年代末,日本出台新的法律规定,产业技术综合研究院的发明专利权属由国家和研究人员共享,各占一半,研究人员可获得国家支付的奖励金,若该项专利一经实施还可另获实施费的一半。但研究人员需负担专利申请和维护的一半费用。若研究人员不愿意支付专利申请和维持等有关费用,可将拥有的部分专利权转让给实施专利的企业。[①]

2. 大学的知识产权权属

大学的主要职能是进行基础性研究和培养人才,作为向社会提供知识和人才的公共平台,大学拥有研究成果的知识产权有利于成果的继续利用和技术扩散。自从20世纪80年代《专利和商标修正法案》出台以来,美国大学的技术转移成为世界上成功的典型。

根据美国的经验,大学研究开发成果的知识产权权属主要根据研究的性质和主要资源(如资金、人员、设备)来源划分。首先,美国的专利法规定职务发明专利归雇主所有,因此,大学教职工的职务发明基本归学校所有。但是,许多学校对职务发明人给予较高回报。其次,大学和企业合作的知识产权通常由双方共享,利用大学资源越多,知识产权越倾向于归大学所有;越是基础性研究,大学拥有知识产权的机会就越多。如美国斯坦福大学的《资助研究协议》和《合作研究协议》规定,如果在发明过程中使用了学校的设施,或者发明是由大学员工创造的,则发明所有权归学校;如果发明是由企业的研究人员单独创造的,并且完全使用企业的设施,则发明所有权归企业;如果发明是由

---

①　黄宗能、郑淑颖:《美、日技术移转机制及其启示》,《产业论坛》2000年第二卷第一期。

学校教职工与企业研究人员共同创造,则学校和企业共同拥有发明所有权。再次,在美国,无论州立大学还是私立大学都是非营利机构,大学如何使用知识产权收入都受有关非营利机构法律的约束。

3. 非营利性机构的知识产权权属

由于非营利机构的特殊性,许多非营利研究机构从事共性技术研究开发和技术扩散工作,因此,在对外合作时,非营利机构通常拥有知识产权的优先权。例如,中国台湾工业技术研究院(简称"工研院")是财团法人,其创办资金来自当局和社会的捐助。工研院的主要职能是研究开发产业应用技术,并向企业转移;辅导中小企业技术升级;为地区培育产业技术人才。为了实现这些职能,工研院以转移和扩散技术为目标,建立了一套规范的知识产权管理制度。工研院的知识产权管理办法规定:工研院员工的职务发明、创作、商业秘密等知识产权归工研院所有;工研院员工利用工研院的资源或经验形成的发明、创作和商业秘密等,原则上工研院可以优先实施或使用;工研院委托、接受委托或与他人合作研发时,其知识产权的归属依合同约定;为实现工研院辅导企业和向企业移转技术的目的,无论是工研院拥有的知识产权,还是共享知识产权,原则上工研院拥有再授权的权利。

(三)政府资助形成的知识产权权属

20世纪80年代以前,在大部分国家,政府资助的知识产权权属归政府所有,结果大量政府技术闲置,造成技术资源浪费。20世纪80年代以后,为了促进技术创新和技术应用,一些国家相继采取了放权政策。其中,美国起步最早,效果也比较明显。

根据美国的经验,政府资助形成的知识产权权属与资助对象、资助项目的性质和方式有关,具体有以下特点。

1. 根据资助对象决定权属

当资助对象是大学、非营利性机构和小企业时,政府资助形成的知识产权一般都归研究项目承担单位所有。如1980年出台的《专利与商标法修正案》规定,大学、非营利性机构和小企业对其在联邦政府资助下形成的发明拥有所有权。

2. 根据研究成果的性质决定权属

通常,涉及国家安全和公共利益的研究成果的知识产权归政府所有。但是,当政府资助的研究项目具有重要商业价值,而且合理使用这些发明专利有利于保护国家和公众利益时,其知识产权也可以归承担资助项目的大企业和营利性机构所有。

3. 根据资助计划的性质决定权属

一些针对企业的资助计划形成的知识产权可以归企业所有。比如,尽管《专利与商标法修正案》规定,大学、非营利性机构对其在联邦政府资助下形成的发明拥有所有权,但是,一些具有特定目标的政府资助计划则根据需要,对知识产权权属另有规定。又如,以资助企业进行先进技术研发为目标的"先进技术发展计划"(简称"ATP")规定,ATP 资助项目获得的知识产权归美国企业所有,参与承担 ATP 项目的大学、非营利性机构和政府机构可以分享知识产权的收益,但不拥有知识产权。[①]

4. 根据资助方式和出资比例决定权属

政府资助企业研究开发主要包括委托研究开发、合作研究开发和资助研究等多种方式,各种资助方式的目的不同,知识产权权属政策有所不同。一般来说,政府委托企业研究开发形成的知识产权大都归政府所有,企业拥有使用权;与企业合作研究开发的知识产权权属往往根据出资的多少来决定;无偿资助计划的知识产权大都归项目承担单位所有。

5. 政府有条件放权

政府实行放权政策的目的是为了调动创新积极性,促进技术利用和扩散,提高使用公共资金的社会效益,因此,政府的放权是有条件的。

(1)政府保留使用权。尽管政府资助形成的知识产权归承担单位所有,但政府仍然拥有知识产权的无偿使用权、转让专利的审批权,以及优先发展本国工业的权利。

(2)权利与义务结合。资助项目承担单位在获得知识产权的同时,要承担保护国家利益和扩散技术的任务,定期向政府资助主管部门报告技术利用

---

① 丘宏伟、毛国清:《美国先进技术发展计划——现状、趋势与启示》,《科技情况反映》2000 年第 3 期。

和转让的情况。当承担单位不能很好地利用专利和转化成果，或者不能保证国家和公众利益时，政府有权将专利或成果转让给其他机构使用。

（3）规范专利收入的使用。为了避免承担单位不合理地使用政府资助形成的专利许可和转让收入，有关法律还对如何使用政府资助的发明专利收入作了一些限制性规定。

（四）合作研究开发的知识产权权属

合作研究开发形成的知识产权权属通常是根据各方投入多少，由合同来决定。政府与企业的合作研究开发，以及产学研研究开发联合体的知识产权权属政策有一些特殊性。

1. 政府与企业合作研究的知识产权权属

根据美国能源部的做法，能源部与企业合作开发，或向企业转让已有科研成果时，根据投入比例划分知识产权权属。政府投入比例越高，对知识产权的控制力越强，反之亦然。当政府的资助比例超过50%时，政府拥有研究成果的知识产权，企业可以优先获得应用许可。当企业投资比例高于50%时，政府将放弃对知识产权的要求，企业拥有成果的知识产权。

2. 研究开发联合体的知识产权权属

研究开发联合体大都从事共性技术或某一领域的核心技术研究开发，成果的知识产权采取对内共享、对外排他的原则。研究开发联合体的知识产权分配方式依联合体的性质和组织形式有所不同。具体来看，主要有以下几种模式：一是为单独突破某一项关键技术企业组成的临时联合体，其知识产权由内部共享。1987～1992年间，美国的 AT&T、IBM、英特尔、摩托罗拉等大企业成功地联合开发大批量生产集成电路动态存储器（DRAM）所需的半导体加工技术。二是较长期的企业研究开发战略联盟，如 6C 等国际电子技术开发战略联盟，往往采取交叉许可或联合许可的方式分享知识产权。三是政府资助的一些行业性产学研联合的研究中心，联合体内成员自动享有所有权。如美国国家科学基金资助的工程研究中心（ERCs）是以研究开发新的工程技术系统为主的跨学科研究中心。ERCs 设在大学，有企业参加，具有技术推广功能。ERCs 形成的知识产权一般归学校所有，成员企业可以获得使用许可，大部分成员企业具有获得中心出资开发的知识产权的同等权利。四是具有技术扩散职能的研究开发联合体,内部成员具有优先使用权或转让费优惠。奥地利研究中心是企业研发计划的伙伴,是有五十几个股东的股份制非营利机构,股东不享有专利权,但在使用科技成果或进行技术转让时,可享受10%的优惠。

二、启示与借鉴

(一)几点启示

综上所述,尽管各国的知识产权权属政策有所不同,但是,其中有一些共同遵守的基本原则。

一是知识产权权属政策的总原则是鼓励创新,公平配置资源,提高产业整体的竞争力,增加社会效益。知识产权制度的实质是在保护创新者和知识产权权有者利益基础上,促进技术合理、有偿扩散。因此,知识产权权属政策不仅要有利于保护,还要有利于促进技术利用和扩散。

二是职务发明专利权属政策要在发明人和投资者之间寻找平衡点,既鼓励发明人,又保护雇主的利益。“职务发明专利雇主优先”原则的理论依据是“谁投资、谁拥有”,而“发明人优先”的理论依据是承认创造知识产权的主体是发明人,职务发明是个人创造力的表现,超出了执行一般职务时所需的水平。尽管两种专利权属政策的理论依据不同,但在实际执行中,都有具体措施平衡职务发明人和雇主的利益。雇主优先的制度强调建立激励机制,保证职务发明人的利益,调动其创新积极性。发明人优先的制度允许雇主优先实施专利,维护了雇主的利益。大部分国家和地区的专利法规定,专利申请人应是发明人或受让人。有了这条规定,雇主必须尊重职务发明人,没有发明人的同意或授权,雇主就不能擅自拿雇员的职务发明去申请专利。

三是政府财政资助的知识产权归属要有利于技术扩散,提高公共资源的社会效益。政府资助项目形成的知识产权归承担单位所有的目的是为了促进技术成果的利用和扩散,而不是为了某个单位的利益。因此,政府在赋予承担单位知识产权所有权的同时,应同时赋予转移和扩散技术的责任。如果项目承担单位在一定时期内不能利用和转移技术,政府有权将技术成果转给其他单位继续利用。为了保证技术的利用和转移,还要建立相应的激励机制和监督管理制度。国家实验室是政府投资建立的,更应该负有技术转移的任务。

因此,美国联邦政府制定了专门法律,促进国家实验室的技术转移。

四是基础性和共性技术的知识产权归属要有利于技术共享,提高技术资源利用效率。有些国家赋予承担基础性研究和共性技术研究的大学、研究开发联合体和非营利性研究机构以转移和扩散技术的责任,知识产权权属政策也有一些特殊的规定。大学在合作研究中通常拥有知识产权的优先权,研究开发联合体形成的知识产权归联合体所有,或通过多家许可的方式,实现联合体内成员共享;具有公共技术平台作用的非营利机构往往保留非排他许可权利等。

五是明确产权关系与激励机制结合。在制定知识产权权属政策时,要分清产权关系和激励机制的区别,不能因为激励而混淆了产权关系。如政府所属研究机构的放权和政府资助项目的放权不同。政府研究机构的放权政策是在明确知识产权归政府所有的前提下,扩大机构处理知识产权的自主性;政府资助项目的知识产权归研究项目承担单位。

六是知识产权基本法与其他有关法律配合。根据国际经验,大部分国家的知识产权法律规定权属的一般原则,同时,制定一些补充法律和行政条例规定公务员职务发明、公共机构和政府合同等知识产权的权属政策。

(二)我国知识产权权属政策存在的主要问题

我国正处于计划经济向市场经济过渡的阶段,知识产权制度正在建立之中,知识产权权属政策还不完善,主要存在以下问题。

一是知识产权权属政策缺乏系统性,制度建设滞后。在长期的计划经济体制下,知识产权基本上归国家所有。改革开放以来,专利法、商标法和版权法相继出台,明确了知识产权权属的一般原则。但是,对公共机构、政府资助和职务发明等知识产权权属政策不够明确,尚未建立有效的制度和机制。

二是科研管理与知识产权管理相脱节,重成果轻知识产权。目前,大学、科研院所和企业都缺乏规范的知识产权管理制度和管理机构,研究开发项目选题缺少专利查新,低水平重复研究现象严重。项目成果管理以成果奖励制度为主,重成果、轻专利,研究项目缺少实用性,无法形成自主知识产权。在成果利用方面,缺少有效的技术转移机制和成果转化政策,研究成果得不到有效利用。

　　三是职务发明权属政策重雇主轻发明人。现行职务发明专利权属政策采取雇主优先的原则,但对职务发明人的地位和作用重视不够,激励机制不到位。首先,专利法规定申请职务发明专利的权利归雇主。这说明不仅职务发明专利权属于雇主,专利申请人也是雇主。其次,尽管专利法规定职务发明人享有专利收入的分配权利。但在实际操作中,企事业单位都强调职务发明归单位所有,缺乏对职务发明人应有的激励机制。特别是国有企事业单位分配制度存在平均主义,大部分职务发明人难以获得应有的报酬,员工的创新积极性不高。结果是专利申请和授权中职务发明的比例远低于非职务发明,重大发明少,专利的技术层次和实施率都较低。

　　四是公共资源的知识产权管理重所有轻扩散。长期以来,政府科技计划项目的知识产权的责权利不清,名义上归政府所有,实际中又缺乏必要的管理,结果形成了名义上国家所有,事实上由承担单位所有,成果利用和转化无人负责。在放权的过程中,强调了承担单位的利益,忽视了公共技术资源的扩散责任。为了调动研究项目承担单位利用其研究成果的积极性,2002 年科技部、财政部出台了《关于国家科研计划项目研究成果知识产权管理的若干规定》,提出承担单位作为科研项目成果的知识产权权利人,拥有知识产权所有权和处置权。该规定比较笼统,没有根据资助对象、项目性质等进行分类管理,也没有明确项目承担单位转移技术的义务和约束条件,缺少相应的管理和技术转移服务机构。

　　五是大学和科研机构的运行体制不利于技术扩散。市场经济国家的政府研究机构和大学大都是非营利机构,通常不具有产业化和生产职能,其研究开发成果主要通过专利许可或转让等方式向社会转移和扩散,有专门法律约束非营利性机构(包括大学)经营收入的使用。尤其是大学被作为全社会基础研究的公共平台,政府资助大学并把知识产权留给大学的一个重要目的是为了让更多的人分享大学资源,向社会扩散技术。在我国,科技体制改革以后,大学和事业型科研机构大都自己办企业,许多研究成果用来内部产业化和创收。结果是大学和事业型研究机构不仅没有形成研究开发的公共平台,反倒变成社会资源的"漏斗"。目前,政府资助的一些共性技术研究开发机构设在科研院所和大学,在现行体制下,若没有相应配套管理机制,这些机构难以发挥技术扩散的作用。

(三)关于完善我国知识产权权属政策体系的几点建议

1. 健全知识产权权属政策体系

以专利法为基础,坚持保护所有者权益与技术扩散相结合,保护投资者与鼓励发明人相结合,放权与加强监管相结合的原则,根据资金来源、技术性质和机构性质分类制定补充法规,健全知识产权权属政策体系。目前,应重点完善职务发明权属政策和落实职务发明人的激励机制,细化政府资助形成的知识产权权属和管理,明确公共机构、大学和非营利机构等公共平台的知识产权权属政策。

2. 加大对职务发明人的保护力度和激励机制

在技术创新中,人的素质和创造能力起决定性作用,建立专业人员可以自由发挥所长的激励机制是知识产权权属政策的重要内容。职务发明权属政策应在雇主优先的基础上,重视职务发明人的作用,加大对发明人的保护力度和激励机制。一是强化雇主尊重职务发明人的意识,在专利申请权上突出发明人的作用。二是以职务合同和委托合同为主确定职务发明的适用范围,给雇员留有更多自由创造的空间。同时,借鉴德国的经验,允许雇主选择实施雇员非职务发明专利。三是落实对职务发明人的激励机制。民营企业主要靠市场竞争机制来决定对职务发明人的激励。国有企事业单位要破除平均主义"大锅饭"的观念,切实建立职务发明人的激励机制。不能把职务发明人的激励机制简单地看成收入分配问题,而应提高到增强国家创新能力的高度来认识,在法律和制度上给予必要的保障。

3. 加强政府科技计划的知识产权管理

知识产权管理是科技计划和科研管理的重要组成部分,应进一步加强和细化政府科技计划的知识产权管理。一是根据计划的目标、资助对象和特点,进一步具体化知识产权权属政策。二是在放权的同时,明确利用和转移技术的责任,并做到组织和制度落实。放权不等于放任,政府科技计划管理部门应建立相应的管理机构和技术转移服务机构,制定管理程序,促进技术应用和扩散。把获取专利、转移和扩散技术的业绩作为考核承担研究项目资格的重要指标和验收项目的重要内容。三是重视职务发明人的作用,把对职务发明人的激励落到实处,充分调动职务发明人的积极性。

4. 知识产权权属政策与科研机构和大学管理体制改革相结合

由于我国的经济体制和科研体制不同于市场经济国家,因此,我们不能简单地套用外国经验,应该考虑我国政府财政支出、科研机构和大学运行机制的差别,制定相应的配套政策,提高政府财政科技支出的社会效益和公共资源的利用效率。在现行体制下,坚持放权的基本方针,根据具体情况细化知识产权权属和利益分配机制。

根据国际经验,大学获得知识产权优先权的前提是,大学是非营利机构,并以扩散技术为目的经营知识产权。我国大学办企业的历史原因是因为经费不足,要通过办企业补助教师的收入。因此,应实行学校知识产权管理与学校企业资产管理相分离,学校仅作为企业的股东,而不是直接经营者。在大学知识产权转移过程中,校办企业应与其他企业一起进行公平竞争,不应具有优先权。对实行企业化经营的科研机构,知识产权权属政策应与一般企业同等对待。

对设在科研院所和大学的政府资助的各类共性技术研究开发中心或机构,应采取委托管理的模式,明确受托单位的责权利,建立一套相对独立的财务、财产和知识产权管理和监督制度。

国产化篇

国产化的核心是自主化 *

　　国产化是发展中国家在工业化过程中常用的一种战略措施。所谓国产化,就是在引进技术和设备的基础上,消化吸收形成本国的技术研究开发和制造能力。在经济全球化的形势下,特别是加入 WTO 后,还能不能提国产化战略? 开放市场和加入 WTO 并不意味着不能有国家意志和国家发展战略。融入全球经济体系,不是被动地接受国际分工,而应主动地调整战略,实现产业升级,增强国家的竞争实力。在加入 WTO 和经济全球化的形势下,我们要认清全球化的实质,转变观念,赋予国产化新内涵。

一、国产化不是百分之百国内制造,而是打国内品牌

　　无论是否采用了国外技术、设计、配件和服务,以及与外国资本合作,只有打国内品牌才算是本国产品。如美国的计算机、韩国的汽车,其零部件都是全球采购,但品牌是美国和韩国的。我国的联想电脑,采用的是国外的芯片、美国微软的软件系统,但是打的是中国联想品牌。有的产品虽然在国内生产,但用的是外国商标、品牌,只能说是在中国制造的"外国品"。

　　因此,国产化不是关起门来自己搞大而全、小而全,而是在掌握自主权的基础上,有效利用国内国外两种资源和两个市场。发展中国家要赶超发达国家,在某些领域形成竞争优势,不是从头来重复人家的工作,而是根据本国的工业技术基础和市场需求,吸收国外先进适用技术和管理经验,创造适合市场需求的产品和服务,形成国内品牌。

---

　　* 本文发表于 2003 年 8 月 12 日《人民日报》第 6 版。

二、国产化的企业主体不再是百分之百本国资本的企业，而是指国内资本对企业发展战略具有控制力

随着资本国际化和企业跨国化的趋势增强，民族工业的界限不那么明显了。在新的形势下，为了防止外国资本流进流出的大起大落对国民经济产生不良影响，防止外国企业在我国实行全行业的垄断，同时为了能够根据国家利益主动参与国际竞争和分工，国产化的企业应是国内资本拥有控制能力的企业。控制力主要是对企业发展战略的控制能力，而不是作为跨国公司全球战略中的一个棋子，被动服从外国企业的战略。

三、国产化不是单纯追求本地制造比率，而是提高国内增加值

随着制造业全球化，一些制造业，特别是一些大型成套设备制造业成为全球性产业，一方面需要以全球市场为依托才能达到经济规模，实现稳定需求；另一方面需要在世界范围内寻求具有比较优势的合作伙伴才能形成竞争优势。国际上一些大公司就是通过掌握总体设计、核心技术、采购和销售的控制权，利用各地的优势资源，获取了竞争优势和高额增加值。我国虽然在许多方面具备较强的制造加工能力，但由于我们缺乏设计、研发自主能力和销售渠道，却受制于人，只能获得加工和劳务费，大量的增加值被人家拿走了。因此，国产化的重点是设计、核心技术、采购和销售以我为主。

四、国产化不一定是自己去研究开发单项技术和单项技术创新，可以通过成熟技术的自主集成，形成适应市场需要的新功能

世界上的许多创新都是在现有成熟技术基础上，进行技术集成，形成集成技术的自主知识产权。在技术快速进步的今天，一些技术研究开发需要大量的资金和时间，发展中国家要充分利用国际上已有的成熟技术，开发新的市

场。世界上的许多创新都是在现有成熟技术基础上进行技术集成,形成集成技术的自主知识产权。如网络技术就是计算机技术和传输技术的集成。技术自主化的关键是根据市场需求,在全世界范围内选择和利用现有成熟技术,实现有特色的技术集成,然后在消化吸收的基础上,逐步改进和创新。

五、国产化要从市场需求出发,以提高整体 经济效益为目标

国产化不仅是要扩大国内供应能力,更重要的是要满足市场需求。国产化的效益和成本不仅体现在供应方,还包括相关配套产业及国产化产品用户的效益和成本,要考虑全过程的成本效益。特别是装备等资本品的国产化要充分考虑如何提高资本品用户的竞争力,不能因强调供应方的利益,而损害了用户方的利益。因此,要从提高产业竞争力和保障需求方利益出发,实施自主化战略。

总之,在经济全球化的新形势下,国产化的核心是自主化,其主要标志,一是打国内品牌,二是在吸收引进技术的基础上逐步改进和创新,三是要自己掌握增加值,四是国内资本拥有企业战略的控制权。

装备产业自主化战略的组织实施政策*

随着世界性快速技术进步，国际竞争日益激烈，我国的产业结构调整和技术升级迫在眉睫。在今后一个时期内，许多行业面临新一轮主体技术和设备更新，为装备工业发展提供了广阔的市场空间。但是，我国装备工业不能满足产业技术升级的需要，新增设备对进口的依赖程度大大增加。因此，应把发展装备制造业提高到国家发展战略的高度来认识，抓住有利时机，实施装备产业技术自主化战略。

一、实施自主化战略的体制和政策障碍

我国装备工业发展滞后不仅仅是技术能力问题，主要是体制和政策问题。

一是长期上下游分割管理，造成相关能力不配套。装备制造业涉及许多相关配套行业，装备制造能力不仅包括加工能力，还包括技术引进、核心技术研究开发及其产业化、技术创新和市场开拓的全过程。目前条块分割的企业和科技管理体制把装备工业的各个相关环节分割开来，影响了装备工业的整体发展。如现在有些国产装备的质量问题不是出在加工和装配能力上，而是因国产材料、电子元器件及零配件的质量不高导致装备质量不过关。

二是法律环境不完善，责权利不明确，约束机制不健全。由于我国的信用制度不健全，企业的信用观念淡漠，加上国有企业正处于改革和转轨时期，企业内部管理和外部环境不健全，合同法和招标投标法等与市场秩序有关的法律环境不完善，合同缺乏严肃性，供货质量和工期不能得到保证，赔偿不到位，企业失信和违约的风险较大。因此，用户企业往往不愿意用国内设备。

---

* 本文发表于国务院发展研究中心《调查研究报告》2000 年第 187 号，2000 年 12 月 8 日。

三是采购国内设备缺少金融支持,一些国内用户不得不利用外国政府和机构的贷款购买进口设备。许多外国政府为了支持本国装备出口,特别是大型成套装备出口,为本国制造企业提供出口信贷。其条件不仅优惠于我国的商业贷款,而且优于我国政策性银行的贷款条件。

四是现行税收政策不利于国内研制设备。首先,现行税收政策不利于购买国内设备。目前,国家重点鼓励发展的产业和产品的国内投资项目自用设备进口不仅免征关税,而且免征增值税(国发[1997]37号)。但是,购买国内设备却要征收增值税。其次,现行税制不利于企业研究开发。我国实行生产型增值税,研究开发费用中相当一部分是人工费用等,只能进入成本抵免所得税,却不能减免增值税,这部分研究开发费也要缴纳17%的增值税。而美国和欧洲一些国家或者不征收增值税,或实行消费型增值税,税率较低。因此,部分国内研制的设备与进口设备相比,处于不平等竞争地位。

五是企业设计、研究开发能力和资金不足,前期研究开发投入滞后。设计和研究开发能力是发展装备工业的重要基础。目前,我国大部分制造企业缺乏研究开发能力,而设计和研究开发机构又相对独立于制造企业,造成研究开发与市场脱节。同时,研究开发费用不足和前期研究开发投入滞后也是制约设计和开发能力的一个因素。例如,国家的重大技术装备国产化专项计划是根据工程建设项目来安排研究开发经费,一些前期研究开发跟不上。

六是政府资金分散使用,支持力度不够。从"七五"起,国家就设立了重大技术装备国产化专项计划和预算资金。但预算盘子不大,一个五年计划只有4亿元("九五"计划),分5年安排10个重大技术装备国产化项目,每个项目还要分十几个专题。

综上所述,应首先从制度和政策入手,提高我国装备产业技术自主化能力。

二、推动装备自主化战略的基本原则

装备产业技术自主化的目标是建立装备工业体系,提高装备制造产业的竞争力,而不是为国内企业提供保护。企业能否在激烈的国际竞争中获胜,关键在于企业自身的竞争能力。过度保护只能是保护落后,使企业丧失竞争力。

因此，自主化政策的目的不是保护，而是提高产业竞争力。自主化政策应从过去消极、被动地保护转向鼓励竞争与扶持相结合，应坚持以下几个原则。

第一是按商业原则推动自主化。政府推动自主化，并不等于行政干预，政府直接干预和决策往往是低效率的。为保证自主化资助项目达到预期目标，不能靠行政手段，要引入市场机制和经济手段，自主化的组织管理应按照商业化原则进行。

政府在自主化过程中的主要作用是建立游戏规则，完善市场秩序和法律环境，制定相关政策。企业在政府确定的规则和法律框架下，按商业原则自主选择，自主决策，自担风险。

第二是管理体制和运行机制与国际规则接轨。我国加入 WTO，未来市场将更加开放，为了保证政策的可持续性，自主化政策要尽量与 WTO 条款接轨。首先，与国际接轨主要是管理和机制接轨。其次，在优惠政策措施方面充分利用 WTO 允许的政策空间，尽量不与国际惯例冲突。对自主化政策来说，WTO 条款的最大挑战是如何对国内国外产品实行同等"国民待遇"，反对补贴。但 WTO 条款允许对基础研究和"竞争前"研究开发的补助。

目前，国内装备制造企业与国外企业面临的环境差别主要是，在市场准入方面，国内的资格认证标准不如国外严；在执行合同方面，国内企业的信用不如外国企业；但在税收和金融政策方面，使用进口设备享受的优惠多于采购国内设备。因此，推动自主化战略需要在建立市场规则、市场准入标准方面尽量与国际惯例接轨，使国内企业逐步适应国际竞争环境。同时，在税收金融政策方面也要创造国内企业与外国企业平等竞争的条件。

第三是从技术研究开发和落实市场两方面入手，促进装备技术自主化。过去自主化政策主要从增加制造能力和扩大规模出发，在新的形势下，应从提高技术能力和刺激需求出发，带动制造能力的提高。

装备技术自主化过程中，研究开发和试制投入是大头，不确定性大。国家应重点扶持与装备技术自主化有关的共性技术和重要核心技术的研究与开发，根据研究开发的性质给予资助、贷款贴息等多种形式的支持。

在大型成套设备自主化过程中，依托工程是实现自主化的载体，最终承担自主化的风险，应给予依托工程优惠政策。

第四是自主化政策是阶段性政策。自主化政策目标应是，在自主化初期，通过一定的政策导向,扶持国内装备制造产业;当自主化进入商业化阶段,相关企业进入市场竞争,自主化的政策结束。

自主化政策可以分为两个阶段,即自主化初期和成熟的商业化阶段。这两个阶段的政策重点不同。自主化初期的政策重点主要放在行业规范、制度和法律环境的建设,以及扶持政策上。进入商业化阶段后,政策重点是引导企业行为、刺激需求和鼓励出口、促进企业技术创新等。

三、实施装备产业自主化战略的政策和组织措施

装备产业技术自主化政策可以分为两类。一是普遍性政策,主要用来鼓励装备产业技术升级和自主化;二是国家重点扶持政策,主要用于推动具有战略意义的重大装备技术自主化。政策的重点是创造国产设备与进口设备平等竞争的条件,从供需两个方面入手,扶持国内装备制造业。

(一)普遍性政策

1. 加大对自主化前期研究开发的支持力度

政府应分类支持装备产业技术的研究开发。基础性研究和制定安全标准等主要由国家拨款资助,共性技术由政府支持企业联合开发,个性技术主要由企业自己开发。要把跟踪和探索性研究与装备制造自主化前期技术研究开发区分开,跟踪和探索性研究属于其他国家科技计划支持的范围。

2. 税收政策

税收政策主要有以下几方面内容。一是鼓励采购国内设备,企业采购符合国家产业政策的国产设备应与进口设备同样实行减免增值税政策。二是研究开发费用减免增值税。研究开发费用应该视为长期投资,减免增值税。有些企业一次性研究开发投入较大,为不影响企业的当年收益,应允许企业研究开发费用在一定周期内逐年分摊。特别是自主化初期的研究开发费用较高,应逐步分摊到以后的批量生产的设备上。三是为提高国产设备的价格竞争力,部分减免自主化设备制造中进口零部件的关税。根据各类设备的自主化能力,确定减免关税的比例。

3. 金融政策

金融政策的重点是为采购国内设备提供金融支持。可以视具体情况,为采购国内生产的大型成套设备提供买方或卖方信贷,具体条件可以参照国外政府的出口信贷条件。

为了强化承包方的责任,可以对大型成套设备自主化依托工程项目的国内设备采购提供卖方信贷。依托工程项目总承包方可凭采购合同申请卖方信贷,一笔卖方贷款激活了买卖双方,既有利于买方也有利于卖方。卖方信贷还需要一系列条款和担保机制来保证买方付款,加强对双方的约束力等。

4. 利用高新技术产业可以享受的其他政策

装备技术自主化项目要充分利用现行的高技术产业政策,科技成果转让、技术咨询、技术服务等方面的优惠政策,有关新产品、新技术、新工艺开发的各项优惠政策,以及有关高新技术项目和产业发展的各项优惠政策等。

5. 加强避免和控制风险的主要措施

规避和控制风险主要有几种方式。一是合同约束。合同规定了各方参与人的权利和责任,是降低风险的最直接的约束机制。合同约束主要是通过业主和承包商之间共同商定。二是借助于外部保险和担保等信用工具,分散、转移和缓解风险。三是严格行业规范和管理。四是竞争和社会公众监督机制。

借助于保险和担保来规避大型工程建设风险是国际上常用的规范做法。保险是根据小概率事件原理,利用社会的力量来分散风险。担保通常是第三方对承包方履行合同的能力或合同中承担责任的保证。保险和担保的一个共同特点是,保险或担保金额和保费比率与承包者的信誉和业绩有关。一般来说,信誉越高、业绩越好的承包商的保险和担保金额较高,保费比率较低,反之则较高。在自主化过程中引入保险和担保机制,可以利用保费与承包商的信誉和业绩挂钩的机制,增强承包商的品牌意识,对承包商多了一层约束。我国建设项目的业主比较重视承包商的技术水平和业绩,而保险公司和担保机构除了要考核承包商的业绩外,还要重点考察承包商的财务状况,是对业主审查的补充。如果承包商的业绩和信誉不好,保险公司和担保公司就不愿意为其提供担保,或者保费很高,承包商就难以获得承包工程项目。

6. 加强行业规范管理,提高装备工业整体技术水平和素质

为提高装备制造业的整体技术水平,政府要加强行业技术标准、设备产品

技术和质量标准的制定与监督检查。政府有关部门要加强装备制造企业的资格认证工作,资质标准应尽量与国际接轨,控制质量和数量,严格把好入门关。

(二)重点自主化项目的组织措施

目前,一些发达国家对我国进行高技术封锁,限制对我国出口某些高技术含量设备。因此,对一些影响国家安全和战略行业整体竞争力的重要装备技术自主化项目,还需要政府组织协调和适当投入。具有重要战略意义的装备自主化项目的组织实施具有特殊性。

我们正处于体制转轨时期,组织实施重要装备技术自主化的关键是如何把政府行为与市场机制有效结合起来,既要有行政手段,又要发挥市场机制的作用。国家已经有重大技术装备国产化专项资助计划,还应进一步落实和加强组织、机制与制度保障,以及政策保障。

1. 加强战略规划

根据国家战略产业发展规划和实际需要,制定装备自主化战略规划,明确装备技术自主化的大政方针、规模和布局。

重大装备技术自主化是一个从前期研究开发,到产业化开发和设备制造的动态过程。自主化规划要体现整体性,分段实施,动态调整。因此,要把装备产业技术和制造自主化过程作为一个整体,把研究开发、引进技术消化吸收、产业化和依托工程等各环节联系起来制定规划。自主化规划要确定技术路线,制定标准,明确每个阶段的扶持重点;确定自主化的优先顺序,自主化项目的投标招标办法,承担自主化项目的承包方的资格标准、合同管理办法,自主化政策等。

2. 增加支持力度,提高国家专项资金的利用效率

装备工业的能力反映了一个国家的综合实力,特别是我国装备产业技术升级正处于一个关键时期,政府应该增加对装备产业技术升级的支持力度。目前,国家资助研究开发的专项计划分类多,比较分散。应该集中有限资金支持重点领域和关键技术的研究开发。现在,重大技术装备国产化专项计划是在固定的资金盘子内填项目,实际上应根据项目需要确定资金盘子。

现行重大技术装备国产化专项计划主要用于国家重点工程的重大技术装备国产化。随着政府职能的转变,政府直接投资的大型项目越来越少,因此,

应根据战略产业发展需要确定重大技术装备国产化的资助对象,而不仅为国家重大项目配套。

重大技术装备国产化专项资金主要用于扶持技术引进、国内研制和创新、市场开拓等各项与重大技术装备自主化有关的活动。要根据具体项目的性质,以贷款贴息、拨款、注入资本金等多种方式支持装备技术自主化项目。

3. 加强重点自主化项目的管理

目前,一些大型设备的研究开发、制造和用户分布在不同的管理部门,有些行政性公司改成的制造集团公司仍然具有一定的行政色彩,自主化过程中往往因各方面意见分散,难以统一。如民用飞机制造和核电设备制造等都是因长期各方面意见不统一,影响了自主化进程。

(1)在现行体制下,重大技术装备自主化需要一个有权威的机构,听取各方面的意见,协调各方面的关系,编制装备技术自主化规划,制定政策和组织实施。以重大技术装备国产化专项计划为依托,授权有关政府部门根据每个时期的国家支持重点,组织重大装备自主化领导小组。由政府综合部门牵头,下设由技术专家、经济专家、管理专家及有关设计、制造和用户企业代表等参加的专家委员会。该机构的主要职能是组织编制规划,研究相关政策,并报国务院审批;负责自主化规划项目的招投标、实施的组织协调和监督、验收和后评估;对自主化合同执行过程中出现的纠纷进行初步仲裁;就自主化的重大问题组织专家和有关各方进行论证等。

(2)政府资助的重点自主化项目实行招投标与项目合同管理制度。项目招投标与合同管理应依据招标投标法和合同法进行。同时,要根据各类装备制造业的运行特点,制定市场准入资格,严格合同管理和过程监督。

一是在招标投标中,要严格对自主化项目总承包商和分包商的资格认证。目前,国内的资格审查和认证与国际上有一定差别。投标资格标准应尽量与国际接轨,除了技术水平外,还要考察其财务能力,其中包括融资和赔偿能力。

二是严格自主化阶段的承包合同的赔偿条款,承包自主化项目要实行预付保证金制度。由于初次自主化的企业没有足够的业绩,因此,赔偿的标准不能低于国际惯例,应该适当提高缺乏业绩的承包商的保证金额度和赔偿上限,增加对承包企业的约束。

三是加强自主化过程的公开监督机制,将合同执行情况与优惠政策挂钩。

自主化项目要实行独立监理制度。对有国家出资和享受特殊政策的自主化项目,领导小组应分阶段按合同检查项目执行情况,根据实际执行情况兑现优惠政策。对违反合同或未达到合同要求者,视违约程度给予取消优惠政策、扣留预付金以及在一定时期内暂停大型项目投标资格,或吊销资格等处罚。

四是引入保险和担保机制。除了国际上通行的工程保险外,建议在重点自主化项目的依托工程中试行保证担保制度,可以先从履约担保做起。

五是政府资助的技术研究开发项目合同要明确研究目标、政府资助的金额、中标单位的配套资金数量,以及最终成果的知识产权归属等条件。

以重大技术装备国产化为突破口，
加快装备工业发展[*]

装备工业在国民经济中具有重要地位。装备工业以设备制造为龙头，联系着材料、电子和零配件加工等行业，带动了一批相关产业的发展。同时装备工业又为各行各业提供必不可少的生产设备，装备的现代化促进了产业的现代化。从国际经验来看，许多工业化国家在进入工业化成熟期时，把装备工业作为主导产业。随着我国工业化程度的提高及越来越激烈的国际竞争，我国装备工业正处于发展的关键时期。

一、产业结构调整的主要任务之一
是提高装备工业的竞争力

随着国民经济从以卖方市场为主逐步转向以买方市场为主，我国产业结构调整的必然趋势是从发展短线产业转向提高产业素质、增强国际竞争力，从粗放增长转向集约增长。曾为建立新中国工业体系作出重大贡献的装备工业发展滞后，极大地制约了产业结构升级和出口结构升级。因此，增强装备工业的竞争力是产业结构调整的主要任务之一。

目前，我国装备工业的形势极为严峻，主要表现在以下几个方面。

1. 装备工业摊子大、水平低、效率差，结构亟待调整。多年来，由于条块分割的管理体制，建设了一大批中小规模的机电企业，还没有形成具有国际竞争力的大型企业或企业集团。由于低水平的重复建设占用了大量资金，一些技术含量高的重大技术装备却上不去。目前，全国有机电企业约 10 万多家，

＊ 本文发表于国务院发展研究中心《调查研究报告》1998 年第 1 号，1998 年 1 月 21 日。

平均资产占有量2000万元,设备老化,效率逐年下降。1996年与1985年相比,产值增加值率由34%降到24.67%,低于全国工业平均水平;占用资金的增加值率由39.30%降低至28.53%(见表15)。

企业规模偏小,缺乏竞争力。整个机械行业前10家的市场份额集中度只有7.8%,而美国同行业前10家的市场份额集中度为58.4%,日本为53.4%。[1]

表15　机电行业效率比较

年份		企业数(个)	资产总规模(亿元)	产值增加值率(%)	占用资金增加值率(%)	资产增加值率(%)
1985	全部工业	460000	6926.11	34.90	40.00	—
	轻工业	266900	2129.84	28.10	51.10	—
	重工业	196300	4799.27	41.20	35.00	—
	机电行业	98500	1884.78	34.00	39.30	—
1995	全部工业	510381	79233.86	28.10	—	19.50
	轻工业	252893	27856.01	23.90	—	21.10
	重工业	257488	51377.86	31.30	—	19.20
	机电行业	101082	17838.41	25.30	—	18.40
1996	全部工业	506445	90015.77	28.73	24.91	20.02
	轻工业	247893	31464.90	26.70	28.30	22.90
	重工业	258552	58550.82	30.26	23.07	18.48
	机电行业	102356	20899.17	24.67	28.53	17.85

注:表中占用资金为年平均流动资金余额与平均固定资产净值余额之和。
资料来源:1986年、1996年和1997年《中国统计年鉴》。

2. 技术装备落后已成为制约经济增长方式转变的因素之一。与国际平均水平相比,我国工业企业的装备水平相对落后。根据全国第三次工业普查对1180种主要专业生产设备技术水平的调查,按设备原价计算,达到国际水平的仅占26.1%。

由于装备技术水平落后,不仅产品质量和档次上不去,而且劳动生产率低

[1]　秦海、张显吉:《我国经济结构变迁中的过度竞争与行业管制》,《战略与管理》1997年第4期。

下,物耗高,影响国民经济整体效益。目前,我国单位 GDP 的能耗不仅超出世界平均水平 3.8 倍,甚至是世界中低收入国家平均水平的 1.6 倍。我国钢材、木材和水泥等三材消耗强度分别为发达国家的 5~8 倍、4~10 倍和 10~13 倍。虽然我国现有 1.2 亿吨钢的生产能力,但大部分是 20 世纪 50~60 年代的装备,总体自动化水平较国外先进水平落后 25~30 年,能够用国际标准生产的钢材占 46.1%,钢材实物质量能达国际先进水平的只有 900 万吨左右。全国有 1502 座高炉,平均炉容只有 94 立方米,而日本 20 世纪 80 年代就已达到 2884 立方米;全国有 1567 座电炉,平均炉容约 5 吨,大于 50 吨的仅有 15 座,国外一般在 50 吨以上。我国吨钢综合耗能比美国高 1 倍,比日本高 1.5 倍;人均实物劳动生产率仅为美国的 6%,不到日、德、法、英的 10%。

　　3. 国内装备工业不能满足产业升级的需要,新增设备对进口的依赖程度大大增加。随着国际竞争的日益加剧,国内产品结构不断升级,设备更新速度加快,而新增装备,尤其是新增的大型成套装备大部分靠进口。据 1990~1996 年的统计,每年进口的机械设备占当年固定资产投资中设备购置费的 2/3 左右,1995 年高达约 72%(见表 16)。

表 16　固定资产设备投资对进口机械设备的依赖程度

年　份	1990	1991	1992	1993	1994	1995	1996
固定资产投资总额(亿元)	4449.3	5508.8	7855.0	12457.9	17042.9	20019.3	23660
用于设备购置金额(亿元)	1148.4	1435.2	2063.9	3144.4	4154.2	4262.5	4940.79
同年机械设备进口(亿元)	737.1	950.6	1297.5	2063.5	2848.0	3080.6	3348.35
设备进口占设备投资比重(%)	64.2	66.2	62.9	65.6	68.5	72.3	67.80

注:表中机械设备进口额为动力机械及设备、特种机械、金工机械、通用机械和电力设备的进口额总和,并按每年的平均官方汇率由美元折成人民币。
资料来源:1995 年、1996 年和 1997 年《中国统计年鉴》;1994 年、1995 年和 1996 年《海关统计》;1993 年前的数据参考胡春力:《产业结构调整:我国经济发展道路的反思与选择》,《战略与管理》1997 年第 1 期。

　　据第三次工业普查,1995 年年底,在 3200 多种主要工业生产设备中,国产设备占 52.4%,进口设备占 47.6%。与 1985 年相比,进口设备的比重增加 29.4 个百分点。20 世纪 90 年代以来,进口的纺织、电子和印刷设备超出同期国产设备的好几倍,有些几乎全部是进口设备。

　　一些支柱产业和基础产业对进口设备的依赖程度越来越高。目前石油化工装备的80%、轿车工业装备的70%要靠进口;数控机床、纺织机械、大型工程机械、胶印设备等高新技术机械设备市场的70%以上被进口产品占领。机械行业的设备进口额从1990年的163.6亿美元上升到1995年的430.7亿美元,年平均增长21.4%。

　　装备过于依赖国外,势必受制于人,影响我们的现代化进程。一方面,进口设备将在价格上付出较高代价;另一方面,发达国家在一些战略产业和高技术产业的技术装备上以种种借口卡我们。我们不可能买来一个现代化。

　　4.装备工业的滞后影响出口结构升级和对外贸易效益。从国际经验来看,随着国家工业化程度的不断深入,出口结构也将不断升级。不仅西方发达国家实现了出口结构向技术含量高、附加值大的技术装备升级,一些发展中国家也在较短的时间内实现了从初级产品出口转向制成品出口,逐步走向高技术含量、高附加值的机电产品出口。在20世纪80年代初期,日本的机械及运输装备出口额就占全部出口商品的56%,新加坡和韩国为26%和28%;到1993年,日本已达68%,新加坡为55%,韩国和马来西亚分别是43%和41%(见表17)。

　　20世纪90年代以来,尽管目前我国工业制成品出口额已占全部商品出口额的85%以上,机电产品出口比例也有较大幅度提高,但出口规模还是主要靠低附加值的初级制成品。附加值高的深加工、精加工制成品,特别是成套设备和高技术产品的比例仍然很低。1996年,在出口商品中机械与运输设备的比例只占23.3%,不及韩国和新加坡20世纪80年代初的水平,而且低于马来西亚20世纪90年代初的水平。

　　长期靠劳动密集型产品来增加出口额,将使我们在国际交换中处于被动和不利地位,影响进出口整体效益。目前,我国出口的一些劳动密集型产品正面临着越来越多的发展中国家的竞争,竞争优势减弱。同时,欧美一些发达国家对我国轻纺产品实行配额限制和不公平的反倾销。因此,靠劳动密集型产品增加出口额的余地很有限。长期靠出口低附加值的产品换取高附加值的装备,还影响进出口效益。

表17　部分国家在工业化过程中出口结构的变化

单位:%

国家＼年份	初级产品				机械及运输设备			
	1965	1970	1982	1993	1965	1970	1982	1993
日本	9	17	3	3	31	41	56	68
新加坡	65	70	43	20	10	11	26	55
韩国	40	24	8	7	3	7	28	43
马来西亚	94	93	77	35	2	2	15	41
加拿大	63	48	46	34	15	32	32	40
法国	29	25	26	22	26	33	35	38
中国			46	22			6	16

国家＼年份	纺织品及服装				其他制成品			
	1965	1970	1982	1993	1965	1970	1982	1993
日本	17	13	4	2	43	53	36	29
新加坡	6	6	4	4	18	20	28	25
韩国	27	41	21	19	29	69	43	51
马来西亚		1	3	6	4	6	5	24
加拿大	1	1	1	1	21	19	21	26
法国	10	9	5	5	35	42	35	40
中国			15	31			34	65

注:表中初级产品是 SITC 中的第 0、1、2、3、4 类产品,包括食品及活动物、饮料及烟类、非食用原料、矿物燃料、润滑油及有关原料、有色金属、动植物油、脂及蜡等项。机械和运输设备是 SITC 中第 7 类产品,包括动力机械及设备、特种工业用机械、金工机械、通用工业机械及设备、办公用机械及自动数据处理设备、电信及声音的录制及重放装置设备、电力机械、器具及其电气零件、陆路车辆及其他运输设备。其他制成品是扣除机械和运输设备、有色金属外的工业制成品。

资料来源:世界银行:《世界发展报告》(1985 年,1995 年),中国财政经济出版社。

装备出口,特别是大型成套装备出口是出口结构升级的重要步骤。据有关部门对成套设备、电子器件、计算机零件、汽车及其零配件、通讯设备、飞机和船舶等七大类产品的测示结果,成套设备的附加值率高达 73%,在七类产品中技术含量和附加值最高。近些年来,我国出口的一些大中型成套设备单项出口价格高达几千万甚至几亿美元。例如向巴基斯坦出口 30 万千瓦成套核电站装备,合同金额达 5.6 亿美元,其中技术费达 2000 多万美元。

二、发展装备工业应以提高重大技术
装备国产化水平为突破口

重大技术装备是指"技术难度大、成套性强、需跨行业配套制造"的资本品。重大技术装备国产化水平反映出国家在科学技术、工艺设计、材料、加工制造等方面的综合配套能力。重大技术装备国产化具有带动性强、社会效益大的特点。以关联度大、市场前景好、技术先进的重大技术装备为龙头，开展工艺技术和制造技术的研究开发、创新，将带动一大批相关技术的研制开发和相关行业的发展。因此，应以重大技术装备国产化为突破口，促进装备工业发展。

为了促进装备工业的发展，1983年国务院作出《关于抓紧研制重大技术装备的决定》，提出了研制重大技术装备的战略目标，并根据能源、交通和原材料发展及国家重点工程的需要，先后确定了12套大型成套设备研制任务。十几年来，在国家的扶持下，通过技术引进、技贸结合、合作制造和自主开发，完成了1100多项研制任务，生产了50多套重大成套装备，确保了70多项国家重点建设工程需要。其中，30万千瓦和60万千瓦的火电机组的国产比率已分别达到95%和90%，至1996年年底已生产30万千瓦火电机组60多台，60万千瓦火电机组5台；国内安装的年产20万吨合成氨装置、52万吨尿素装置、80万吨加氢裂化装置的国产比率都曾达到80%；国内自行设计自己成套的燕山石化总厂年产45万吨乙烯的扩建工程已成功投产；宝钢二号高炉的国产比率已达90%以上。32万千瓦火电机组、日产2000吨水泥设备、千万吨级露天矿设备等，已经能够出口。

经过十几年的努力，国内一批企业和科研院所具备了一定的重大技术装备研究开发能力，积累了一些重大技术装备国产化经验，在某些领域初步形成成套设计、成套制造、成套供货、成套服务的能力，为发展重大技术装备奠定了较好的基础。

为进一步提高重大技术装备国产化水平，我们应遵循以下几项基本原则。

1. 抓紧建设和发展的大好时机，实施重大技术装备国产化战略。国家"九五"规划和2010年远景目标纲要中，对电力、冶金、石化、化工等重化工业的发展提出更高的要求。随着产业结构调整和升级,随着国有企业的战略调整,为适应激烈的国际竞争需要,许多行业面临着主体技术的更新和设备更新周期。这些都为装备工业发展提供了广阔的市场需求。因此,要不失时机地以重大技术装备国产化为突破口,把发展装备工业作为新的主导产业,形成新的增长点。

2. 以重大技术装备的国产化为突破口,集中力量扶持重点。在计划经济向市场经济过渡的条件下,国家应重点扶持具有社会效益和战略意义的事业,其他事情由企业自己去办。

一方面,重大技术装备的研究开发费用较大,周期较长,涉及面广,不是一个单位或几个单位所能完成的。现阶段,我国的企业还没有足够能力去自行完成这一任务。另一方面,重大技术装备的研制对整个工业基础有较大的带动作用,有利于提高制造业的整体竞争力,有较大的社会效益。因此,国家应重点扶持重大技术装备国产化。

3. 以重大技术装备的国产化为突破口,促进大中型国有企业重组,促进企业与科研院所的联合,形成装备制造业的大型航空母舰。目前,我国重大技术装备的主体制造企业大都是大中型国有企业。长期以来,由于部门和地区分割,这些企业未能形成具有国际竞争力的现代大型企业集团。但是,只要政策得当,通过重大技术装备的研制将促进有关企业跨部门跨地区跨所有制形式的战略重组。例如,在30万千瓦和60万千瓦的火电站设备制造技术的消化吸收和研制过程中,组建了哈尔滨、上海和东方三个集设备制造、成套和工程服务为一体的大型电站设备制造企业集团,形成了具有一定竞争能力的电力设备生产基地。虽然这些集团公司的组织形式还有待于完善,但代表了企业重组、联合的方向,是一个良好的开端。

4. 以重大技术装备的国产化为突破口,带动相关技术的研究开发和配套行业的发展。重大技术装备国产化涉及一些重要单项设备制造技术、重要材料加工和零配件制造技术、成套工艺技术的研制开发。因此,重大技术装备的研制,将带动一大批相关的基础技术和实用技术的发展。由此而形成的研究开发能力不仅为制造重大技术装备服务,还将为其他行业所用。重大技术装备的国产化,不仅可以直接为国家重点建设项目服务,还将提高相关行业参与国际竞争和分工的能力。

一些国家振兴特定产业的政策导向*

目前,我国正处于计划经济向市场经济转轨,自成体系的封闭经济结构逐步与国际市场接轨的时期。在激烈的国际竞争面前,探索市场经济国家提高产业竞争力的有益经验,对在新形势下如何实施重大技术装备国产化战略具有重要意义。

一、国外的基本做法

为了增强国家经济实力,保证国民经济持续稳定增长,许多国家采取一系列有力措施,制定配套政策,提高本国产业竞争力。虽然其具体措施和对象因发展阶段及国际环境变化而有所不同,但基本宗旨是一致的。

(一)制定法律与规划

通过制定法律和规划,使企业明确国家的发展重点和政策导向,不仅发展中国家如此,发达的市场经济国家也是如此。在市场经济条件下,政府主要靠法律和经济手段,而不是靠直接投资和行政命令来管理经济。

1. 制定振兴特定产业的法律和规划,针对新兴产业和战略产业的发展,制定有关倾斜政策。这类法律主要是为实现某一特定目标而设立的,当特定目标实现后,有关法律就被终止。

例如,在 1955 年加入关贸总协定后,日本政府立即制定了《特定机械工业振兴临时措施法》。此法分三个阶段,共持续 15 年。之后,又相继制定了《特定电子工业和特定机械工业振兴临时措施法》和《特定机械情报产业振兴临

---

* 本文最初发表于国务院发展研究中心《调查研究报告》1998 年第 2 号,1998 年 1 月 21 日。

时措施法》。这三个"振兴法"从 1956 年开始,到 1985 年结束,29 年内约有 65 大类产品被列入扶植对象(扣除各个"振兴法"相互重复部分)。

美国政府为了推广数字电视系统技术和发展数字电视产业,由联邦通信委员会(FCC)制定有关规划,公布今后将逐步用数字电视系统代替模拟电视系统,并确定了预测时间表、资助计划和频道安装分配规划,为电视台、制造业、用户等制定相应的优惠政策,给各方面一个充分准备的时间。这一规划首先在公共广播电视台试行。

2. 制定通用性的法律。这类法律是为解决一些共性问题而制定的,但在执行过程中,不同时期有不同重点。

为了增强中小企业的竞争力,美国国会于 1982 年通过《小企业创新发展法》。小企业管理局据此制定了《小企业创新研究计划》(以下简称"SBIR"),要求凡拨出年度研究和开发费用在 1 亿美元以上的联邦政府机构,要按一定比例向 SBIR 拨出专款;凡获得联邦政府研究与开发经费超出 2000 万美元以上的单位,每年要为小企业确定科研项目和目标。据估计,在 1983～1995 年间,SBIR 共接到拨款 55 亿美元。这笔经费分别用来资助技术研究开发项目可行性研究、项目研究开发和技术成果商业化三个阶段的活动,其中研究开发占了大部分。

3. 确定与法律和规划配套的政策措施。为实现既定目标,各种法律和规划中制定了相应的政策措施,主要是财政、税收和金融政策。政策重点是支持技术开发项目,刺激和扩大市场需求。

首先,为保证法律和规划的顺利实施提供必要的资金和融资保障。主要做法是,设立政府专项资金,鼓励各种专门融资机构和基金会。美国发展高技术产业的措施最终落实到投资和资助项目上。具体措施是通过联邦政府拨款资助、州政府拨款和资助、大公司出资,成立各种科学技术基金会、研究基金会和风险投资基金会等,发挥各种资金渠道的作用。

韩国政府为配合《工业机械振兴法》(1967 年),扶持本国机床工业,专门设立了"机械工业资金",这一专项资金的主要来源是产业金融债券和政府贴息资金,专为采购国产机械设备提供融资;为与《工业发展法》(1986 年)相配套,设立了"工业发展基金",主要用于支持基础和共性技术,以及民间企业和机构无法完成的高技术研究开发,以确保那些能够提高国家竞争力但民间企业和机构自己又难以实现的产业发展。

第二项重要政策措施是减免税费。从各国的做法看,减免税费的优惠主要是针对新兴企业、新产品和技术开发、新技术和新产品的使用。具体方法是对新产品开发及消化吸收引进技术所需的设备和试验装置实行特别加速折旧,对新技术产业化的投资减免税收,提高收入中研究开发费用的提留比例,以及实行专项设备更新的加速折旧和投资税收减免等。拨款政策通常用于基础和共性技术开发等社会效益大、公益性强的项目,减免税等政策则主要用于属于企业行为的项目。

(二)鼓励企业技术研究开发

技术研究开发和创新是提高企业国际竞争力的重要环节。各国政府采取各种政策鼓励技术创新,建立有利于技术创新的环境。除了减免税收以外,还有以下政策措施。

1. 官民结合的投入机制。市场经济国家一般不干预企业的生产经营活动,却把技术研究开发作为扶持重点。政府主要扶持基础和共性技术,以及具有战略意义的应用技术的研究开发。

一些发达国家的政府为了提高和保持其支柱产业在国际上的竞争优势,花大力气支持企业技术开发,并在一些重要研究项目上与大企业共同投入。例如,美国政府资助一些对工业和经济发展有重要影响、而民间企业又不能完成的商业研究开发项目。1987~1992 年间,美国政府就组织 ATT、IBM、英特尔、摩托罗拉等大企业成功地联合开发大批量生产 256M 集成电路动态存储器(DRAM)所需的 0.35 微米级半导体加工技术。5 年内项目总投资 10 亿美元,政府出资 5 亿美元。

为在大规模集成电路制造方面赶超美国,从 1976 年度到 1979 年度,日本政府出面协调富士通、日立、三菱电机、日本电气和东芝等五家公司组成超大规模集成电路技术研究组合,共同研制超大规模集成电路技术。在四年内,该项目共投入研究经费 737 亿日元,其中政府补助 291 亿日元,约占总金额的40%。由于集中投入资金和人力,1980 年日本比美国早半年公布研制成 64K集成电路,1981 年日本产品就占领了 70%的世界市场。

2. 促进引进技术的消化吸收。为了缩小与先进国家的技术差距,不少国家政府注意引进技术的消化吸收,培育企业自主开发能力。主要做法是：

一是通过进口许可和审查的办法,控制进口,规定引进技术的消化吸收比例。例如,20 世纪 50 年代中期至 60 年代中期,日本的科技政策强调对引进技术的消化吸收,引进方式从 50 年代初期的成套设备进口转向以许可证贸易为主,引进软件技术及关键设备。

二是利用大型成套设备进口的机会,采取技贸结合、合作设计与合作制造、联合承包等多种方式促进技术引进与消化吸收。例如,1976 年,巴西政府在向国外飞机供应商订购飞机时,要求供应方转让装配和零配件制造技术。1977 年巴西就推出了自己设计的"先锋号"中短距离轻型客机。随后,巴西建起了世界上最大的飞机活塞制造工厂。

从上述两种主要做法来看,通过审批和分配外汇来管理技术引进、促进消化吸收是比较消极的方式,负面影响较多。特别是由于国际大环境变化,使用这种方法的可能性越来越小。以进口大型设备为筹码,开展技贸结合、合作设计和制造的做法是在双方互利的原则下,通过谈判方式实现的,适应于市场经济和开放的环境。从国际经验看,相当一部分成功的技术引进消化吸收案例,是在政府投资或政府控制的大型成套设备进口项目中实现的。

(三)制定刺激国内需求的政策

根据现代产业竞争优势理论,一国国内市场需求优势是重要的产业竞争优势之一。许多国家把扩大国内需求作为增强产业竞争力的重要措施。

1. 政府采购

政府采购是在市场经济条件下,保护国内企业的一种通行做法。相当一部分国家,包括发展中国家和发达国家,为了保护国内工业,制定了相应的政府采购法规和条例。

美国的政府采购法中有关保护美国企业的最突出的规定是《购买美国货法》。该法要求政府各部门在最大程度上购买和使用在美国国内生产的产品,规定当国内产品的价格不超过包括关税在内的进口商品价格的一定幅度时,应优先购买国内产品,还特别保证小企业能够公平合理地得到政府订单。

即使一些市场规模比较小的市场经济国家,也要求政府采购时要购买国产品,只是要求的份额低一些。例如,意大利政府规定,政府采购中必须有

30%从国内公司购买；比利时、卢森堡和荷兰规定，政府采购本国商品的价格，可以高于同类进口商品价格的5%~15%。

各国保护对象的划分标准不同，主要分为两大类。一是按企业所在地和原料产地划分，重点保护国内产品，对在国内办企业的本国资本和外国资本一视同仁。发达的市场经济国家通常采取这种分法。例如，《购买美国货法》规定，国内产品是指在美国国内生产的产品；美国公司在国外的子公司的产品算做国外制造，而外国公司在美国的分公司则算做国内制造商。法国的国内产品是指在法国制造的或者用法国原料制造的产品；如果该产品有30%的成分是在国外生产的，就视为外国货。欧共体规定域外的部件价值（数量）高于50%时，可以视为域外产品。二是以资本来源为标准，主要保护本国资本所办企业。一些本国企业竞争力较差，或对外国资本企业有其他优惠政策的发展中国家通常采取这种标准。如巴西的政府采购法区分本国资本企业与非本国资本企业，本国资本企业的技术服务和产品在政府采购中具有优先权。

2. 制定有关技术标准，鼓励更新设备和采用国内新技术产品

为促进节能技术的推广，美国政府对有关工业设备制定效率标准，并对使用节能设备给予税收和财政优惠。美国政府计划在2006年完成数字电视系统替代模拟电视系统，就是扩大数字电视技术的国内市场的重要举措。

法国政府为促进中小企业采用新技术和新材料，提高企业竞争力，制定了"先进技术推广计划"。自1984年起，法国先后为推广电子器件、先进材料和信息技术提供大量资助。资助对象为2000人以下的企业，每年约1000个项目。资助的方式，一是对可行性研究费用资助50%；二是对工业项目投资给予50%的贷款。

（四）进出口贸易政策

随着经济全球化的趋势，各国的贸易政策正在向放松管制和更加开放的方向发展。从国际经验来看，各国在不同的发展时期，实行不同的贸易政策。

1. 进口管理和进口关税

世界各国大都是根据国内资源特点确定关税结构，并根据不同的发展阶段进行关税结构调整。

日本政府根据产业发展情况，将贸易政策与产业政策相结合，有计划分阶

段地推进贸易自由化。对幼稚工业的贸易自由化基本上是成熟一个,开放一个。在"肯尼迪回合"后,从1968年7月1日起,日本开始逐步减让关税,但机电产品的关税直到1978年才开始较大幅度地减让。日本政府通常事先公布将要实行自由化的商品目录和自由化日期,让企业抓住最后时机,做好准备,提高产品竞争力;在实行市场保护的同时,对内引入竞争机制,使企业在国内竞争中得到锻炼。

美国在保护本国市场时,为了避免被指责为贸易保护,更多地采取迫使其他国家实行"自愿出口限制"的办法。从1981年开始,美国迫使日本连续四年限制向美国出口的汽车数量;直到1985年,美国汽车业经过改造,提高竞争力后,才停止这种"自愿出口限制"。1982年,欧共体在美国的压力下,也被迫削减10%的对美钢铁出口。

2. 鼓励出口的政策

从国际经验看,各国用于鼓励出口的政策,一是为出口企业提供出口信贷,这主要用于鼓励大型成套装备的出口;二是降低汇率,这是对出口进行普遍支持;三是对出口企业实行贷款和税收优惠政策,如减免生产出口产品企业所需进口设备零部件和原材料的关税。

3. 反倾销法

许多国家为了防止本国企业受到低价进口品的冲击,纷纷采用反倾销法来保护本国企业的利益。

美国政府在保护本国市场的同时,还注意打开外国市场。"301条款"就属于这一类。"301条款"是以保护美国的"贸易协定权"和"消除外国政府不公正的贸易做法"为理由,通过加强美国政府在多边、双边贸易谈判中地位的办法,打开外国市场的大门,为美国产品出口扫清道路。当外国产品大量拥入美国市场,而该国政府又限制美国产品输入其市场时,"301条款"要求美国政府与对方政府进行谈判,达成市场准入协议,否则美国政府可以采取征收高关税等报复措施,限制该国的输美产品。

4. 其他非关税壁垒

目前,许多国家由过去的关税壁垒转向采用技术标准和安全标准,以及检验等非关税壁垒。

近年来,日本为平衡国际收支,迫于国际舆论的压力,不得不开放市场。

但实际上,日本市场是明开放实封闭,非关税壁垒繁多。虽然许多商品的进口关税为零,总平均关税水平不超过3%,但外国产品仍然难以打入日本市场。究其原因,一方面是日本产品竞争力较强;另一方面则是因为新的非关税壁垒。主要表现在各种进口认证制度,日本国内的环境保护法、安全法等各种法律限制,海关的各种繁杂手续,以及产品规格、标准方面的障碍等。这些无形的壁垒对抑制进口起了很大作用。

美国从保护公众健康和安全、便于产品比较等角度出发,对进口商品实施强制和自动的产品标准要求。其工业标准和产品标准涉及进口商品的重量、大小、集装箱大小、安全以及对环境的影响等诸方面。美国的有些标准被认为是变相的非关税壁垒,因为外国制造商很难达到这些标准或要求。

二、借鉴国际经验,实现政策转变

当今的世界经济环境发生了较大变化,因此,在借鉴上述外国经验时,不仅要结合我国的实际情况,还要考虑国际环境变化的影响。

(一)世界经济形势的变化对我们制定政策的影响

当前世界经济发展的几个重要趋势给我们带来新的机遇和挑战。

1. 贸易自由化和经济全球化的趋势促进国际竞争与国际分工。贸易自由化给发展中国家带来的影响,一方面是国际竞争国内化;另一方面是发展中国家可利用的市场也扩大了,国内市场规模不再成为束缚经济发展的重要因素。因此,许多发展中国家从过去被动的自力更生、自给自足封闭式发展,转向发挥优势、创造优势,参与国际竞争和国际分工;从被动的进口替代战略转向利用国内国际两个市场两种资源的进口替代和出口导向相结合。其对外贸易政策的趋势是从单纯保护国内市场,转向放松管制,争取互相开放市场,扩大出口机会。

2. 技术快速进步使技术优势成为重要的竞争优势。随着世界性的快速技术进步,技术成为最重要的生产要素。国家之间、企业之间的竞争,已经从过去以资源和成本为主转向以技术和管理为主。一方面,发展中国家要提高竞争力,就要靠自主开发和创新;如果不发展技术,与发达国家的差距就会越来越大。另一方面,因为世界经济一体化和资本国际化,使引进技术变得相对容易了;发展中国家不必完全按照发达国家以往的路子走,可以通过引进技术和资本,跨越一些阶段,形成后发优势,加快工业化进程。

在这种情况下,如果再过分强调保护国内市场而拒绝引进先进技术和外资,那么国家的发展将会落后。因此,许多发展中国家从消极限制进口、保护国内市场转向引进技术,提高企业技术开发能力,增强本国产品的竞争力。

3. 企业大型化和跨国化的趋势加快企业组织结构和产业组织结构调整。贸易自由化的进展和信息产业的发展,影响了生产和流通组织方式,使企业跨地区、跨国经营更方便。因此,企业组织和产业组织的合理化,成为提高企业和国家产业竞争力的一个重要因素。目前,世界上出现了一股企业联合和重组的热潮。我们要尽快打破条块分割的企业管理体制,以企业为主体,形成多种形式的、有国际竞争力的企业集团或联合体。

(二)实现国产化政策的战略性转变

1. 加快制定有关法律。对外开放、与国际接轨,并不意味着不能强调发展本国工业和保护本国企业,而是要改变策略,遵循国际惯例,加强立法和经济手段,减少行政手段。

根据目前的情况,要重点抓紧以下几方面的立法和执法。为明确重点产业发展目标和政策,应加强振兴重点产业的立法,如重大技术装备国产化的立法。为维护本国企业的利益,应加快制定政府采购法,加大反倾销的力度。为促进国内市场公平竞争和防止跨国公司在国内形成行业垄断,应抓紧制定反垄断法,严格执行反不正当竞争法。

2. 从消极、被动地保护转向适度保护与鼓励竞争相结合。企业能否在激烈的国际竞争中获胜,关键在于企业自身的竞争能力。目前,相当一部分国有企业无法与国外企业竞争,其主要原因是在长期计划经济体制下,企业间缺少竞争,市场开放后,企业缺乏竞争能力。在这种情况下,过度保护只能是保护落后。

日本的经验是,在适当保护下,通过国内竞争提高产业竞争力,成熟一批放开一批。但目前的国际形势不同于 20 世纪 60 ~ 70 年代,我们可利用的保护时间和措施已经很有限了。因此,在新形势下,我们要在有限的保护期内,把扶持国内产业发展的政策重点放在打破国内垄断、培育企业竞争能力上,加快政府行政管理体制和企业改革。

3. 从扩大制造规模为主转向扶持技术开发和刺激需求。过去我们多是从增加供给的角度制定政策,结果出现供需脱节,低水平的重复建设。在新的形势下,应着重从提高技术能力和刺激需求两方面入手。

目前的政策重点应是,鼓励引进技术的消化吸收和创新,利用国家可以影响的大型建设项目,扩大国内对重大技术装备的需求,鼓励出口和对外承包。

4. 贸易政策和外资政策与国产化战略相结合。通过国际比较可以看出,许多国家通过一系列配套政策扶持本国产业发展,而我国的贸易政策和外资政策与产业政策联系不够紧密。如关税结构不能及时反映产业发展需要,一是我国关税结构调整周期较长;二是贸易部门与产业部门脱节,不能及时沟通情况;三是产业部门的工作不够细,不能确定合理的保护税率,有时从部门利益出发,要求的保护程度过高。又如,虽然我国有利用外资的指导目录,但还没有行之有效的外资政策,结果出现了外资对国内部分行业的全行业控制。因此,应抓紧组织有关部门对产业发展状况进行分析,根据国际惯例调整现有的贸易和外资政策。

重大技术装备国产化的战略模式分析*

一、国产化的市场战略模式

根据国际经验,发展中国家在国产化过程中常采用的市场战略有两种:进口替代战略和出口导向战略。

(一)市场战略的目标和政策

进口替代战略以国内市场为目标,伴随着进口限制等市场保护。当国内产品不具有国际竞争优势时,国内市场较大的发展中国家通常采用这种战略。出口导向战略以国际市场为最终目标,伴随着贸易自由和出口鼓励政策。一些市场规模较小的国家和地区通常实行出口导向战略,如亚洲的四小龙。

两种战略并不是截然对立的。一般来说,出口导向战略的初期有一个利用国内市场提高国内产品竞争力的进口替代过程。而进口替代战略成功之后,为了扩大市场,国内具有竞争力的产品也将转向出口。目前,国际竞争已经国内化,本国产品要在国内立足,同样要面对激烈的国际竞争。因此,进口替代和出口导向的界限不那么明显了。

根据国际经验,长期单纯的进口替代战略往往不成功。其主要原因:一是在进口替代过程中,为增加国内的供给,同时增加了对原材料和半制成品的进口需求;二是限制进口的过度保护措施将导致低效率和高成本;三是对规模效益明显的行业来说,一国市场的容量仍然有限;四是有些领域不适宜实行进口替代战略。

市场战略与发展阶段有关。在工业化的初期,发展中国家通常采取保护

---

* 本文发表于国务院发展研究中心《调查研究报告》1998 年第 3 号,1998 年 1 月 21 日。

部分消费品市场、放开资本品市场的贸易政策。随着经济发展和国力增强,产业结构升级,贸易结构也发生变化。出口结构逐步从初级产品出口转向制成品出口,乃至机电设备和高技术产品等高附加值产品出口升级。进口替代一般是从最终产品开始,逐步向生产前链扩散。

(二)重大技术装备的市场特点

重大技术装备属于资本品类,大部分重大技术装备制造业属于国际性产业。国际性产业的主要特征,一是一国的市场不能使生产达到经济规模。有些产品由于技术含量高,研究开发费用过大,通常需要全球的市场收入来补偿开发投入。例如,飞机、涡轮发电机等产品,只有全球经营的企业才能形成技术优势。还有一些成套设备的价值很高,但一国的需求量不大或不稳定,只有联合世界的市场才能达到经济规模,实现相对稳定的需求。例如,电站设备、大型乙烯装置等重大技术装备的营销和安装技术复杂,需要配备具有较强专业技术知识和能力的销售及售后服务队伍,只有在世界范围内营销,才能转移营销系统的固定成本。

二是需要企业在世界范围内合作才能形成竞争优势。一方面由于大规模购买零部件增强了买方的价格谈判地位,形成潜在的成本优势,因此,购买大批量专业化的零配件往往比自己制造的成本低;另一方面由于各国的要素成本不同,技术水平不同,在全球的制造系统中进行合作,有利于寻求技术水平、产品质量和价格具有比较优势的合作伙伴,从而在世界范围内获得比较优势。例如,现在没有一家汽车公司和计算机公司生产的产品完全采用本国零部件,都是各国零部件的优化组合。但国际上的大公司因掌握了整体工艺设计和核心技术,从而控制了总装和采购。

重大技术装备的技术经济特性决定了其市场特点。首先,大型成套设备制造以国际市场为目标,一些发达国家政府还为本国企业的出口提供出口信贷。其次,由于技术水平要求高,资金密集,因而市场进入门槛较高。发达国家的大公司都有自己的技术诀窍和品牌,发展中国家不容易在短期内形成优势。再次,国际市场分割比较明显,已形成世界范围内的垄断竞争格局,如国际上有竞争优势的电站设备生产企业也就是那么几家大公司。

从目前重大技术装备的国际市场情况看,新的进入者必须具备较强的竞争力。要么靠价格和质量优势挤占别人已占据的市场，要么通过技术创新开发新产品，形成新的市场。发展中国家的技术开发能力相对落后，不容易在短期内实现生成性技术开发，因此其装备竞争战略通常是，瞄准国际市场，从国内市场起步，通过引进技术，实行进口替代和出口导向相结合；抓住国际上发达国家某些产品生产转移的机会，抢占国际市场出现的空缺；既参与国际竞争，也参与国际分工，在掌握主体关键技术的同时，根据比较优势的原则来确定自制和采购的比例。

二、国产化的产品结构

重大技术装备国产化涉及国家在技术、设计、材料、加工制造等各方面的综合能力，它不能孤立进行，必须有相应的产业基础和配套条件。因此，国产化是分层次、分阶段的，一项重大技术装备国产化将带动一系列分层次的产品研究开发和国产化，最终形成自主化的产业链。

日本和韩国都在第二世界大战后高速发展时期实施了国产化战略，但两国的国产化在产品结构和管理方式等方面存在着诸多的不同。

（一）日韩国产化的基本做法

1. 日本的国产化是从《机械工业振兴临时措施法》开始的。1956～1970年，日本颁布了三个《机械工业振兴临时措施法》，每次都有明确的目标、范围和政策措施。第一次的目标是以进口替代为主，谋求国内机械设备的更新和结构优化。国产化的主要对象是基础机械、基础件和为振兴出口配套的零件。第二次仍以国内市场为主要目标，目的是实现国内生产专业化，增强国际竞争力。国产化的主要方向是基础件、专用机械和电子仪表类。第三次的目标重点是增强机械产品的出口竞争力。

日本的国产化产品结构选择有明显的特点，先基础件、通用机械，后专用机械及其零配件，并把提高加工业的装备能力放在首位；整机与关键件同步开发；特定机械多是大规模加工业和运输业的装备，即需求量大的单机。

2. 韩国于1987年开始推行第一次机械、零件及材料国产化的五年计划，其基本目标是培育零件产业，降低对日的依赖度。国产化重点是对日依赖度高、相关产业技术及经济效果好、有望形成出口产业的产品,包括汽车、造船、电子等部门的机械产品4542种。1991~1996年,韩国继续实行第二次机械、零件及材料国产化的五年计划,基本目标是提高影响制造业竞争力的机械、零件及材料的自立度。1986~1994年间共颁布7032个国产化产品对象,已完成4202个产品的国产化,机械、零件及材料的进口依存度从1986年的42.8%降至1993年的26.6%。

(二)日韩国产化的产品结构的主要区别

1. 战略目标的差别

由于日本与韩国的人口相差较大,国内市场规模不同,国产化的初始目标也不同。日本有1亿多人的巨大国内市场,能够成功地在国内市场上同其他企业竞争的任何日本企业,也就能够在海外市场上同外国企业竞争。因此,日本的国产化目标是全面促进整个现代制造业的发展,赶超先进国家。韩国市场狭小,许多企业不得不一开始就参与国际市场竞争,重工业的情况尤其如此。因此,韩国的国产化目标是尽可能扩大制造企业的出口能力,选择有出口前途的机电产品进行国产化。

2. 产业基础的差别

日本的产业门类齐全,产业之间的相互联系程度高,出口商品生产所需的大部分零部件和机器设备可以由国内制造。因此,在扩大最终产品出口的同时,促进了相关行业的发展和进口替代。

韩国的产业门类不全,几乎所有的产业部类都是新兴的,因此各部类之间的联系程度不高;加之国内市场规模有限,韩国在扩大出口的同时,扩大了零部件和资本品的进口。

我国的产业基础和市场规模与日本类似,而且远超过日本20世纪50~60年代的水平。但我们现在所处的国际环境不同于20世纪50~70年代,不能搞封闭式的国产化。因此,我国的重大技术装备国产化的产品结构应处于日本和韩国模式之间。在国产化产品结构选择上,要发挥我们自己的比较优势,充分利用国际优势资源,参与国际竞争和国际分工。

三、国产化的组织模式

（一）研究开发组织模式

重大技术装备属于系统技术和复合技术产品，研究开发费用大，综合性强，很难由一个企业或机构完成。因此，需要多家企业和研究机构联合研究开发。

一些发达的市场经济国家在企业之间特别是在竞争企业之间开展联合研究开发方面积累了比较成功的经验。

1. 政府重点支持重要产业共性技术的联合研究开发

产业技术研究开发分为两个层次，一是通用性强的共性实用技术研究开发；二是差别性的产品技术研究开发。共性技术研究开发的外部效益较大，风险较高。一方面企业自己研究开发难度大，积极性不高；另一方面，共性技术由单个企业独占，社会效益低，造成资源浪费。因此，单纯靠企业进行共性技术开发，存在"市场失效"问题。而产品技术的市场针对性强，独占性强，差别性产品技术的研究开发形成了企业的技术竞争优势，给单个企业带来超额利润。因此，实用产品技术主要靠单个企业根据实际需要进行研究开发和创新。

在市场经济条件下，政府的作用是克服"市场失效"问题，促进社会资源的优化配置。美国和日本等发达国家的政府重点支持和组织相互竞争的大企业对重要共性技术进行联合研究开发，参加研究开发的企业享有共同的利益。如美国和日本政府都曾资助、组织大企业联合开发大规模集成电路制造技术。

2. 企业以共同的利益为基础进行联合开发

随着产品结构升级和高新技术的运用，技术研究开发的难度越来越大，费用越来越高，单个企业的知识能力和资金能力都很难支撑一些重大技术开发。因此，企业联合开发已成为比较普遍的现象。

企业联合开发主要可以分为两大类：一是上下游企业纵向联合开发。这种情况多是发生在协作配套企业之间，如丰田汽车公司总装厂与协作企业联合开发技术和新产品。丰田汽车公司的协作厂分为多个层次，总装厂只与第一层次的协作厂直接发生关系。通常的做法是，总装厂提出部件的性能要求，第一层协作厂派人参与总装厂的整车设计；第一层协作厂全面负责整个部件的设计和制造,并满足双方协商确定的部件性能要求。然后,第一层次的协作厂再对第二层次的协作厂提出协作件性能要求。这种关系主要是通过长期协议形式形成一个共同确定价格、共享利润的利益联合体。二是互相竞争的企业横向联合开发。竞争企业通常是在开发共性技术和共同标准时进行合作,合作企业间根据协议分享开发成果。在共性技术的基础上,再进行差别性产品技术开发,形成先合作后竞争的机制。

(二)用户与制造企业的关系模式

目前,国内有关方面对国产化中用户和制造企业的作用及关系认识不一。有人强调以用户为主推动国产化,有人强调以制造企业为主开展国产化。国产化项目究竟以谁为主,这要根据具体的市场结构以及所处的国产化阶段来决定。从市场结构的角度出发,用户与制造企业的关系主要有以下几种类型:

1. 用户分散而制造企业相对集中,国产化以制造方为主。耐用消费品制造业大都是这种情况。此时,制造企业面对的是一个分散的市场,根据市场需求的统计分析来确定技术研究开发方向,因此,技术引进、消化吸收、工艺设计和技术研究开发以制造企业为主。如汽车制造行业(尤其是轿车制造业)面对成千上万的分散顾客,通常把市场分为不同层次,根据各层次和区域的顾客群的要求,进行设计和技术开发,而不是为某一顾客进行设计。

2. 总装企业相对集中,配套企业相对分散,以组装企业为主,通过整机制造的自主化带动零部件国产化。这种情况下,总装企业直接面对最终用户,根据最终用户需要,进行整体设计开发;同时,对配套企业提出零部件的性能要求。零部件配套企业再根据总装企业的要求进行零部件的研究开发。

3. 用户与装备制造企业都相对集中,国产化以装备制造企业为主,装备制造企业与用户相结合。这种情况一般发生在重大技术装备总装企业与装备用户企业之间。用户和制造企业在购买和供应方面具有相似的控制能力,一般是通过谈判来决定价格。在研究开发方面,通常核心技术不变,但供货方要根据用户的具体要求进行设计,往往是一套装备一种设计。如水电站装备,因地理位置、水的流速不同,水轮机组的设计有所不同。因此,主要靠制造企业对装备的主体技术的不断创新,提高装备的技术水平。具体供货时,制造企业根据用户的具体要求,进行设计调整。

无论哪种类型,制造企业都要根据市场需求和用户需要进行研究开发、设计制造。重大技术装备国产化是一个不断研究开发和创新的长期过程,而装备的最终用户的主要目标是某一项工程的顺利完成和投产。因此,装备最终用户在整个国产化过程中的作用是局部的、阶段性的,其主要作用是对国产化装备的性能、质量提出要求和监督。

根据我国重大技术装备研制的经验,不同阶段的国产化项目中,用户与制造企业的关系可分为三类。一是国内已经引进了大量技术,并有一定成套能力,只是缺乏业绩。这种情况下,国产化项目应由依托工程的用户牵头。二是国内还没有成套能力,而建设项目又需要引进技术和装备。这种情况下,国产化项目应把引进项目与消化吸收和研制结合起来,用户与制造方互相配合。以后的研制工作以制造方为主。三是国内已有明确的技术装备政策,属于未来发展方向。在这种情况下,国产化项目以制造方和科研机构为主,根据用户需要,从前期技术研究开发开始。

四、国产化的企业合作模式

目前,合作战略已经成为与竞争战略同等重要的关键战略管理工具。对缺少某些能力或资源的企业来说,合作战略可以有效利用企业间的互补技能和资源,从而形成合作企业的竞争优势。在变化的世界市场中,合作战略具有灵活性优势。

由于重大技术装备国产化项目是阶段性的,参与国产化项目的企业间不一定要形成长期的固定关系。因此,应采取灵活多样的合作方式,形成多种形式的联合体。从实践中看,主要的合作方式有以下几种。

1. 兼并方式。合并是指两家以上的企业依契约或法令归并为一个企业。兼并是企业谋求自身发展、扩充实力的外部扩张行为。这种合作方式通过资产一体化和经营一体化,形成经济规模。

2. 合资方式。合资企业是由合作伙伴作为股东创立的具有独立法人资格的新企业。合资企业一般并不包括合作伙伴的核心业务,并且与合作伙伴具有明确的业务界限,有自己的专门资产、经营目标和管理责任。合作伙伴向合资企业提供一定数量的融资,给予必需的能力和资源支持。合作的目标和任务完成后,合资公司可以解散。

3. 互相持股的利益共同体。在长期专业化协作中,为保证共同利益,各有关企业互相持股。如日本丰田汽车公司与其主要关键零部件配套企业之间互相持股,你中有我,我中有你,形成了利益共同体。这种方式适用于一种长期稳定的协作配套关系。

4. 协议合作。协议合作是指两个以上企业为了共同的利益,就一项具体活动以协议方式形成联合体。协议中对各方资本投入、项目管理、风险分担、利润及亏损的分配比例和原则都作具体规定。协议合作有较大的灵活性,通常适用于临时性合作。如大型建设项目施工和大型成套设备供货的联合承包通常采取协议合作方式。

从行业组织角度看,企业合作方式又可分为横向合作与纵向合作两大类。横向合作是指同类产品生产企业间的合作,包括科技研究开发机构与制造厂商间的合作。如电力设计院与电站设备制造企业的合作,将形成电站工程设计与设备设计及制造的综合优势。纵向合作是指上下游配套协作企业间的合作。除了加工配套环节的合作外,还包括生产与流通环节的合作。如一个大型企业为了进入某一国家的市场,可以与当地的销售企业进行合作打开市场。国产重大技术装备要进入国际市场,制造企业可以通过与大型工程公司或大型贸易公司合作,而不必自己投资组建内部一体化集团。

在重大技术装备国产化过程中,企业及科研机构之间采取什么样的合作方式,取决于国产化的阶段、项目周期及产品的市场需求的稳定性等各种因素。通常,在国产化初期,项目风险较大,各单位间的合作大多是短期的,宜取灵活的、协议性的合作。在国产化基本成熟阶段,合作的单位间逐步形成相对稳定的关系。在产品市场需求比较稳定,市场规模较大的情况下,各单位之间多是采取稳定的长期合作方式。当市场需求不稳定,市场规模较小时,各单位多是采取临时的短期合作。几种合作模式不是互相排斥的。一些短期、临时的合作可能逐步转化为稳定的长期合作。

目前,我国的重大技术装备制造企业多是比较单一的企业。如哈汽集团、东方电机集团和上海电气集团总公司,都是以生产电站设备为主的大型企业集团。如果不能获得电站的整体设计和成套权,只能给别人做配套。如果订货不足,企业生产能力就剩余了。

　　而国外的电站生产企业大都是产品多元化的大型跨国公司，电站设备只是众多产品中的一部分。这些企业主要掌握核心技术和整体设计能力，控制销售和采购环节，许多配套的设备都是从世界范围内采购。目前，一些跨国公司的战略就是根据比较优势，在世界范围内进行专业化分工。

　　如果我国的大型企业之间不进行联合，实行优势互补，在激烈的国际竞争面前，就可能成为国外跨国公司的配套厂，国内的成套技术和能力可能被分解为某些单项或专项能力，从而逐步丧失整体设计、成套的自主能力。因此，在重大技术装备国产化过程中，要充分利用国内现有企业和科研机构的能力，采取多种方式进行联合，形成拳头，提高整体竞争力。

加大改革力度,提高开放水平,
实现重大技术装备国产化战略[*]

在计划经济向市场经济过渡的改革攻坚阶段,我们又面临着经济全球化的挑战。当前世界经济的几个重要趋势是快速技术进步、资金流动国际化、贸易自由化、企业大型化和跨国化。在这种新形势下,推进重大技术装备国产化工作,要实现观念和战略上的转变。

一、重大技术装备国产化中几个需要澄清的观念

1. 坚持改革开放,并不是不扶持和保护本国工业。从国际经验看,任何一个国家都对本国工业给予不同程度的扶持和保护,只是保护的策略和方法不同。不仅发展中国家如此,发达的市场经济国家亦然。市场经济国家主要通过法律和经济手段保护国内市场,通过建立公平竞争环境培育本国企业的国际竞争力。如美国政府采购法中的《购买美国货法》、贸易法中的"301 条款"等,都是保护国内企业和市场的法律。

我们过去主要是利用行政审批的方法控制进口,通过高关税对国内市场实行过度保护,由条块分割的管理体制形成多层次的高度垄断。如我国的汽车产业长期受到 200% 的关税保护,结果全国有整车厂 100 多家,许多低效率的非经济规模的厂家在高关税和地方政府的保护下生存,汽车产业组织长期理不顺。因此,关键问题不是要不要扶持和保护本国工业,而是如何扶持和保护。

2. 民族工业不再是百分之百本国资本的企业,本国产品也不再是百分之

---

* 本文发表于国务院发展研究中心《调查研究报告》1998 年第 4 号,1998 年 1 月 21 日。

百国内制造。随着资本国际化和企业跨国化的趋势增强,民族工业的界限不那么明显了。在一些发达的市场经济国家,民族工业的提法已被国内企业的提法所代替。但一些发展中国家,因本国企业的竞争力较弱,或是因外国企业在国内享有其他优惠政策等原因,仍然在一定程度上保护民族工业。

我们强调保护民族工业,是为了维护国家经济安全和人民根本利益,而不是闭关自守,保护落后。一方面要加强民族工业在一些影响国家安全和整体竞争力的战略性产业中的地位;另一方面要防止外国企业在我国搞行业性垄断。因此,在新的国际形势下,民族工业的概念应体现以下三个基本点。

首先,民族工业应是国内资本拥有控制能力的企业。为防止外国资本流进流出的大起大落对国民经济产生不良影响,民族工业应强调国内资本的控制权和自主权。

其次,民族工业的一个重要特征是产品打国内品牌。无论是否采用了国外技术、设计、配件和服务,无论是否与外国资本合作,打国内品牌才算是本国产品。如美国的计算机、日本的汽车,其零部件都是全球采购,但品牌是美国和日本的。有的产品即使是国产,但用的是外国商标品牌,也不能算是民族工业产品。如耐克运动鞋、海飞丝化妆品等虽然在国内制造,但用的是外国的商标品牌,这只能说是在中国制造的"外国品"。

第三,民族工业的就业结构应以本国雇员为主。为了引进国外先进管理经验和技术,国内企业可以聘用外国管理人员、技术人员、咨询人员等,但管理层一定要以国内雇员为主。

我们不仅要赋予民族工业新的内涵,而且要采取与国际接轨的策略。从加快国有企业体制改革、取消外资企业的超国民待遇、建立反垄断法、为国内企业创造公平竞争环境入手,把保护民族工业的重点放在扶持战略产业、防止外国跨国公司在中国形成行业垄断上。

3. 国产化不是简单的产地概念,其核心是提高本国企业的自主能力。国产化不是关起门来自己搞大而全、小而全,而是坚持开放原则,参与国际竞争和国际分工。

国产化的标志是设计、制造、工程项目和采购的总承包以本国企业为主,不排除与外国企业联合承包、使用外国设计、国际分包和国际采购。随着制造业全球化,许多大型设备的制造逐步成为国际型产业。由于大型设备特别是成套设备的技术含量高,技术研究开发费用过大,通常需要以全球市场为依托才能达到经济规模,实现稳定需求,从而补偿投入,需要在世界范围内寻求具有比较优势的合作伙伴才能形成竞争优势。国际上一些大公司就是通过掌握总体设计、核心技术、采购和销售的控制权,利用各地的优势资源,获取了竞争优势。我国虽然在许多方面具备较强的制造能力,但由于我们没有设计承包、制造承包和采购的自主能力,只能受制于人。哈尔滨、上海、东方三大电站设备制造集团公司有较强的设计、制造能力,却只能在国内的一些大型电站建设承包中作配角。在外国总承包的一些国内大化肥装置中,国内企业的转包生产部分占 60% ~ 70% ;国外承包商则因为掌握总体设计、工程承包权,占有了项目中的大部分附加价值。

国产化不是单纯追求本地制造比率。当前,跨国公司大举进入发展中国家,一方面抢占这些国家的市场;另一方面也利用了这些国家的资源优势,尤其是利用这些国家劳动成本低的优势,实现海外投资的比较利益。一些跨国公司的海外公司为了降低产品成本,提高竞争力,也主动采取零配件本地化的战略。因此,仅只是本地制造比率高并不意味着国产化。国产化的宗旨是在增强本国企业自主能力的前提下,充分利用国内国际两种资源,吸收国外的先进技术和管理经验,发挥国内优势,提高国产品的国际竞争力。

为了反映提高自主能力所创造的价值,考核国产化效果时应把国内人力资本、技术、资金等要素带来的增加值计算进去。过去我们主要用材料、零部件等中间投入品的国产实物量或价值量占装备总实物量或总价值量的比例来衡量国产化的效果。这种标准不能体现国产化技术带来的增加值,只能鼓励低价值零部件的国产化。要把技术、设计、组装、融资等环节带来的增加值掌握在我们手中,就必须强调设计总承包、制造总承包以我为主。因此,国产化率应以扣除法计算。

对设备而言:

$$国产化率 = \frac{装备的市场价格 - 进口零配件和外购服务的价值}{装备的市场价格}$$

对交钥匙工程承包或分包项目而言:

$$国产化率 = \frac{承包总收入 - 外包、外购设备和外购服务的价值}{承包总收入}$$

4. 企业是国产化的主体,政府是扶持者。企业为主体主要体现在企业自主投资决策,自担投资和经营风险,并享有国产化的效益。

国产化包括技术引进、核心技术研究开发及其产业化、技术创新和市场开拓全过程。目前,实现企业为国产化主体的关键是打破条块分割的管理体制。装备制造业不仅包括设备制造部门,还涉及材料、电子和机械零配件等配套行业。我国按基数切块分配资金的投资管理体制和部门分割的企业管理体制,把国产化过程中的技术研究开发、设备制造和重点依托工程等相互联系的各个环节,分割成不同的计划和资金渠道,分别由不同的部门管理。其结果是引进与消化吸收相脱节,重复引进严重;制造能力与市场开拓相脱节,制造能力严重闲置;科研机构与企业脱节,大部分企业缺乏研究开发能力,而科技机构游离于企业之外,脱离市场需求和实际需要;制造企业与用户企业相脱离,用户企业掌握生产工艺技术,制造企业掌握设备制造技术,用户管成套,制造企业管制造,"铁路警察各管一段",常常出了问题互相扯皮;参与重大技术装备研制的企业和科研机构不能在全国范围内实行优化组合,未能形成有国际竞争力的大型设备制造企业或企业集团,等等。因此,以企业为国产化的主体,就是要打破部门界限,由企业以利益为纽带,根据实际需要,自主联合形成多种形式的联合体。

政府扶持与企业为主体并不矛盾。国家产业竞争优势理论认为,政府的作用是扶持优势。当企业有积极性并具有潜力时,政府给予一定的支持,使企业把优势发挥出来。政府重点支持对国家整体竞争力有较大影响的产业和项目,如美国、日本政府为了提高本国在大规模集成电路制造方面的竞争优势,就曾经组织并资助企业进行研究开发。重大技术装备国产化体现了国家的整体利益,现阶段我国企业还没有能力独立完成。因此,国家应该给予重点扶持,并通过规划和政策加以引导。

5. 技术引进不能代替自主研究开发,培育自主研究开发能力是国产化的关键环节。在世界性的快速技术进步浪潮中,技术已经成为主要的生产要素。谁掌握了技术,就掌握了竞争的主动权。目前,我国大部分行业的发展还处于引进、消化吸收、模仿制造的阶段,而国产化要走引进、消化吸收、自主开发和创新的路子。

首先,自主研究开发能力是消化吸收引进技术的基本条件。引进技术是为了有效利用前人的技术成果,但如果自己没有研究开发能力,就只能是单纯购买制造设备和生产能力,即使引进了技术也不能很好消化吸收。其次,拥有自主开发能力,才能促使先进技术向我国转移。任何一个国家和企业都不会轻易将自己的核心技术和最新技术转移出去。自主研究开发能力强,才能引进比较先进的技术。再次,自主研究开发是提高国际竞争力的重要条件。没有自主研究开发和创新的能力,只能亦步亦趋地跟在人家的后面,处于落后被动的地位。多年来,重复引进问题得不到解决,除了体制原因外,一个重要原因就是我们缺乏自己的技术开发和创新能力。因此,只有形成核心技术的自主研究开发能力,才能最终真正实现国产化。

6. 国内外市场需求既是国产化的依据,又是国产化的推动力。重大技术装备研制费用大,如果不能根据市场需求选准方向,将造成极大浪费。过去在指令性计划体制下,企业只管生产,产品由国家包销。一方面,有的产品技术选择不符合实际需要,技术开发出来之日,就是产品淘汰、企业亏损之时;另一方面,国家的扶持重点是投资建厂,扩大制造能力,对技术开发和需求环节的扶持政策相对不足。

以市场为导向实现国产化战略主要体现在以下几方面:

(1)明确市场目标。根据国际经验,重大技术装备制造业大多是国际型产业,只有在国际市场范围内才能形成规模效益。因此,国产化不是简单的进口替代,而是进口替代与出口导向相结合。

(2)加强市场开拓。过去重大技术装备的制造主要为国家重点项目服务,市场狭小,需求不稳定。由于宏观调控等原因,"八五"期间少开工5000万千瓦的电站项目,造成许多制造企业开工不足,发电设备制造仅达到生产能力的58%左右。而在"九五"期间,一些大中型电站相继开工,国内大型发电设备制造能力又显不足。重大技术装备国产化可以国家重点建设项目为依托,但不能完全依赖它,要采取灵活方式参与国际竞争和国际分工。也就是说,国产化不仅仅为国家重点建设项目服务,还要以国内外市场为目标。

(3)国家政策重点要放在扩大需求上。过去的国产化政策只侧重于研制,而落实依托工程和扩大需求成为薄弱环节,结果是有了研制能力,找不到用户。由于国内投资资金短缺,许多大型项目的用户企业利用国外政府和国际机构贷款,不得不采购国外设备,导致重复进口。而国际上不少国家在扶持本国工业时,更多地采取增加需求的政策。如美国政府一方面实行政府采购政策增加内需,另一方面利用各种贸易协定,竭尽全力为其产品和劳力打开国际市场。许多国家为本国大型成套设备出口提供出口信贷,以扩大国际市场份额。

以市场为导向与国家规划并不矛盾。国家规划并不是代替企业决策,主要起引导企业的作用,使企业明确国家鼓励什么,有哪些政策可以利用。关键问题是规划要能够正确反映需求方向,政策措施要适应市场运行规律。如美国政府公布数字电视技术系统替代模拟电视技术系统的规划,明确优惠政策,以便广播电视台和制造企业根据市场趋势做出正确反应。

二、关于实现国产化战略的几点建议

在向市场经济转轨的过程中,为顺利推进重大技术装备国产化战略,亟待制定有关法规条例与政策。

1. 树立大行业观点,搞好整体规划。为保证重大技术装备国产化工作有计划有步骤地顺利进行,需要制定国产化的中长期规划。在广泛吸取用户企业、制造企业和有关专家意见的基础上,实行计划统一归口,分段实施,动态调整。规划的主要内容是明确既定时期内国产化目标及相应的政策措施,提出在既定时期内实现国产化的装备目录及其技术性能指标等。整体规划包括技术引进规划、引进技术消化吸收和研制规划、市场开拓规划等。根据实际执行情况定期调整,突出各阶段的特点。重大技术装备国产化规划应纳入国家经济社会发展规划体系,国产化项目的资金计划及有关政策措施纳入国家五年计划体系。

2. 落实资金和组织保障。为了保证国产化战略的实施,应设立国家重大技术装备国产化专项资金。专项资金用于扶持技术引进、消化吸收、国内研制和创新以及市场开拓等各项与国产化有关的活动。根据具体情况,以贴息、拨款、注入资本金和政策性银行贷款等多种方式用活专项资金,提高资金利用效率。由国务院授权一个机构负责主管重大技术装备国产化的组织管理工作。其职能是制定规划、落实政策、搞好组织协调和服务,负责具体国产化项目的审批以及实施监督等。

3. 提高自主能力和开放水平，积极参与国际竞争和国际分工。重大技术装备国产化的标志是，成套设计承包、制造承包和工程安装承包以本国企业为主，产品打国内品牌。不排除与外国机构联合设计和联合承包，不排除国际采购。国产化标准因行业和阶段而异，不做统一规定，根据具体国产化项目逐个确定标准。

鼓励企业在不具备总承包能力的情况下，参与国际分包或配套。鼓励以技贸结合，许可证协议制造，中外合作研究、设计、制造及合资经营等多种方式，开展重大技术装备的研制。

把利用外资与国产化战略结合起来。有关单位、特别是各级政府项目，利用国外贷款进口重大技术装备时，应根据重大技术装备国产化的进展情况，选择有利于国内采购、技术转移、合作设计和制造的外资来源。项目执行单位要通过谈判或国际招标，尽量提高国内采购以及与外商合作设计、制造的比例。

4. 抓两头带中间。以技术开发研究为核心，以市场开拓为推动，促进重大技术装备国产化。国家应重点扶持与重大技术装备国产化有关的共性技术和重要核心技术的研究与开发，视具体情况给予贷款贴息或一定比例的拨款支持。支持先进技术软件的引进，对列入国产化目录的工艺设计、制造技术等软件的首次引进项目给予融资优惠，引进时就要明确可国产化的比例。对企业开展与国产化有关的研制和创新活动给予一定政策优惠。

制定刺激需求的配套政策。建立重大技术装备的政府采购目录，把审批投资项目与采购国产设备结合起来。凡由各级政府投资的建设项目，必须根据政府采购目录，采购国产重大技术装备设备。各级政府在建设项目审批时，要根据国产化进展情况选定项目资金来源，对国内可以供货的建设项目，优先安排国内资金计划。对国内不能供货的建设项目，可安排利用外资计划。同类建设项目中，优先批准使用国产设备比例高的项目，并优先落实国内资金和配套外资。鼓励国内企业采购国产重大技术装备，没有政府投资的建设项目，在采购国产重大技术装备时，可以申请国家政策性银行贷款。

对成套装备研制项目的首次依托工程，视具体情况给予贷款、风险担保、政府注入资本金、折旧和延长试运行期等方面的优惠。对重大技术装备出口提供出口信贷及出口退税的优惠。

5. 坚持以企业为主体。在规划和政策引导下，实行企业自主决策，自担风险。要打破部门、地区分割，以企业为主体，实现多种形式的上下游和横向联合。

　　重大技术装备国产化项目面向国内招标立项。国产化项目总承包单位必须是具备研究开发、制造、财务支撑和市场开拓等综合能力，具有独立法人资格的联合体或企业；或自身具备总体设计和总体成套能力，并能够组织和协调研究开发、制造及市场开拓等各方面力量的独立法人。国产化主管部门通过对总承包单位的资格审查，促进企业与科研机构联合，促进企业制度改革，形成跨部门、跨地区、跨所有制的具有综合功能的多种形式的联合体或大型企业集团，提高大型企业的国际竞争力。

　　6. 引入市场机制，实行科学管理。国产化项目立项应以公开竞争招标为主，实行合同管理。凡是列入重大技术装备国产化计划的项目，由主管部门与总承包单位签订合同，实行优惠与责任相结合。总承包单位负责分项目的招标。

　　参照国际上行之有效的项目管理办法，对项目的机会研究、项目立项及招标、项目实施和项目后评估实行全过程科学管理，逐步推行项目评估咨询、招标咨询、项目施工和制造监理制。

　　加强重大技术装备国产化项目立项决策及执行情况的公共监督机制，定期公布国产化项目执行情况。

　　7. 贸易政策与产业政策相结合，形成配套的政策体系。应根据产业发展和国产化进程，适时调整关税结构。国家对处于国产化阶段、还未形成竞争能力的装备及零部件给予一定期限的适度关税保护。为鼓励引进国外先进技术与设备，提高国产装备的竞争力，对国内不能制造的装备和零部件，实行低税或零税率。

　　通过制定进口设备技术标准、安全标准及反倾销等非关税措施，适当保护处于国产化阶段的国产设备及零部件。

自主化技术引进方式及其主要影响因素[*]

　　自主化的基本特征就是通过引进技术消化吸收,逐步提高国内产业技术水平和制造能力,增强国际竞争力。因此,引进技术是装备工业自主化的重要环节。

　　商用技术引进方式受内部和外部多种因素影响,由外部技术的可得性和国内技术吸收能力(包括技术、管理、人员素质、经济和社会发展水平等),以及技术的复杂性决定。从国际经验看,技术引进模式可以分为技贸结合、合资、合作设计与合作制造等多种形式。选择什么样的引进模式与国家的技术基础、产业的技术经济特点和产业规模有关。

一、产业技术发展阶段与技术引进方式

　　一般来讲,产业技术发展可以分为三个阶段,每个阶段的技术引进方式不尽相同。

(一)起步阶段

　　当一项技术在国内基本处于空白,或该项技术处于保护期内、受外方控制时,可采用外商直接投资(独资、合作经营、合资经营和技术入股)的方式引进技术和制造能力,当地技术人员和工人可以在安装、运行操作中学习掌握技术,培养技术和管理人员,逐步形成技术吸收能力。最终,外国资本退出,由本国资本控制企业。如韩国轿车制造技术引进是与美国合资开始的,后来美资退出。法国的核岛设计制造企业法马通就是与美国的西屋公司合资,解决了

---

　　* 本文发表于国务院发展研究中心《调查研究报告》2000年第185号,2000年12月7日。

技术引进资金问题,后来,西屋公司逐步退出。西班牙的核电技术引进也是从与美国公司合资开始的。

对于资本输入国来说,采取创建合资企业的方式引进技术,既吸引外资弥补了国内建设资金的不足,又引进先进、适用、可靠的技术和设备,填补国内空白。特别是外方参与生产管理,可以引进管理等软技术,培训国内的管理和技术人员。

这个阶段的政策,一是为引进技术提供优惠条件,包括以市场换技术、税收优惠等;二是为外国直接投资者提供良好的基础设施和政策环境;三是对外国的投资和转让技术提供法律保护。

(二)发展阶段

当一项技术在国内已经有了一定技术基础和制造能力, 能够自主运行企业, 并完成某些工程的分包或某些设备的部件生产时, 应主要采用技贸结合的方式引进国外技术。国内企业通过参与工程和设备分包, 逐步扩大分包比例和范围, 提高技术和管理水平, 最终实现设计、制造和工程承包以我为主。

国内厂家与技术出让方合作生产制造十分重要,通过参与研究、设计、试验、制造的全过程,有利于系统学习掌握引进技术,不仅可以学习加工制造技术,还可以学习组织管理和操作技术。

在这一阶段主要以间接方式利用外资。一方面可以利用国际机构贷款和国外政府贷款。国际机构贷款具有利率低、宽限期、还贷期长等优点,设备采购要求按国际设备采购导则公开招标,有利于引进技术先进和价格合理的设备。另一方面可以利用外国政府贷款和出口信贷,但这类贷款一般要求采购贷款国的设备,币种选择自由度小,汇率风险大一些。因此,要综合分析设备价格、融资条件、货币种类等多种因素,选择最佳利用外资方式。

这一阶段鼓励技术引进的主要政策,一是对引进先进技术和设备提供减免税优惠;二是加强合同管理,提供风险担保;三是保护知识产权。

(三)相对成熟阶段

主要是指一项技术在国内已经具有相当的基础和条件,具有一定的设计、制造能力,通过引进某些软件技术可以完成研究开发、工艺设计、设备生产和工程总承包。这一阶段主要采用许可证贸易、技术服务与协助、技术咨询等高层次的技术引进方式,以国内企业为主完成工艺设计、设备制造和工程总承包。

在技术转让过程中,外方承担传授技术的义务,包括提供技术文件,技术咨询等。技术咨询服务的范围和内容相当广泛,大到工程项目的工程设计、可行性研究,小到对某个设备的改进和产品质量的控制等。技术服务的形式也是多种多样的,如提供咨询、信息资料和技术培训。通过咨询服务,引进方可以较少的花费和较短的时间掌握技术。

这一阶段还可以进行国际间的合作研究开发。合作研究可以充分利用国外的科研手段和最新资料,开发新技术,取长补短,共同受益。合作开发可以共享成果,共担风险,共享利益。合作开发的过程是技术开发与技术转移同时进行。

这一阶段的主要政策,一是对引进先进技术和设备提供减免税优惠;二是通过合作研究转让各自需要的高新技术,必要时可由政府出面,协调政策或签订有关科学技术合作协定;三是建立和完善知识产权等各种适用制度;四是加强合同管理和提供风险担保。

实际中,上述三个阶段的划分并不是绝对的,各阶段技术引进的方式也可以多样化。

总体来说,技术引进方式与技术可得性和消化能力的关系是,当外部技术的可得性差,国内又缺乏技术基础和研究开发能力,国产化能力较低时,只能购买成套设备;如果国内有技术基础和研究能力,可以自己开发。当外部技术可得性好,而国内的技术力量较差,一般采取技贸结合、全盘引进技术的方式;若国内有一定的技术基础和研究能力,吸收技术快,自主化能力强,则可以我为主引进技术。

技术引进方式对技术学习效果有一定的影响。如果是系统引进,或合作设计、生产,不仅可以掌握显性技术,还可以学习隐性技术(主要是组织和管理方面的经验),但是一次性成本可能高一些。如果只是引进图纸,没有学习的过程,主要是掌握模仿能力,难以达到灵活运用,如图6所示。

国内吸收能力

→

技
术
可
得
性

↑

全面引进,技贸结合,外方负责	以我为主,合作研究或技术咨询
进口设备或放弃	独立研究开发,时间较长,费用较高

图6　影响技术引进方式的因素

二、自主化技术路线与技术引进模式的比较

下面通过比较国际上有关核电国家在核电自主化过程中的技术引进模式,分析影响技术引进方式的因素。

(一)法国模式

法国在20世纪50年代曾经发展过几座气冷堆电站,也利用核潜艇的压水堆技术于1967年建成30万千瓦的压水堆核电站。但是,1970年美国建成了第一座90万千瓦的核电站。其安全性、可靠性和经济性都优于气冷堆和法国自己开发的压水堆。如果靠自己的力量开发大型核电站,法国核电要进入商业应用的时间至少要比从引进美国技术建设大型电站推迟3年。因此,法国政府决定放弃已经掌握、但经济性较差的气冷堆(当时已有4座运行商业堆),利用已有压水堆的设计和制造基础,从直接引进美国西屋公司90万千瓦压水堆的成熟技术起步发展核电,并在此基础上进行消化吸收、改进和创新。

法国利用合资方式引进西屋公司的大型压水堆电站技术后,采取了标准化、批量化、系列化的发展方式。20年来,先后共建成34台90万千瓦的核电机组,加上出口11台机组,共生产45台。标准化和批量化降低了核电站的造价和运营成本。20世纪70年代,法国的核电站造价高于美国。到80年代,法国核电站的平均造价只相当于美国的七成。20多年来,法国核电已经运行了近8000个堆年,进入很好的赢利期。经过多次降价,法国电价在欧洲已是很低了。

（二）韩国模式

韩国的核电发展经历了一个从买容量到国产化的过程。韩国是从 20 世纪 70 年代开始发展核电的，1999 年年底已经建成投产 16 台核电机组，在建 6 台机组；装机容量为 1376.6 万千瓦，占全国电力装机容量的 29%，发电量超过全国发电量的 30%。

在发展核电的初期，韩国引进了多种堆型。1985 年以前，韩国已经通过购买容量和部件采购的方式进口了 9 台核电机组。其中有美国的压水堆机组 6 台，法国的压水堆机组 2 台，加拿大的重水堆机组 1 台。在这一阶段，韩国通过进口核电机组，建造核电站，掌握了运行核电站和制造部分设备和部件的能力。

直至 1986 年，韩国政府提出了核电国产化的方针，1987 年开始实施国产化战略。政府明确提出了国产化的最低比例要求，即百万千瓦级核电机组，通过 6 台机组实现国产化，最终核蒸气系统、发电系统要由韩国自己供货。

韩国的核电国产化是由韩国电力公司牵头组织实施的。韩国电力公司通过公开国际招标的办法来选择技术路线和合作伙伴。招标时，主要控制几个基本目标，一是最终要达到的技术转让程度和国产比例，二是成熟的先进技术，三是价格要有竞争力。最终选择在满足技术转让和国产化条件的基础上，有价格优势的公司。ABB-CE 公司因综合优势中标，因此，韩国电力公司选择了没有引进过的系统 80 堆型。

为了实现国产化，韩国电力公司与 ABB-CE 公司签订了两个基本合同。一个是以核电站建设项目为依托的协助建设合同，另一个是技术转让合同。双方共同制定了一套系统的、分步合作的技术引进消化吸收规划。首先以第一和第二台机组为依托工程，采取与外国公司合作设计和合作制造的模式。经过前 2 台机组的合作建造，到第 3 和第 4 个机组，韩国电力公司、韩国重型设备制造公司等在设计、制造、施工管理和设备采购各个方面都做了主合同方，外方提供技术支持，对电站性能负责。在后来的核电建造中，韩国对引进的电站设计不断进行改进，形成了韩国堆型。ABB-CE 公司又与韩国一起开发了系统 80$^+$。

（三）日本模式

20世纪60年代前期，日本首次建成核示范反应堆。1961年开始引进技术，建造商用核电站。日本在美国的轻水堆和英国的气冷堆之间进行选择，根据当时反应堆运行业绩、天然铀的可得性，以及技术转让和国产化条件，日本原子能发电公司选择了英国的气冷堆。但由于英国的气冷堆运行情况不佳，在准备建造第二个堆，进行第二次技术引进时，美国的压水堆和沸水堆技术已经成熟，因此，日本原子能发电公司在压水堆和沸水堆技术之间进行选择。因西屋公司和GE公司的报价比较接近，仅从技术经济的角度出发，很难判断选择哪个技术路线。由于日本的第一个核示范反应堆技术接近GE公司的沸水堆，从利用示范反应堆的基础、易于实现国产化目标出发，最终选择了该公司35.7万千瓦的沸水堆。

在这之后，关西电力公司又选用了压水堆。在沸水堆和压水堆技术引进和国产化方式上，都是第1号机组采取技贸结合方式，实现部分国内部件分包，第2号机组就是日方做主包方，外方负责总审核。

在后来改进机组性能和开发新堆型的过程中，日方一直都是与外方合作。通常，概念设计是日本的制造企业与外国企业共同合作完成。方案设计则是由日方的电力企业、设备制造企业和外国公司共同完成的。

三、国际经验对我们的几点启示

法国、韩国和日本的核电国产化道路不尽相同，但是，在选择技术路线的原则和技术引进的方式上有一些共同点。

一是充分利用国际上成熟、可靠技术，实现国产化。法国、韩国和日本的核技术基础不同，但是在自主化初期都采取了系统引进成熟技术的方式。例如，法国已经具有自己研究开发核电技术的基础和能力，并且自己设计建造了气冷堆，也开发出30万千瓦压水堆。但是，为了发展大规模核电站，尽快掌握其设计技术，又系统引进成熟的大规模核电站技术。日本第一次引进气冷堆是因为当时的气冷堆比轻水堆成熟。而第二次技术引进时，又因为轻水堆技术已经成熟，而且比气冷堆可靠，因此，放弃气冷堆而选择轻水堆。

二是充分利用本国的现有技术力量,高起点,加快国产化。法国选择压水堆是因为国内已经具有 30 万千瓦压水堆的开发能力,而且核蒸气供应系统制造企业本来就是与西屋公司合资的。日本在第二次引进技术时,在沸水堆和压水堆技术经济条件相近的条件下,为了利用已有试验堆的经验来实现国产化,在沸水堆和压水堆之间选择了沸水堆。

三是利用竞争的办法选定技术路线和合作伙伴。韩国的经验是通过公开的国际竞争招标,根据技术成熟性、先进性、技术转让程度和价格等综合指标选择合作伙伴。日本在第二次技术引进时,也是先让西屋公司和 GE 公司报价,最后定技术路线。选择技术路线过程中引入竞争机制有利于提高技术引进的效率。

四是以多种形式对外合作。各国的技术基础不同,在技术引进过程中,采取不同的引进方式。例如,法国是借助于合资公司获得和引进技术,并不断改进,形成了自己的系列型号。韩国采取技贸结合的方式引进技术,第 1、2 个堆的设计由外方为主和负责,第 3、4 个堆过渡到以韩国为主,国外提供技术支持。日本是以技术战略联盟的方式引进技术,第 1 号机组外方为主,第 2 号机组就过渡到日方为主;在后来的改进研究开发中,都有外国企业参与合作研究开发。

五是统一技术路线是快速、节约的自主化途径。法国和韩国核电国产化的经验表明,统一堆型有利于实行国产化。统一堆型的目的是通过标准化、批量化设计和生产制造,共享引进技术,提高规模经济性。统一堆型,吃透一种技术,有利于进一步技术研究开发和创新。特别是在核电规模有限的情况下,统一堆型更有利。

六是产业组织对技术路线选择的影响。自主化技术路线选择与产业组织有一定关系。核电产业组织一体化程度越高,堆型越统一。例如,日本的电力企业组织结构是地区性垄断的,全国共有 11 个地区性公司,1 家国家参股的公司;核电设备制造业有三菱、东芝和日立三家大型企业。电站企业自主选择堆型,核电设备制造业竞争,最后形成两个大型核电站建造联合体,采用两条技术路线,即压水堆和沸水堆。而法国和韩国的电力行业基本上是独家垄断经营,全国一家大型电力公司控制发电、输电和配电。两个国家在核电国产化过程中都采用了统一堆型、标准化和批量化、系列化的模式。

　　七是技术引进与知识产权。通常,技术引进只是引进技术的使用权,引进
方只有使用权,而没有所有权。因此,不少企业在引进技术基础上进行改进和
创新,希望掌握技术的所有权。对于改进技术的所有权归属问题主要由转让
技术条款来确定。当转让合同中没有任何附加条件时,那么在引进技术的基
础上进行创新的产权可以归引进方所有。如果转让合同中对未来改进有说明
和要求,则需遵守合同规定。因此,在签订技术引进合同时,应该注意转让技
术未来改进的权属问题。

装备工业自主化的组织模式*

——以核电产业为例

一、自主化过程中相关各方的利益关系

（一）自主化的相关利益主体

自主化的主体应是自主化的决策者、投资者、风险承担者和效益享有者。在有政府扶持的自主化过程中，有三方面利益主体。一是政府，政府代表国家或地区的利益推动自主化，对自主化研究开发和依托工程给予资助和政策支持，以提高本地产业技术水平和产业竞争力，增加就业。一个公平有效的政府能够代表整体的利益。但是，政府也将承担选择资助对象和市场变化的风险。二是供应方，供应方主要是设计和制造企业。通常，供应方进行研究开发和加工设备技术改造投资，以期占领市场，获得长期收益。同时，供应方还要承担研究开发和制造设备改造投资的市场风险。如果研究开发的产品市场需求不落实，即使研制成功，也不可能获得收益。三是用户，用户使用自主化设备，最终承担自主化质量的风险。用户除了要支付采购国产设备的成本外，还要支付使用国产设备的成本。例如，设备延期交货，运行中出现的性能不达标和故障等造成的损失。因此，用户不仅享有自主化设备价格下降的效益，同时也承担使用国产设备的运行成本。

由此可见，在自主化过程中，各方的利益是紧密相关的，不可能由任何一方独立承担自主化的全部责任。因此，在实践中如何处理三者的关系，直接影响自主化的成败。

目前，在自主化过程中供应方和用户之间究竟以谁为主的问题上，还存在

＊ 本文发表于国务院发展研究中心《调查研究报告》2000 年第 186 号，2000 年 12 月 7 日。

不同认识。自主化必须明确相关主体的责权利,否则就不能顺利进行。

(二) 市场组织结构对各方关系的影响

从供求关系的角度看,自主化的前提是有一定的市场需求规模。供应方必须根据用户需求确定技术路线和型号设计,否则研制的产品没人要。但在具体的自主化实施过程中,供应方和用户之间的关系和责任分工是由市场组织结构及技术发展阶段决定的。

市场组织结构不同,用户与制造企业在自主化过程中的作用不同。市场组织结构主要有四种基本形式。

1. 用户分散而制造企业相对集中,自主化以制造方为主体

通用机械和耐用消费品等行业的用户分散,用户的要求多样化,制造企业要根据市场需求调查和统计分析等方法来确定技术研究开发方向,技术引进、消化吸收、工艺设计和技术研究开发应以制造企业为主。例如,汽车制造行业(尤其是轿车制造业)面对成千上万的分散顾客,市场分为不同层次。汽车制造企业要根据各层次和细分市场的顾客群的要求,进行设计和技术开发,而不是为某一顾客进行设计。日本的精益生产方式虽然按照顾客的订单来制造轿车,满足顾客的多种特殊要求,但差别化大多是辅助性功能,如电子设备、音响等,而核心技术(如车型、发动机)还是统一的。

2. 买方垄断情况下,采取长期合同或内部一体化的形式

买方垄断是指市场只有一个用户。在这种情况下,制造企业的业务范围大都是多元化的,其中某一产品可为独家用户的专用设备。此时,落实用户需求特别重要。尽管研究开发和制造工作由制造企业承担,但是自主化的投入和利益要通过谈判和协商,双方共享。如韩国、法国的电力公司基本是独家垄断经营,核电自主化要根据核电站的规划来进行,制造业要与核电站企业签订批量订货合同。在买方和卖方都是垄断的时候,用户和供应方形成了专用关系,双方可以具有产权关系或内部一体化。例如,韩国电力公司拥有韩国重型机械公司40%的股权,法国电力公司也拥有法马通公司的股权,加拿大的AECL公司是核电站运行和成套设备供应一体化经营。

3. 寡占型供应商与多家用户的情况下,以制造企业为主,用户参与

当市场上只有少数供应商,用户需要经常更换专用设备时,用户有改进技

术的动力和积极性,自主化应以制造企业为主,用户参与。日本的几个电力公司采用同一种核电机组堆型,核电设备制造企业与电力公司之间已形成稳定的供货关系,自主化是以制造企业牵头,电力公司参与。电力公司不仅参与自主化的选型,还持续进行自主化研究的投入。特别是大型电力公司在技术引进和堆型选择乃至改进技术方面起到举足轻重的作用。

当用户的专用设备更新间隔时间长,或只进行一次性投入时,用户只关心一次投入的设备性能,自主化应以制造企业为主。制造企业对装备的核心技术不断改进或创新;供货时,可以根据用户的具体要求进行设计调整。

4. 总装企业相对集中,配套企业相对分散,以组装企业为主

在总装企业相对集中,配套企业相对分散的情况下,应以组装企业为主,通过自主集成带动零部件制造本地化。这种情况下,总装企业直接面对最终用户,根据最终用户需要,进行整体设计和型号设计开发;同时,对配套企业提出配套设备和零部件的性能要求,配套和零部件制造企业再根据总装企业的要求进行零部件的研究开发。

(三) 自主化阶段对各方关系的影响

自主化大致可以分为三个阶段:前期技术准备阶段,技术引进阶段和技术改进阶段。在不同阶段,供应方与用户的角色和作用不同。

一是前期技术准备阶段。自主化要引进技术,当国内有一定的技术基础时,才能引进所需技术,消化引进的技术。通常,在确定了自主化战略后,需要进行一些与自主化有关的前期技术研究。此时,应以研究开发机构和制造企业为主,根据市场用户的需求进行一些前期技术研究开发。而我国自主化技术研究开发中存在的主要问题是,缺少前期研究开发投入,到了要引进技术上项目时才进行研究开发已经来不及了。由于前期研究开发投入滞后,影响了引进技术的消化吸取和自主化进程。

二是技术引进阶段。一些大型成套设备技术自主化的技术引进通常是技贸结合,而且要有依托工程配合。制造部门要与用户结合才能完成引进技术和消化吸收的过程。研究、设计机构和制造企业进行原理、型号设计、制造技术等方面的消化吸收;用户则是通过项目建设引进技术,重点消化吸收运行管理和维护等方面的技术。

三是技术改进阶段。主要是根据设备运行中存在的问题以及用户的要求,进行进一步的技术改进,乃至创新。这一阶段主要由设计和制造企业进行投入,有时也受用户委托进行改进和研究开发。

综上所述,无论哪种情况,自主化都需要供应方和用户共同努力来完成。但是,从技术研究开发和创新的长期过程来看,自主化应由供应方(制造企业)为主,设备用户在整个自主化过程中的作用是局部的、阶段性的。

二、产业组织结构对自主化组织方式的影响

自主化组织模式的选择与产业组织结构有关。由于各类装备制造行业的产业组织结构不同,自主化的组织方式也不尽相同。这里重点以核电自主化为例,分析产业组织结构对自主化组织模式的影响。世界上主要核电国家的核电产业组织结构不同,自主化的组织模式也不尽相同,我们可以从中总结出一些规律,对我们根据产业组织结构特点选择自主化组织方式有一定的借鉴作用。

(一)核电设备供应方的产业组织特点

1. 制造企业的组织结构

核电站设备包括核岛、常规岛和电站辅助设备。从国际上能够提供核电站设备的国家的情况看,核岛和常规岛设备大都是成套供货,大部分设备制造企业能够同时提供核岛和常规岛设备,如美国的西屋公司(目前西屋的核岛、常规岛和燃料被分离)、GE 公司,德国的西门子公司,韩国的韩重公司,日本的三菱、日立和东芝公司等都能成套提供核电站设备。也有的国家核岛和常规岛分离,如法国的法马通公司和阿尔斯通公司分别制造核岛和常规岛。由于辅助设备比较分散,大多是由电站企业自己或者委托有关企业采购。

从国际经验看,反应堆与核燃料供应系统的组织结构主要有三种。一是大型核设备制造企业提供核燃料组件。如美国的西屋、GE 等公司本身就能够提供核燃料及核废料处理的设备。二是燃料生产供应与核电站运行企业一体化。如英国的燃料公司集反应堆技术和燃料技术研究开发、核燃料的生产和后处理、反应堆运行管理等各项服务于一体。加拿大的 AECL 公司是集核

电站运行、成套设备供货和核燃料于一体。日本的核废料处理公司是由电力公司出资的。三是独立的核燃料组件公司,但是核岛设备制造企业对燃料公司拥有部分产权。如法国的法马通公司在燃料组件供应公司中占 60% 的股份,日本的核电设备制造商在为自己的反应堆提供燃料组件的公司中占有股份。

2. 国外的核电设备供货企业的跨国联合模式

国际上,核电工业企业间的联合与合作形式是多种多样的。有些是有产权联系的联合,有些是没有产权关系的战略联盟。企业联合的目的不同,有的是为了共享资源,有的是为了引进技术,也有的是为了集中核心业务进行战略调整。

(1)有产权关系的联合。一是以联合开发共享资源为目的的合资经营。如法国法马通公司与德国西门子集团是相互竞争的供货商,为了与国际上其他供货商竞争,组成欧洲权威的压水堆核电站供货商,两家集团曾联合成立了"国际核电联合公司",并签订了合作合同。合同的主要内容是两家集团共同研究开发核岛技术,协调两家集团在核岛设备销售方面的活动。又如,瑞典 ABB 公司与美国燃烧公司组成了 ABB 的子公司 ABB-CE 公司,开发了 2 环路的压水堆,可承担反应堆设计,主要经营反应堆压力容器、堆内构件、仪器仪表和控制设备的设计和制造。二是以引进技术为目的的合资企业。法国法马通公司原是与美国西屋公司的合资企业,通过合资引进西屋技术,解决了当时法国建核电站资金不足的问题。最后法国逐步购回股权。

(2)以技术开发为纽带的战略联盟。有些外国大公司在转让技术时,附加排他性条款,从而使技术接受方与其形成了长期的技术合作和依赖关系。有些则采取技术入股的方式形成长期技术合作关系,动态转移技术,如美国西屋和日本三菱联盟。日本三菱公司以技术许可证的方式从美国的西屋公司引进压水堆技术后,西屋公司与日本三菱公司形成了长期的合作关系,每开发一个新型号和上一个台阶,都要从西屋公司引进技术。又如,日本的东芝、日立公司与美国的 GE 公司形成了以技术为纽带的战略联盟。它们联合改进堆型,还联合开发了先进沸水堆。

(3)以产业整合为目的的企业购并。近些年来国际上核电设备制造企业进行了重组联合,这次重组的特点是公司间业务整合。由于目前不少国家核电站的建设处于低潮，国际上核电站设备制造能力出现过剩，因此，许多企业进行核心业务战略调整，放弃了核电设备制造业务，把精力集中到其他核心业务上，因此核电的制造能力向少数有资金和技术优势的企业转移。例如，英国核燃料公司在购买了美国西屋公司的核电设备制造部分后，又于1999年底收购了ABB-CE。法马通公司与西门子公司的核电部分成立了合资公司。

（二）产业技术特性对自主化组织的影响

由于各种技术装备制造业的技术经济特点不同，自主化所包括的内容不同。一些复杂的技术装备的自主化范围不仅仅限于技术自主化，还包括设计和工程管理的自主化。核电站是一个复杂技术的集成，其自主化内容与一般的资本品自主化不尽相同。

一是核电技术自主化不仅仅是设备制造技术自主化，而且包括工程管理和运行管理技术的自主化。通常，建设工程管理和运行管理由电站企业负责，建设工程管理和运行自主化以发电企业为主。有些国家的核电企业委托工程咨询公司（如 AE 公司）进行建设工程管理。

二是核电技术自主化不仅仅是设备制造自主化，设计自主化是关键。设计自主化包括工程设计和设备设计。国外的设备和系统设计通常是由大型制造集团为主，而工程设计则依各国的情况不同。有的国家由专门设计机构负责工程设计，有的国家的制造集团有能力进行工程设计，有的则是电力企业与设计部门合作进行。

三是核电站是系统组合，自主化大都是分系统进行，很难由某一个企业完成自主化全过程。目前，国际上只有极个别企业能够提供从核电站工程设计到核岛、常规岛设计和供货的全套服务，如德国的西门子公司、日本的三菱公司。因此，核电自主化需要多方面分工合作，必须建立强有力的组织协调机制。

（三）核电自主化的组织模式

由于各核电国家的核电产业组织不同，因此，核电自主化的组织模式不同。概括起来有三种主要模式。

1. 制造企业主导型

通常,在电站企业分散,核电设备制造企业相对集中的产业组织结构下,核电的技术研究开发和自主化以制造企业为主。例如,美国的发电企业比较分散,每个电力公司拥有的核电机组最多不超过9个,平均4~5台,核电技术路线有3种基本堆型。大部分有核电机组的发电企业只负责投资和运营,可以自由选择堆型。美国核电站工程设计和咨询服务公司专业化程度较高,有一些世界著名的核电工程咨询公司。核电站设备制造企业具有系统设计、设备设计和设备成套能力,核电技术研究开发和机组型号开发以制造企业为主。

2. 发电企业主导型

在核电设备制造企业面临电力行业垄断经营的情况下,核电技术引进和机组性能改进由电力企业牵头。例如,法国国家电力公司几乎控制了全国的电力市场。法国政府制定了明确的核电发展战略和规划,形成了国家电力公司、法马通公司和阿尔斯通公司分工合作的核电产业组织。法国电力公司负责电站工程设计、核电站建设和营运管理,法马通公司负责核蒸气供应系统的研制,阿尔斯通公司负责常规岛系统的研制。

韩国的电力产业是垄断经营,核电自主化是以韩国电力公司牵头,韩国重型机械公司参与。韩国政府于20世纪80年代中期提出核电自主化的战略,同时确定由韩国电力公司牵头,韩重负责核岛和常规岛的研制和供应,其他几家公司进行辅助设备的研制。韩国电力公司在自主化中起了主导作用。从核电发展规划和自主化规划,到招标选择技术路线都是韩电负责,核电站建造工程管理也是韩国电力公司主包,韩国核技术研究所也由韩国电力公司所有。

3. 制造企业与电力企业联合型

日本的电力公司是地区性垄断经营,能够制造核电设备的大型企业有三菱、东芝和日立等三家公司,有两种技术路线。地区电力公司与核电设备制造企业形成了长期固定供货的合作关系。

日本的地区电力公司持续进行核电站投资,电力公司自身就有改进电站性能和进行核电技术研究开发的动力。电力公司不断建设核电站的需求和改进核电机组性能的要求,引导设备制造企业不断改进和创新。电力公司与设备制造企业紧密结合,引进技术,并出资支持技术改进和自主化。特别是像东京电力公司和关西电力公司这样的大型电力公司,有一批运行和在建核电机组,电力公司内部还设有核能研究所。

在自主化中,制造企业和电力企业的角色不同。电力公司主要负责建造工程管理和运行的自主化,还侧重于核电站安全稳定运行方面的测试、实验等。制造企业则主要进行核电技术的研究开发和设备安全实验测试。

策划编辑:吴焰东
责任编辑:吴焰东
封面设计:肖　辉

图书在版编目(CIP)数据

中国特色创新之路:政策与机制研究/吕薇 著.
-北京:人民出版社,2009.3
ISBN 978 - 7 - 01 - 007708 - 6

Ⅰ.中…　Ⅱ.吕…　Ⅲ.技术革新-研究-中国　Ⅳ.F124.3

中国版本图书馆 CIP 数据核字(2009)第 015372 号

中国特色创新之路:政策与机制研究
ZHONGGUO TESE CHUANGXIN ZHILU:ZHENGCE YU JIZHI YANJIU

吕　薇　著

人民出版社 出版发行
(100706　北京朝阳门内大街 166 号)

北京龙之冉印务有限公司印刷　新华书店经销

2009 年 3 月第 1 版　2009 年 3 月北京第 1 次印刷
开本:710 毫米×1000 毫米 1/16　印张:19.75
字数:320 千字　印数:0,001 - 3,000 册

ISBN 978 - 7 - 01 - 007708 - 6　　定价:46.00 元

邮购地址 100706　北京朝阳门内大街 166 号
人民东方图书销售中心　电话 (010)65250042　65289539